MARTIN SCHÄUBLE // MITARBEIT BRITT ZIOLKOWSKI

3OX DSCHIHAD // BLACK

DANIEL UND SA'ED AUF IHREM WEG

INS PARADIES //

dtv

Ausführliche Informationen über
unsere Autoren und Bücher
www.reihehanser.de

Die Kalligrafie auf dem Buchumschlag zeigt einen Ausschnitt aus einer Koransure. Es handelt sich um den ersten Satz, Vers 216, der zweiten Sure. Die Übersetzung nach Rudi Paret (siehe Anmerkungen im Info-Teil) dieses Verses lautet:»Euch ist vorgeschrieben, zu kämpfen, obwohl es euch zuwider ist.« Die Kalligrafie zeigt jedoch nur den ersten Teil des Satzes:»Euch ist vorgeschrieben, zu kämpfen …«

Die Sure ist aus einer Zeit, in der sich Muslime von – aus ihrer Sicht –»Ungläubigen« bedroht fühlten. Heute werden Verse wie diese von Dschihadisten zur Rechtfertigung des Kampfes herangezogen. Dabei gehen sie jedoch nicht auf den historischen Hintergrund ein.

MIX
Papier aus verantwor-
tungsvollen Quellen
FSC® C019821

2. Auflage 2016
dtv Verlagsgesellschaft mbH & Co. KG, München 2013
© Carl Hanser Verlag München 2011
Umschlaggestaltung unter Verwendung einer Kalligrafie von Daniel Reichenbach
Satz: Satz für Satz, Wangen im Allgäu
Druck und Bindung: Druckerei C. H. Beck, Nördlingen
Gedruckt auf säurefreiem, chlorfrei gebleichtem Papier
Printed in Germany · ISBN 987-3-423-62539-5

INHALT

VORWORT 7

KINDHEIT
Daniel in der saarländischen Provinz 11
Sa'ed in der palästinensischen Großstadt 23

FRÜHER ZWIESPALT
Daniel zwischen Hip-Hop und Scheidungsdrama 36
Sa'ed zwischen Schule und Armut 52

ERWACHSEN WERDEN
Daniel und die Drogen 68
Sa'ed und die familiären Probleme 79

ERWACHSEN SEIN
Daniel sucht Orientierung 90
Sa'ed verliert Freunde 101

ZUM GLAUBEN FINDEN
Daniel findet zu Islamisten 112
Sa'ed entdeckt die Moschee 135

DIE AUSBILDUNG
Daniel bei der Islamischen Dschihad Union 138
Sa'ed bei den Aqsa-Märtyrer-Brigaden 159

DSCHIHAD
Daniels verhinderte Tat   176
Sa'eds verübter Anschlag   186

FOLGEN
Daniel im Gefängnis   194
Sa'ed auf Märtyrerplakaten   199

NACHBETRACHTUNGEN
Manfred Gelowicz, Vater eines verurteilten Dschihadisten   204

INFO-TEIL
Medientipps – eine Auswahl   209
Übersichtskarte   214/215
Anmerkungen   216
Index   218
Bildnachweis   220
Danksagung   221

VORWORT //

Daniel und Sa'ed konnten unterschiedlicher nicht sein. Der eine kam aus einer deutschen Kleinstadt. Er wuchs in einem hübschen Einfamilienhaus auf, besuchte das Gymnasium, spielte Basketball, hörte Hip-Hop. Der andere lebte in Nablus, einer Großstadt in den Palästinensergebieten. Er teilte sich ein Zimmer mit acht Geschwistern, brach noch als Kind die Schule ab und ging arbeiten. Er hatte kaum Freizeit, und wenn, dann spielte er Fußball. Daniel und Sa'ed hatten nur eines gemeinsam: Sie glaubten an den Dschihad.

Dschihad ist arabisch und heißt »Anstrengung«. Vieles kann mit diesem Wort ausgedrückt werden, aber in unseren westlichen Medien versteht man darunter ausschließlich den »Heiligen Krieg«. Wenn wir vom Dschihad hören, denken wir unwillkürlich an muslimische Radikale, die für Gott töten und oft selbst dabei sterben. Wir sehen diese Attentäter mit Unverständnis und Entsetzen – wobei wir gern vergessen, dass es auch in anderen Religionen Gotteskrieger gab und gibt. Sie sind keine muslimische Erfindung. Seit Menschen an Religionen glauben, rechtfertigen sie mit ihnen auch Kriege gegen die vermeintlich Ungläubigen.

Zwei zentrale Fragen stehen im Mittelpunkt dieses Buches: Was bewegte Daniel und Sa'ed dazu, den Weg des Dschihad einzuschlagen? Und: Was sind das für Ideen, die zwei so unterschiedliche Menschen anziehen? Der Verfasser des Buches glaubt dabei nicht an *eine* Erklärung, die für *alle* Gotteskrieger gilt. Darum muss der Einzelfall betrachtet werden.

Das vorliegende Buch beruht auf Gesprächen mit Personen, die entweder einen der beiden Dschihadisten persönlich kannten oder sich intensiv mit einem von ihnen beschäftigten. In Sa'eds Fall war dies einfacher, denn in den Palästinensergebieten gilt er für viele als gefeierter Märtyrer. Seine Familie stellte sich monatelang den Fragen des Autors. Daniel hingegen gilt in Deutschland als Schwerverbrecher. Seine Familie schwieg. Um mehr zu erfahren, lebte der Autor für einige Monate im Saarland, an dem Ort, wo Daniel aufgewachsen war. Er wohnte auch längere Zeit in der Nähe von Sa'eds Familie in Nablus. So konnte der Autor nach und nach das Vertrauen von Menschen gewinnen, die Daniel oder Sa'ed persönlich kannten. Viele erklärten sich bereit, in stundenlangen Gesprächen bei den Recherchen zu helfen. Um Eindrücke von Daniels Reisen zu gewinnen, folgte der Autor dessen Spuren nach Ägypten und in den Iran.

Dieses Buch will beschreiben und zum Verstehen beitragen. Dass es nichts rechtfertigen will, versteht sich von selbst. Der Dschihad erscheint vielen als Black Box, bei der wir zwar sehen, was herauskommt – der Anschlag –, bei der wir aber keinen Einblick ins Innere des Geschehens haben. Hier hofft der Autor einen Beitrag zur Aufklärung zu leisten.

Wer sich über dieses Buch hinaus mit dem Thema beschäftigen möchte, findet im *Info-Teil* auch *Medientipps*. Begriffe, die mit dem Thema Dschihad verknüpft sind, werden im Hauptteil des Buches erklärt. Über den *Index* sind alle Schlagwörter leicht zu finden. Die meisten Namen in diesem Buch sind zum Schutz ihrer Träger geändert.

Dieses Buch ist nur dank zahlreicher HelferInnen möglich gewesen, die alle am Ende des Buches vorgestellt werden. Trotz allen Umfangs der Recherchen sind Ungenauigkeiten und Lücken in einer biografischen Arbeit wie dieser leider unvermeidlich. Der Autor freut sich über weiterführende Hinweise jeder Natur.

www.martin-schaeuble.net

DANIEL // Die Abendnachrichten nennen keine Details. Neben der Moderatorin wird ein Foto von Daniel und Polizisten eingeblendet. Die meisten Nachrichten berichten über das, was er und seine Komplizen vorhatten. In den Zeitungen wird Daniel als »Terrorist« bezeichnet, der im Sauerland zwischen Dortmund und Kassel verhaftet wurde. Auch die »New York Times« berichtet über ihn. »Sauerland-Bomber« nennen ihn manche der Journalisten. Viele, die Daniel von früher kannten, sehen den jungen Mann nun auf den Titelseiten der Zeitungen. Auch Melanie entdeckt ihn dort. Sie war Daniels beste Freundin in Kindheitstagen …

Es war eine schwierige Frage, die Daniel mit zehn auf dem Heimweg von der Grundschule stellte. Melanie erinnert sich noch an die Worte, weil sie so überraschend kamen: »Wenn meine Eltern sich scheiden lassen, wohne ich dann bei meinem Vater oder bei meiner Mutter?« Das Mädchen suchte nach einer Antwort. Denn in ihrem Verwandtenkreis hatten sich Paare getrennt. Aber wie sich die Sache mit dem Sorgerecht verhält, wusste sie nicht. Sie spielte oft mit Daniel und kannte seine Eltern. Seine Frage machte sie traurig.

Für Daniel bedeutete die Krise im Elternhaus einen Bruch. Und das in einer wichtigen Zeit. Der Wechsel zum Gymnasium stand an: von der Grundschule im eigenen, kleinen Ort nach Neunkirchen, der Kreisstadt mit 50 000 Einwohnern. Dort warteten neue Lehrer, neue Klassenkameraden, neue Aufgaben. Ein paar Monate vergingen, und die Situation zu Hause verschlechterte sich. Im November 1996, ein paar Monate nachdem Daniel die Grundschule verlassen hatte, zog sein Vater aus. Daniel war elf Jahre alt. Bis zu diesem Lebensjahr war sein Leben in geordneten Bahnen verlaufen. Seine Eltern hatten früh geheiratet. Die Mutter war 20, der Vater 22. Vier Jahre später, am 9. September 1985, kam Daniel auf die Welt.

GEBURT IM WOHLSTAND // Die »Saarbrücker Zeitung« kostete 1985 1,20 D-Mark. Das Fernsehprogramm listete fünf Sender auf: ARD, ZDF, das Dritte, einen französischen und RTL-Plus. Der neue Privatsender zeigte die Folge »Bandenkrieg« der gerade angelaufenen Serie Knight Rider. Auf den Zeitungsseiten war von US-Präsident Ronald Reagan und dem deutschen Bundeskanzler Helmut Kohl zu lesen. Anzeigen in der Zeitung warben für Stereoanlagen mit Plattenspieler und für Schreibmaschinen mit Speicher.

Erste Probleme zeichneten sich schon früh in der Beziehung von Daniels Eltern ab. Sein Vater studierte Jura. Ein einflussreiches Familienmitglied mischte sich ein, übte auf Daniels Eltern Druck aus, Geld zu verdienen. »Haste was, biste was«, war der Leitspruch dieser Person. Und Jura sei brotlos, weil es viel zu lange dauere, bis man zu einem Abschluss komme, Erfolge vorweisen könne. Daniels Vater beugte sich offenbar der Kritik, er warf seine Jura-Pläne über Bord, lernte Bankbetriebswirt. Das ging schneller und beschwichtigte die Kritiker in der Familie. Jahre später wird der Vater Daniel gegenüber davon erzählen und seinen Sohn dazu anregen, selbst Anwalt werden zu wollen.

Daniels Vater arbeitete in der Filiale einer Bank. Für manche Nachbarn hieß er fortan »der Banker«. Daniels Mutter arbeitete als Erzieherin im Nachbarort. Sie ist katholisch, Daniels Vater evangelisch. Das hatte in der strenggläubigen Familie mütterlicherseits für weiteren Ärger gesorgt. »Die gehen sonntags in die Kirche, egal wo sie sind, auch im Urlaub«, erklärt ein Bekannter der Familie. »Eine gute katholische Familie«, nennen das andere im Ort. Ein Pfarrer in der Familie taufte Daniel römisch-katholisch.

Am Anfang lebten seine Eltern in einer kleinen Wohnung. In dem Haus wohnten über ein Dutzend weitere Familien. Das Haus steht heute noch unverändert. Hinter den Fenstern hängen weiße Gardinen, an den Geländern der Balkone Blumenkästen. Auf dem Platz vor dem Haus parken vor allem Kleinwagen. Hecken und Zäune grenzen Grundstücke voneinander ab. Der Rasen ist auf wenige Zentimeter gestutzt. Am Laternenmast klebt ein Zettel. Ein schwarzer Kater wird vermisst. Um »jeden Hinweis« wird gebeten. Hausbewohner, die hier noch immer leben, erinnern sich nur schwach an Daniels Eltern. Denn schon bald nach seiner Geburt zogen sie um.

DIE MUTTER ERZIEHT // Daniels neues Zuhause war ein Reihenhaus mit Garten. Die Mutter arbeitete halbtags. Die restliche Zeit kümmerte sie sich um ihn und bald um seinen Bruder, der zwei Jahre nach ihm auf die Welt kam. Die Großeltern väterlicherseits halfen mit: Wenn Daniels Mutter arbeitete, sprangen sie ein. Sie spielten mit den Kindern im Reihenhaus oder nahmen sie mit zu sich. Der Vater überließ die Erziehung der Kinder weitgehend ihnen und seiner Frau. Die Mutter kochte, spielte mit den Jungs auf dem Dachboden, den sie eigens zum Herumtoben für die Kleinen eingerichtet hatte. Sie übernahm auch die handwerklichen Arbeiten im Haus, baute zum Beispiel einen Sandkasten im Garten auf.

In der Bank wusste man fast nichts über das Familienleben von Daniels Vater. Eine langjährige Kollegin erinnert sich daran, dass er einmal Kinderfotos mitbrachte. Mehr von dem eigenen Nachwuchs berichtete er im Gegensatz zu anderen nicht. Es gab wohl aus seiner Sicht nicht viel zu erzählen. »Er brachte das Geld nach Hause. Konnte nicht viel mit Kindern anfangen«, erinnern sich Freunde der Familie. Daniel hatte in dieser Zeit kaum Möglichkeiten, eine starke Bindung zu seinem Vater aufzubauen – umso enger war die zur Mutter. Damals enge Freunde beschreiben die Mutter als eine, die »mit Händen und Füßen gesprochen hat«. »Sie hat man immer gehört, immer gesehen.« Daniels Vater sei eher ruhig, eher beobachtend, nicht so mitteilsam gewesen.

Der Vater verbrachte seinen Feierabend oft im heimischen Arbeitszimmer. Er suchte nach Wegen, Geld zu vermehren, zu investieren, zum Beispiel in Aktien. »Er sprach immer nur von Spielgeld, weil es

Geld war, das er sonst nicht gebraucht hat«, sagen Freunde. Bei Besuchen ging es oft um dieses Thema. Nach einem Überfall auf seine Bank berichtete er ihnen, er hätte mehr Angst um seinen Anzug als um sein Leben gehabt. Sie glaubten ihm das, ohne nachzufragen. »Der lag in der Badewanne und las das Handelsblatt«, sagen sie.

»Du dauernd mit deinen Dollars!«, schimpfte Daniels Mutter auch in Anwesenheit von Nichtfamilienmitgliedern. Sie trugen manche Streitereien offen aus, vor den Kindern und vor Freunden und Bekannten. Aber bis zur Trennung sollten noch Jahre vergehen. Immer kurz vor den Ferien hätte Daniels Mutter ihnen gegenüber ihr Leid geklagt: »Oh Gott, drei Wochen Urlaub!« Daniels Vater hätte die meiste Zeit im heimischen Büro verbracht, sie den Rasen gemäht, den Haushalt gemacht und die Jungs vom Kindergarten abgeholt.

DER VERSCHLOSSENE IM KINDERGARTEN // Dort begann der Tag um 7.30 Uhr mit dem freien Spiel. Die Kinder frühstückten an Vierertischen, jeder durfte entscheiden, wann und wie lange er essen wollte. Rote Teller aus Kunststoff standen auf hellen Platzdeckchen, an der weißen Wand hingen die selbst gemalten Bilder. Nach dem Frühstück spielte Daniel oft in der Bauecke. Er verbrachte den frühen Vormittag mit Legosteinen, Autos, Plastiktieren, baute mit ihnen Landschaften. »Wie die meisten Jungs«, erinnert sich eine Kindergärtnerin. Der einzige Unterschied war, dass Daniel beim Spielen seine Ruhe haben wollte. Die Pädagogin: »Daniel spielte eher für sich. Manche suchten sofort Freunde. So war er nicht. Er war verschlossen, zurückhaltend. Er hat nicht viele Freunde gebraucht.«

Daniel fiel vor allem nach zehn Uhr dreißig auf, nach dem freien Spiel. Die Kindergärtnerin saß mit ihrer Gruppe im Kreis auf Stühlen. Die Kinder sangen »Zug, Zug, Zug, die Eisenbahn«, suchten aus, wer mitfahren durfte. Daniel gehörte zu den wenigen, die bei so etwas nicht mitmachten. »Er war ein ernstes Kind«, sagt sie. Für das Stück

»Die Vogelhochzeit« trugen die Kinder bunte Flügel aus Papier und Tiermasken mit Federn. Ein Spaß für die Kleinen, die viel probten, um die Hochzeit vor ihren Eltern aufzuführen. Daniel machte nicht mit, er saß als Einziger ohne Kostüm im Kreis. Auch beim Fasching verkleidete er sich nicht, was bei Kindern fast nie vorkam. »Er wollte das nicht. Gezwungen wurde keiner. Das war in Ordnung«, so die Pädagogin.

Daniel war anders, aber damit keine Ausnahme. Die Kindergärtnerin hatte immer wieder Kinder in der Gruppe, die eher für sich sein wollten. Nur draußen und am Donnerstag in der Turnhalle verhielt er sich anders. Er machte mit, spielte auch mit anderen, schloss schließlich Bekanntschaften mit anderen Jungs. Im Garten stand ein Klettergerüst mit dicken Seilen zum Austoben. Die Kinder spielten fast täglich dort, unter ihnen zwei Muslime. Beim gemeinsamen Kochen gab es für sie auch Schweinefleisch, das störte niemanden, auch nicht ihre Eltern. Nachdem über die Jahre mehr Kinder mit muslimischem Glauben zum Kindergarten kamen, passte man sich der neuen Situation an, hielt sich auch an ihre Regeln.

Für ein Gruppenfoto standen und saßen die Kinder dicht nebeneinander unter einem Baum. Goldgelbe Blätter lagen überall auf der Wiese. Einer der Jungen auf dieser Aufnahme ist heute Lokführer, ein anderer Steuergehilfe. Eines der Mädchen wurde Arzthelferin. Eine andere, die neben Daniel saß, ist Krankenschwester. Sie erinnert sich nicht an ihn. Wer an den Kindergarten zurückdenkt, der hat oft seine größten Freunde und Feinde vor Augen. Nicht aber die Einzelgänger.

EINSCHULUNG UND EINFAMILIENHAUS // Vor Daniels Einschulung zogen seine Eltern erneut um. Sie verkauften das Reihenhaus mit Hanggarten. In einem Nachbarort erwarben sie ein Einfamilienhaus mit über 200 Quadratmetern Wohnfläche. Gebäude mit Zier- und Wintergärten stehen in diesem Viertel. Am Straßenrand parken gehobene Mittelklassewagen. »Da wohnen die Zugezogenen«, sagen die Leute aus anderen Stadtteilen. Der ganze Ort hat rund zehntausend Einwohner und liegt einige Autobahnminuten von Saarbrücken entfernt.

Jedes der zwei Kinder hatte dort ein eigenes Zimmer, gemeinsam nutzten sie einen Spielraum. Ein Freund von Daniel erinnert sich an die Carrera-Bahn und die vielen Spielsachen, die dort herumlagen, an die Matratze, auf der man springen durfte. Daniel schien in den Augen seiner Freunde alles zu bekommen, was er wollte. Die Mutter zog aber auch Grenzen. Sie schlug ihn manchmal, ohrfeigte ihn. Das wird andauern, bis er dreizehn ist und ihre Hand einmal dabei festhalten kann.

Der Vater schien auch in der Grundschulzeit bei der Erziehung seiner Kinder keine große Rolle zu spielen. Ebenso nicht beim Thema Religion. Die Mutter besuchte sonntags mit den Kindern den katholischen Gottesdienst. Sie beteten vor dem Essen, auch abends. Daniel war sogar für einige Zeit Messdiener. Und am Ende der Grundschulzeit stand für ihn die Kommunion an. Im schwarzen Anzug feierte er mit den anderen Jungs und Mädchen seiner Gemeinde.

»Hilf uns Kommunionkindern, dass wir auch in der Zukunft immer nach deinem Willen leben und dass wir im Glauben stark werden!«, hieß eine der Fürbitten. Am Altar lehnte ein großes Wagenrad, aus Holz, mit Eisenbeschlag. An den dicken Speichen standen die Namen der Kinder. Nach dem Vaterunser und dem Friedensgruß sangen sie mit der Gemeinde »Schalom, Schalom, Schalom, Schalom«, das hebräische Wort für Frieden. Der Pfarrer hatte sich einmal die Woche mit den Kindern zur Vorbereitung getroffen. An Daniel erinnert er sich nicht, obwohl er Messdiener war. »Wahrscheinlich war er so lieb und brav, dass er nicht aufgefallen ist«, vermutet der Geistliche.

In der Grundschule fiel Daniel, wenn überhaupt, dann nur positiv auf. Am ersten Schultag trug er einen Pullover mit V-Ausschnitt, darunter ein buntes Hemd, die dunklen Haare hingen über die Stirn bis zu den Augenbrauen. Auf einem Foto sitzt er kerzengerade an einem Schreibtisch, hält in der einen Hand einen Stift, in der anderen einen Kuschelpinguin, dahinter auf dem Tisch steht ein Scout-Schulrucksack. Er stützt sich mit der einen Hand auf einem aufgeschlagenen Heft ab. Auf einer kleinen Tafel hinter ihm steht: »Mein 1. Schultag«. Eines der vielen Fotos, auf denen Daniel eher ernst in die Kamera blickt.

Mit Melanie, der besten Freundin, hatte er aber oft gelacht. Sie erinnert sich an einen seiner Streiche, da waren sie vielleicht sieben, acht Jahre alt. Die Unterrichtsstunden waren zu Ende, die Hausaufgaben gemacht. Dieses Mal wollte er Polizei spielen und eine Straßensperre errichten. Sie spannten eine Schnur von der einen zur anderen Straßenseite. Dann warteten sie auf Autofahrer. Die Fahrer hielten an, spielten mit, manche reichten Münzen durch das Fenster. Seine Freundin beobachtete ihn dabei, wollte aber nicht mitspielen. Sie war zu schüchtern. Das Ganze bringt nur Ärger ein, dachte sie.

Die Schule verließ Daniel mit sehr guten Noten. Die Mutter war stolz auf ihren Sohn. »Ein ganz lieber und netter Junge«, sagt eine Lehrerin. »Ein unauffälliges Kind. Der hat keine Schwierigkeiten gemacht«, eine andere. Hinter dem Lehrerpult hing eine Karte, die das Saarland abbildete. Ein Zahlenstrahl an der Wand reichte von eins bis zehn, die Schüler liefen ihn im Matheunterricht auf und ab. Daniel sei in der Schule »immer aufgeweckt« gewesen, erinnert sich Melanie, die mit ihm in dieselbe Klasse ging. »Wenn keiner weiterwusste, kam er dran. Er hatte meistens die richtige Antwort.«

Sie hat noch die Klassenlehrerin vor Augen: »Etwas streng. Sie griff durch. Wenn jemand den Hampelmann spielte, wurde sie auch mal lauter. Doch wer Leistung brachte, der wurde belohnt.« In der ersten und zweiten Klasse hätte die Lehrerin Gummibärchen verteilt, später Sternchen. Daniels gute Noten in der Schule, die Berufe seiner Eltern, das schöne Reihenhaus – alles wirkte nach außen perfekt. »Eine Musterfamilie«, sagen Bekannte, die nicht wussten, wie viel Streit es hinter den Kulissen gab.

Nach der Schule traf sich Daniel mit Melanie. Sie spielten Fußball, verbanden zwei Dosen mit einer Schnur und flüsterten sich Botschaften zu. Im Fernsehen schauten sie »Jeopardy«, Frank Elstner moderierte die Quizsendung. Als sie in der vierten Klasse waren, flimmerte die erste Staffel von »Alarm für Cobra 11« über den Bildschirm. Beide mochten die Actionserie mit den heldenhaften Autobahn-Polizisten, die wöchentlich gegen Schutzgelderpresser, Bombenleger, Sexualstraftäter, Diebe und andere Kriminelle vorgingen.

Daniel schien sich in der Grundschule mehr als im Kindergarten anderen gegenüber zu öffnen. Sicher half ihm das befreundete Mädchen auf dem Weg vom Einzelgänger zum geselligen Kameraden. »Das ideale Kind« sei er gewesen, auch weil er keine großen Probleme machte, auf seine Mutter hörte. So urteilen Freunde der Familie, die Daniel in der Grundschulzeit oft sahen. »Sehr zuvorkommend, intelligent, hilfsbereit«, sagen sie über den Jungen. Daniels Freundin erinnert sich auch an andere Dinge. Streitereien mit der Mutter hätte es nach dem Schulwechsel zum Gymnasium öfters gegeben. Beide, Sohn und Mutter, hätten sich da »aufbrausend« verhalten. Vielleicht war es auch nur die nahende Pubertät, die zu Konflikten führte.

Im Bus zur neuen Schule lernte Daniel einen Jungen aus seinem Ort kennen, der auch die fünfte Klasse des Gymnasiums besuchte. Zwei, drei weitere stiegen in den Bus. »Da gab es ein Bündnis. Wie das so ist, wenn man irgendwo neu hinkommt«, sagt der frühere Klassenkamerad. Aus dem Bündnis entwickelte sich zwischen ihm und Daniel eine Freundschaft, die über mehrere Jahre anhielt. In einigen Fächern saßen sie nebeneinander, machten zusammen Streiche. In einer Unterrichtsstunde, Mathematik, hüpften die beiden Jungs aus dem Fenster. Das Zimmer lag im Erdgeschoss, der Sprung war ungefährlich. Sie wollten der Kontrolle der Hausaufgaben entgehen. Der Lehrer machte das Fenster zu, schloss die Tür ab und setzte den Unterricht ohne sie fort. Damit hatten sie nicht gerechnet.

DAS SCHEIDUNGSDRAMA DER ELTERN // In der fünften, sechsten und siebten Klasse war Daniel nach den Angaben des Freundes eher ein mittelmäßiger Schüler, nicht mehr so gut wie in der Grundschule. Vermutlich war ein Stück weit der Streit zwischen Daniels Vater und Mutter verantwortlich, der nicht spurlos an den Kindern vorüberging. Bereits am Ende der Grundschulzeit hatte sich eine Trennung der Eltern abgezeichnet. Einige Monate später, Daniel war elf und besuchte die fünfte Klasse des Gymnasiums, eskalierte die Situation. Sein Vater zog aus und lebte fortan in einer Wohnung im Nachbarort. Daniel und sein Bruder blieben bei der Mutter. Sie lud ihre Freunde zum Sekt ein, um auf den Auszug ihres Mannes anzustoßen. Daniel schaute ihnen dabei zu. Die Freunde kannten seine Mutter seit Jahren, nahmen ihr die gute Laune nach so einer Trennung nicht ab. »Sie versteckte sich hinter der Fröhlichkeit«, so die Freunde.

Wie das für Daniel war, ist schwer zu sagen. Die frühere Freundin aus Grundschulzeiten hatte immer weniger Kontakt zu ihm. Sie besuchten zwar dasselbe Gymnasium, doch Daniel sonderte sich ab. Er fand andere Freunde, wie den Jungen aus dem Bus. Sie hörten Hip-Hop, trugen weit ausgeschnittene Klamotten, passten ihre Körpersprache dem Musikstil an. Für Außenstehende wie nun auch die Freundin waren das die Jungs, die »besonders cool« sein wollten. Und Gefühle zeigen war kein großes Thema bei ihnen. Mit den neuen Freunden sprach Daniel nicht über die Krise der Eltern. Sie erlebten ihn höchstens mal nachdenklich, konnten aber nicht wissen, wieso. Nur wenigen gewährte er Einblick in das, was in ihm vorging.

Die Klassenlehrerin ließ in der fünften Klasse jeden seine Wünsche und Probleme aufschreiben. »Eltern scheiden sich«, schrieb Daniel auf den Zettel mit den Problemen. Zu Hause weinte er wegen der Trennung. Zunächst betete er auch, hörte aber bald damit auf. Gegenüber anderen Lehrern der Schule erwähnte er die Trennung nicht. »Nicht jeder Schüler leidet darunter«, erklärt einer von ihnen. Von Scheidungen erfahre er nur, wenn dadurch Probleme aufträten, überraschend schlechte Noten zum Beispiel. Bei Daniel habe er keine

Auffälligkeiten mitbekommen. Und selbst wenn, hätte er wahrscheinlich keine Zeit gefunden, darauf einzugehen. »Die fünf Minuten zwischen den Stunden reichen oft nur, um von einem Klassenzimmer ins nächste zu gehen.«

Alle zwei Wochen verbrachte Daniel ein Wochenende beim Vater, auch die Hälfte der Ferien. Der Vater holte in diesen Tagen das nach, was er in den Jahren zuvor vernachlässigt hatte. Er schenkte den Kindern Aufmerksamkeit, unternahm Ausflüge, beschäftigte sich mit ihnen. Und Daniel durfte all das machen, was zu Hause bei seiner Mutter nicht gestattet war. Statt Gemüse gab es Mikrowellen-Pizza. Der Wochenend-Papa schenkte Freiheiten, setzte keine Grenzen. Das gefiel Daniel, wie es wohl jedem anderen Kind gefallen hätte.

»Wenn Daniel vom Wochenende zurückkam, war er immer happy«, erinnert sich sein Freund. Vater und Söhne seien zu den Militärstützpunkten der US-Armee gefahren, um sich die Hallen und Fahrzeuge anzuschauen. Daniels Vater hatte in jungen Jahren mit dem Gedanken gespielt, Soldat oder Polizist zu werden. Begeistert berichtete Daniel seinen Freunden von einem Luftgewehr, das sein Vater gekauft hatte.

Ein paar Mal schauten sie sogar im Schützenverein vorbei. Waffen fand Daniel toll – wie viele Jungs in dem Alter. Die Mutter hatte dafür kein Verständnis und stellte Daniel zur Rede. Vielleicht ärgerte sie sich auch nur, dass Daniels Vater ihm Dinge bot, die sie nicht bieten konnte oder als gelernte Erzieherin ablehnte. Im Gegenzug wird sie Daniel bald teure Einkäufe mit seinen Hip-Hop-Freunden ermöglichen. Die Eltern verhielten sich offenbar wie Konkurrenten. Die Mutter hatte in diesem Wettkampf auch das große Einfamilienhaus zu halten. Sie hatte einen neuen Partner, der nicht viel verdiente. Die Probleme nahmen zu.

SPIELBALL DER ELTERN // Bald stritten Daniels Eltern vor Gericht, jahrelang, ohne ihren Kindern die Auseinandersetzung zu ersparen. Sie warfen sich gegenseitig vor, zu viel zu trinken oder zu wenig auf die Jungs aufzupassen. Die Anwälte prozessierten um Vermögen und Sorgerecht. Die Eltern misstrauten sich immer mehr. Daniels Vater forderte seinen Sohn auf, die Mutter auszuspionieren. Daniel ließ sich darauf ein, suchte heimlich nach ihren Sparbüchern und berichtete dem Vater. Die Mutter wiederum nahm die Telefongespräche zwischen Vater und Sohn auf, hörte sie ab. Daniel war wohl zu jung, um zu durchschauen, wie sehr ihn die Eltern für ihre eigenen Zwecke ausnutzten.

Daniel fühlte sich mehr zum Vater hingezogen. Unter anderem sorgte der neue Partner der Mutter dafür. Er war kurz nach dem Auszug des Vaters eingezogen. Das kam bei Daniel nicht gut an. Der neue Partner wollte bei der Erziehung des Jungen helfen. »Man ist gar nicht so an ihn rangekommen. Wenn er was wollte, kam er. Aber näheren Kontakt gab es nicht. Er war sehr verschlossen«, sagt der damalige Lebensgefährte der Mutter heute. Daniel akzeptierte ihn nicht als Ersatzvater. Sie stritten über Daniels zu laute Musik und zu teure Kleidung. Daniel kam in die Pubertät und war nicht sehr kompromissbereit. Konflikten ging er nicht aus dem Weg, manche suchte er sogar gezielt.

Nach der Trennung hatte sich der Gesundheitszustand des Vaters verschlechtert. Er machte das zum zentralen Thema. Die Mutter verzweifelte unterdessen an der neuen Lebenssituation und war unglücklich. Daniel, der selbst Unterstützung gebraucht hätte, spürte das. Er entwickelte sich zum Helfer, für die Mutter sogar zum Lebensretter. Nach der Trennung, Daniel war etwa elf oder zwölf Jahre alt, fand er sie eines Tages auf dem Sofa liegend, sie war nicht ansprechbar. Er sah Tabletten auf dem Tisch vor ihr. Kaum war die Mutter aufgewacht, schluckte sie noch mehr davon. Daniel bat Bekannte um Hilfe. Die verständigten einen Arzt, der rief einen Krankenwagen. Die Polizei folgte. Die Mutter überlebte. Jahre später wird über dieses einschneidende Erlebnis aus Daniels Kindheitstagen öffentlich in einem Prozess berichtet. Er wird da auf der Anklagebank des Gerichtssaals sitzen.

Damals wollte Daniel seinen Freunden gegenüber nicht viel davon erzählen. »Man merkte ihm keine Veränderung an, er hat es schnell weggesteckt«, sagt einer von ihnen. Auch im Basketballverein, dem er beitrat, sprach er nicht viel über das Scheidungsdrama seiner Eltern. Aber im Innern muss es ihn aufgewühlt haben. Hinzu kam sein Alter, die Pubertät. Er war jetzt 13 und suchte, wie viele in dem Alter, nach einem Sinn bei Dingen, die er zuvor als selbstverständlich akzeptiert hatte. Eine Zeit lang interessierte er sich für den Buddhismus. An seiner christlichen Religion begann er zu zweifeln.

Sein Vater redete oft mit ihm darüber. Er hatte auch eine Idee, wie er dem pubertierenden Sohn bei der Suche nach Antworten helfen konnte: Er schenkte ihm ein Buch von Arthur Schopenhauer, »Aphorismen zur Lebensweisheit«. Eines der Kapitel darin heißt »Paränesen und Maximen«, in anderen ist von »eudämonologischen Betrachtungen« zu lesen. Der Vater hielt die philosophische Lektüre für das richtige Rüstzeug für einen 13-jährigen Jungen, der die Welt verstehen wollte. »Ich erhebe nicht den Anspruch, auch heute nicht, dieses Buch verstanden zu haben«, wird Daniel über zehn Jahre später dazu sagen. Die Erziehung des Vaters fasst er mit dem Wort »subtil« zusammen.

SA'ED // In seiner Welt ist Sa'ed ein Held. In der Wohnung seiner Eltern hängen Urkunden an der Wand. Der Scheich aus der nahen Moschee beglückwünschte sie. »Wir alle sind Sa'ed«, sagte er bei einer Veranstaltung. Das war nach Sa'eds Tat – nachdem er einen Anschlag verübt hatte. Der Palästinenser wuchs in Nablus auf, 4000 Kilometer entfernt von Daniels Zuhause. Die arabische Großstadt liegt nördlich von Jerusalem, im Westjordanland. Sa'eds Eltern leben am Rand der Altstadt. Ein Labyrinth aus Gassen, kleinen Hinterhöfen, Moscheen, Hunderten Geschäften und Wohnungen. Der Palästinenser kam wie Daniel 1985 auf die Welt. Sa'ed im Februar, der Deutsche im September. Außer Geburtsjahr und Geschlecht gibt es keine Gemeinsamkeiten – zumindest damals …

Das Gewehr bestand aus einem Stück Holz. Mehr brauchten die Kinder nicht für ihr Spiel. Einer übernahm die Rolle des israelischen Soldaten, der andere die des Palästinensers. Sa'ed und sein Freund Rami wechselten sich ab. Als Israeli trug man das Gewehr, als Palästinenser warf man Steine. Mehr Regeln stellten sie nicht auf. Sie spielten das nach, was sie als Kleinkinder gesehen hatten. 1987 waren die Leute in Städten wie Nablus auf die Straße gegangen, um gegen die israelische Besatzung zu demonstrieren. Man spricht von der Ersten Intifada, das arabische Wort bedeutet Abschüttelung und auch Erhebung. Gemeint ist der Aufstand der Palästinenser gegen die Israelis.

Die friedlichen Proteste eskalierten, und die Bilder gingen um die Welt. Immer wieder flimmerten die Steine werfenden Palästinenser und israelischen Soldaten über den Bildschirm. Auf der Straße vor Sa'eds Elternhaus brannten Reifen, schwarze Rauchwolken stiegen in den Himmel. Mit Metallstangen und Geröll versperrten manche Palästinenser Kreuzungen und Wege, verschanzten sich dahinter, suchten Deckung. Die israelischen Soldaten ließen sich von den Absper-

بكل الفخر والاعتزاز تنعى حركة التحرير الوطني الفلسطيني - فتح

منطقة الشهيد ماهر أبو غزالة

الاستشهادي البطل

سائد وضاح عوادة

rungen nicht aufhalten, warfen die brennenden Reifen über die angrenzenden Mauern. Dort landeten sie auf dem Innenhof von Sa'eds Familie.

Sa'eds Eltern hatten sich in friedlicheren Zeiten kennengelernt. Man konnte vor der Ersten Intifada durch das Land reisen, auch nach Israel. Zwar hatten Palästinenser kaum politische Rechte wie zum Beispiel freie Wahlen, aber wirtschaftlich ging es manchen besser als heute. Vor dem Aufstand arbeiteten viele Palästinenser in Israel. Dort verdienten sie mehr Geld, und auch die israelischen Arbeitgeber profitierten davon. Die Palästinenser arbeiteten in Fabriken, auf Baustellen, in der Landwirtschaft und nahmen Stellen an, die Israelis nicht wollten.

Sa'eds Vater arbeitete als Handwerker für Israelis an verschiedenen Orten. Für fünf Jahre lebte er auch einmal in Kuwait als Lackierer. Denn auch in anderen arabischen Staaten galten die Palästinenser als billige Arbeitskräfte. Eigentlich hatte Sa'eds Vater nach der Schule gelernt, wie man Solaranlagen installiert. Auch das machte er immer wieder für verschiedene Firmen, und die Arbeit war sehr gefragt. Mit den Solarkollektoren wird Wasser in schwarzen Tanks auf den flachen Dächern erhitzt. Scheint keine Sonne, bleibt das Duschwasser kalt. Nur wer es sich leisten kann, erhitzt es mit einem Gaskocher. Auf fast allen Dächern stehen solche Solaranlagen, die im Vergleich zum Gas auf Dauer viel billiger sind.

Sa'eds Mutter ist Hausfrau. Nach der Heirat kamen die ersten Kinder auf die Welt, heute sind es neun. Sie lernte ihren Mann sehr früh kennen, so wie es in traditionell lebenden Familien noch heute üblich ist. Sie war bei der Verlobung 14, er 22 Jahre alt. Sie sah ihn zum ersten Mal an diesem Tag und wollte ihn nicht als Partner annehmen. Ihr Vater zwang sie, und ein Jahr später fand die Hochzeit statt. Dazwischen hatte sie die Schule verlassen, für ihre Zukunft als Hausfrau würde sie keinen weiteren Unterricht brauchen. So dachten viele Familien damals.

Bis zur Hochzeit hatte sie ihren zukünftigen Ehemann nie unter vier Augen gesprochen. Bei jedem Treffen blieben die Eltern im Raum. Sie wollten unter allen Umständen vermeiden, dass sich die Verlobten vor der Hochzeit näherkamen. Denn von der Frau wird erwartet, als Jungfrau zu heiraten. Zur Feier luden ihre Familien 400 Gäste ein. Der große Rahmen ist üblich, egal ob das Brautpaar arm oder reich ist. Wobei Männer und Frauen oft getrennt voneinander feiern, nur das Brautpaar bleibt zusammen – auch bei Sa'eds Eltern war es so.

VON NABLUS NACH JORDANIEN UND ZURÜCK // Mit 16 bekam die junge Frau ihren ersten Sohn, danach einen weiteren und am 17. Februar 1985 den dritten: Sa'ed. Er kam zur *Fadschr*-Zeit auf die Welt. *Fadschr* heißt Morgendämmerung, auch das erste Gebet des Tages wird so genannt. Vier Frauen waren im Krankenhaus pro Zimmer untergebracht. Im türkisfarbenen Kreißsaal standen zwei Betten für die Entbindung. Vorhänge trennten sie voneinander. An den Wänden im Krankenhaus blätterte die Farbe ab, die Wasserleitungen verrosteten. Jahre später wird das ganze Gebäude saniert, nur mit internationaler Hilfe ist das möglich. Die Staatskassen sind leer, ohne Geld von anderen Ländern geht nichts mehr.

Ein Jahr nach der Geburt ging es für Sa'ed auf große Reise. Seine Familie zog in das benachbarte Jordanien. Sein Vater hatte ein Arbeitsangebot erhalten, das er nicht ablehnen wollte. Umgerechnet 400 Euro konnte er pro Monat verdienen. Das war für die Verhältnisse damals ein sehr gutes Gehalt. Doch kaum in Jordanien angekommen, machte ihnen die Bürokratie einen Strich durch die Rechnung. Die Regierung in Jordanien wollte keine Einwanderer aufnehmen. Dauerhaft durften sie nicht bleiben, und schon ein Jahr nach dem Umzug reisten sie wieder zurück nach Nablus.

Die jordanischen Fernsehsender, die auch zu Hause zu empfangen waren, erinnerten sie fortan an die gute Zeit im Nachbarland.

Eigene Programme hatten die Palästinenser damals nicht. Doch ihre Sprache, Arabisch, war dieselbe. Selbst der Dialekt stimmte weitgehend überein. Denn die Sprache kennt je nach Region so große Unterschiede, dass ein Palästinenser nur schwer einen Algerier oder Marokkaner versteht, wohl aber einen Jordanier oder Libanesen. Im Fernsehen wird allerdings meist Hocharabisch gesprochen und das wird überall verstanden.

Zurück in Nablus besuchte Sa'ed den Kindergarten. Die Räume befinden sich ein paar Meter von einer Moschee entfernt. In einem Zimmer stehen heute kleine Stühle vor einem Fernseher mit Videorekorder, in einer anderen Ecke eine große Box mit Fenster samt Vorhang für ein Puppentheater. Zwei Zimmer weiter steht ein kleiner, rosa Plastiktisch mit Spiegel. »Die Schminkecke«, erklärt ein Mitarbeiter. Damit die Mädchen lernen, »sich hübsch zu machen«. Auf Familienfeiern erscheinen viele mit Lippenstift und Lidschatten, die Jungs tragen Anzüge und Schlips. Früh beginnen die Kinder, sich an die Spielregeln der Erwachsenen zu halten.

MÄRTYRER-SPIEL IM KINDERGARTEN // Zu Sa'eds Kindergartenzeit hatten die Jungs in seinem Kindergarten ein Spiel erfunden – passend zur Ersten Intifada, die draußen auf der Straße tobte. »Der Märtyrer ist der Liebling Gottes«, hieß es übersetzt. Ein Kind stellte sich tot und legte sich reglos auf den Boden. Andere Jungs hoben ihn empor, schulterten seinen Körper und trugen ihn durch den Raum. Dazu riefen sie immer wieder: »Der Märtyrer ist der Liebling Gottes.« Die Kleinen schauten sich dieses Ritual bei den Erwachsenen ab, die in großen Märschen die Opfer der Kämpfe zum Friedhof brachten. Viele Väter nahmen ihre Söhne zu solchen Ereignissen mit.

Die Erzieher erfuhren, was in den Kindern vorging, wenn sie zu den Malstiften griffen. »Auf den meisten Bildern war eine Waffe, ein israelisches Militärfahrzeug oder ein Steine werfender Palästinenser zu sehen«, erklärt ein Mitarbeiter des Kindergartens. Der Alltag auf der Straße spiegelte sich in grellen Farben auf dem Papier wider. Wer draußen spielte, sah israelische Soldaten oder mit Steinen bewaffnete Palästinenser. Wer zu Hause blieb, der verfolgte vielleicht, wie die Eltern oder älteren Geschwister darüber sprachen, wie sie Berichte im Fernsehen anschauten.

Das Gesprächsthema Nummer eins in Sa'eds Familie war die Intifada, gerade weil sie alle Lebensbereiche betraf. Die israelische Armee errichtete Kontrollpunkte und erschwerte den Palästinensern, an Protesten teilzunehmen. Aber die Checkpoints zwischen den Städten blockierten auch den Weg zur Arbeit. Sie schränkten die Reisemöglichkeit ein. Egal ob jemand die Proteste gegen die israelische Regierung befürwortete oder ablehnte, die Folgen betrafen jeden. So erklärt Sa'eds Vater, dass er damals nicht demonstrierte, weil er die Kinder nicht in Gefahr bringen wollte. Doch auch die, die nicht protestierten oder kämpften, litten unter den Auswirkungen der Intifada.

Hinzu kam das Schicksal von Bekannten oder Verwandten, die sich an den Ausschreitungen beteiligten und damit eine Bestrafung riskierten. Manche von ihnen verbrachten Monate, andere Jahre in israelischen Gefängnissen. Auch in Sa'eds Nachbarschaft lebten Leute, die man inhaftierte. Das bekam er als Kind wohl früher oder später mit. Denn die Gefangenen waren aus Sicht der Palästinenser Helden, und über solche sprach man. Die größte Aufmerksamkeit erhalten aber nicht die Lebenden, sondern die Toten, die im Kampf Gefallenen: die Märtyrer.

Nach kurzer Zeit verließ Sa'ed den Kindergarten. Er fühlte sich dort nicht wohl, mochte den Ort nicht, war vielleicht noch nicht so weit – wie das manchmal bei Kindern ist. Sein Vater hatte sowieso Angst um ihn. Solange die Situation auf der Straße so gefährlich war, wollte er seine Kinder zu Hause haben. Dort lebten sie abgeschirmt von der feindlichen Außenwelt. Sa'ed erlebte seine frühe Kindheit daher in den engen Grenzen der Wohnung. Sie hat einen kleinen Innenhof und davor hohe Mauern, die keinen Blick auf die Straße ermöglichen.

AUF ENGSTEM RAUM MIT DEN GESCHWISTERN // Alle Kinder teilten sich ein Zimmer mit den Eltern. Auch später, als weitere Geschwister hinzukommen, wird es so bleiben. Im Zimmer liegen Matratzen auf dem Boden, ein großes Doppelbett steht in der Mitte. Von hier gelangt man zum Wohnzimmer, von dort zur kleinen Küche, zu einem Bad, zum Ausgang und zum Schlafzimmer der Großeltern – die Eltern von Sa'eds Vater. Bis Sa'ed sechs, sieben Jahre alt ist, wird sich die Wohnsituation nicht ändern.

Die Bewohner mitten in der Altstadt leben oft dichter zusammen, die Räume sind noch kleiner, haben schmale Gänge und niedrige Decken. Auch so einen Innenhof wie vor Sa'eds Wohnung haben nur wenige. Ein Orangenbaum und zwei Zitronenbäume wachsen dort, schwarze und grüne Trauben hängen von einem Drahtgeflecht, das weit über die Hälfte des kleinen Hofes gespannt ist. Die Blätter spenden Schatten. Eimer sind mit Erde gefüllt, Sa'eds Vater hat in ihnen Rosen gepflanzt. Sa'ed zog auf der asphaltierten Fläche des Innenhofes Kreise mit dem Fahrrad. Er teilte es mit seinen Geschwistern, so wie die wenigen anderen Spielsachen, die sie hatten. Für ihn war das Rad zu groß, für die älteren Brüder zu klein.

Manchmal verirrte sich eine der vielen frei lebenden Katzen und Hunde durch das offene Tor in den Innenhof. An der Leine würde kaum jemand einen Hund halten, sie gelten im Islam als unrein und werden eher als Belästigung wahrgenommen. Dementsprechend grob geht man mit ihnen um, Kinder werfen oft mit Steinen nach ihnen. Die Katzen klettern in die überfüllten Mülltonnen am Straßenrand, reißen mit den Krallen die Plastiktüten auf und suchen nach Essensresten. Spätnachts kommen die Hunde in die Stadt, suchen in Rudeln nach den Essenresten neben den Mülltonnen.

Die Mutter passt auf, dass die kleinen Kinder nur im Innenhof spielen, nicht auf der Straße. Sie ist streng zu ihnen, kann auch laut werden. Die Kinder erzieht sie dazu, sich gegenseitig zu helfen. Die Älteren kümmern sich um die Jüngeren, ein Grundschulkind um die Schwester, die in den Kindergarten geht. Wenn Gäste kommen, servieren die Kinder auch mal Tee oder Kaffee. Die Mädchen müssen im Haushalt helfen, die Jungs dem Vater bei der Arbeit. Sie kaufen ein, wenn etwas in der Küche fehlt, bringen auf Zuruf dem Vater das Feuerzeug für seine Zigaretten. Die Kinder sind in die Erwachsenenwelt eingebunden. Sa'ed war hier keine Ausnahme, viele Kinder in den Palästinensergebieten wachsen so auf.

Auch der Vater konnte streng sein. Sa'ed habe aber immer auf ihn gehört, erklärt er. Sa'eds Brüder seien da anders gewesen. Spätestens wenn er laut »Challass!« sagte, was »Schluss!« bedeutet, habe Sa'ed gehorcht. Schläge habe es nie gegeben, so der Vater. Rami, Sa'eds Freund, erinnert sich anders: Sa'ed sei geschlagen worden, auch mit einem Stock, sagt er einmal. Ein anderes Mal verneint er das wieder, er will darüber nicht reden. Gerade nach Sa'eds Tod werden dem Freund und dem Vater Gedanken an solche Momente schwerfallen.

Der Vater denkt aber an einen Morgen zurück, an dem er Sa'ed heftig anschrie. Der Vater war nicht wütend, weil *er* etwas falsch gemacht hatte, sondern weil seine Brüder nicht hören wollten. Sa'ed bekam es ab, weil die anderen Jungs nicht da waren. Der Vater wollte seinem Ärger trotzdem Luft machen und nahm sich Sa'ed vor. Ein großer Fehler, wie er heute sagt. »Sa'ed blieb ruhig und hat mich verstanden. Aber ich bereue es trotzdem.« Kaum war Sa'ed im Grundschulalter, schien er dem Vater aus dem Weg zu gehen. Zumindest erinnert sich Rami daran, dass Sa'ed nicht das beste Verhältnis zum Vater hatte.

IN DER SCHULE VERDIENT MAN KEIN GELD // Die Grundschule liegt fünf Minuten zu Fuß vom Elternhaus entfernt. Das Gebäude sieht mit den hohen, dicken, fensterlosen Wänden von außen wie eine alte Festung aus. Im Flur des Gebäudes hängen Bilder, die die Schüler gemalt haben. Die Motive erinnern an die Zeichnungen aus dem Kindergarten. Eine Schülerin hat den für Muslime bedeutsamen

Felsendom in Jerusalem gemalt, der in roten Flammen steht. Rechts weht die palästinensische Flagge, links die israelische. Ein grüner Panzer zielt von der israelischen zur anderen Seite, von der aus ein Stein auf den Panzer geworfen wird.

Ein altes, eingerahmtes Bild am Eingang zur Schule zeigt einen Mann mit spitzem Helm, braunem Vollbart und Ritterrüstung. Es handelt sich um Chaled bin al-Walid, der auf dem Bild als »Held« bezeichnet wird. Er war ein arabischer Feldherr, der im siebten Jahrhundert bei einer Schlacht die übermächtige byzantinische Armee besiegte. 150 Kilogramm soll al-Walid gewogen haben. »Er war so schwer, dass sein Pferd unter ihm einsank«, erzählt eine Lehrerin. Nach dem muslimischen Heerführer ist Sa'eds Grundschule benannt.

Über Sa'eds Noten ist kaum etwas in Erfahrung zu bringen. Er mochte die Schule nicht sehr, sagen seine Eltern, aber das sagten sie auch über den Kindergarten. Sa'eds Geschwister sieht man kaum schreiben, rechnen, malen oder in Schulbüchern lesen. Vermutlich verhielt es sich bei Sa'ed ähnlich. Die Schule schien keinen großen Stellenwert zu haben. Auch wenn sein Vater etwas aufschreibt, enthält es Rechtschreibfehler. Sein Freund Rami erinnert sich nicht an Gespräche mit Sa'ed in dieser Zeit, die von der Schule handelten. Sie hatten – wie viele Kinder in dem Alter – anderes im Kopf. Spielen zum Beispiel.

Das war zunehmend auch wieder draußen möglich: Anfang der 90er-Jahre beruhigte sich die Situation auf der Straße. Die israelische Regierung verhandelte mit palästinensischen Politikern, es sah nach Frieden aus. Rami und Sa'ed trafen sich öfters draußen. Sie bastelten sich dort ihre eigenen Spielsachen aus Müll, der überall am Straßenrand liegt. Eine Wurfscheibe zum Beispiel. Sie traten so lange auf eine Cola-Dose, bis sie sich zu einem platten Stück Metall formte. Die Scheibe flog zwischen ihnen hin und her wie ein Frisbee. Häufiger spielten sie Fußball. Als Feld diente ein kleiner Platz in der Altstadt, vier Steine markierten die Tore. Andere Jungs aus der Nachbarschaft kickten mit. Wenn Sa'ed der Mauer vor dem Haus der Eltern den

Berg hinabfolgte, kam er am Friedhof vorbei. Zwei Minuten waren es von der Wohnungstür. Manche Kinder spielten dort und versteckten sich zwischen den Gräbern. Die steinernen Monumente der im Kampf gefallenen Märtyrer dienten als Schutz. Zu Sa'eds Zeiten waren es noch nicht so viele.

In den warmen Monaten verbrachten sie ihre Treffen auch in einem kleinen Park, der am Rand der Altstadt und in der Nähe von Sa'eds Wohnung liegt. Dort bastelten sie Drachen, die man am besten auf den Hängen um Nablus steigen lässt, dort ist der Wind am kräftigsten. Die Stadt liegt im Tal und ist von Bergen umgeben. Auf einem leben die Samariter, eine Straße führt von Nablus steil nach oben zu ihnen. Sie gelten als religiöse Minderheit, die viele Gemeinsamkeiten mit dem Judentum hat. Die Samariter pflegen gute Beziehungen zu den Palästinensern. Sa'ed war manchmal mit Freunden dort oben und genoss die Aussicht.

SA'ED ALS HAUSHALTSHILFE // Die meiste Zeit spielten sie aber in der Altstadt oder in der Nähe von Sa'eds Zuhause. In einem benachbarten Laden, der nicht größer als die Garage für ein Auto ist, holten sie sich zwischendurch Süßigkeiten. Den Laden gibt es auch heute noch. Die unteren Regale und der Boden sind voll mit Brausepulverpackungen, Vanillewaffeln, Schokoriegeln, Keksen, kleinen Tüten mit gesalzenen Nüssen. Oben auf den Schränken stapelt sich bis zur Decke der Haushaltsbedarf vom Spülmittel bis zur Glühbirne. Wenn etwas in der Wohnung fehlte, schickte Sa'eds Mutter ihn hierher zum Einkaufen.

Keiner half der Mutter so im Haushalt wie Sa'ed. Bereits in der Grundschulzeit fing er damit an. Er schrubbte den Boden, fegte die Zimmer aus und wusch das Geschirr. In den Pausen schaute er »Tom und Jerry«, seine Lieblingssendung. Selbst bei Freunden der Familie sprang Sa'ed ein. Als bei einer Freundin der Mutter die Waschmaschine kaputt war, wollte Sa'ed sie reparieren. Es klappte nicht, aber man traute es ihm zu. Er kümmerte sich um seine jüngeren Geschwister, seine Brüder Yassir und Sakariya, seine Schwester Hana. Manchmal bereitete er einfache Mahlzeiten zu. All das brachte ihm immer wieder Spott ein, denn Hausarbeit und Kinderbetreuung ist in Nablus Frauensache. Statt Sa'ed nannten sie ihn Sa'eda – die weibliche Form seines Vornamens. Den Vater stimmte das manchmal traurig. Die Mutter freute sich über die Unterstützung im Haus. Und Sa'ed half ihr weiterhin.

Bald ging die Grundschule zu Ende. Rami und Sa'ed wechselten auf eine weiterführende Schule. Rami wird bis zum Abschluss auf der neuen Schule bleiben und später studieren. Für Sa'ed hingegen werden es die letzten Jahre auf der Schule sein, bevor er sie abbrechen wird.

DANIEL // Die zwei Frauen tragen schulterlanges Haar, einen schwarzen Tanga mit roten Punkten und einen BH mit gleichem Muster. Zwischen ihnen sitzt der Rapper und Musik-Produzent Jermaine Dupri mit einer Pelzjacke, Hut und Sportschuhen – alles in Weiß. »The Sex Issue. Thought you knew it all? Guess Again!!! See Page 92.« Mit der Überschrift und diesem Foto machte das US-Magazin »The Source« im Februar 2002 auf. Daniel gehörte zu den Stammlesern des Heftes für »Hip Hop Music, Culture & Politics«.

Die Ausgabe mit Jermaine Dupri auf der Titelseite kursierte unter Daniels Freunden. Die meisten Jungs in seinem Basketballverein fanden Hip-Hop klasse. Und über die Texte und Bilder von »The Source« ließ sich gut reden. Daniels damals bester Freund bestellte das Heft mit der Kreditkarte der Eltern. Der Supermarkt und der Schreibwarenladen in ihrer saarländischen Kleinstadt hatten das Magazin nicht im Regal. In Saarbrücken, einige Minuten mit der Regionalbahn entfernt, fanden sie das Magazin auch nicht.

Die Redakteure stellen neue Alben, Filme und Bücher vor, führen Gespräche mit den Szene-Größen. Sie berichten über Konflikte in Afrika, Nahost und immer wieder über Schießereien in der Hip-Hop-Gemeinde. »Bang! Bang!« ist so ein Artikel aus Daniels Zeit überschrieben. Details folgen, wer wen wieso angegriffen hat. Schlagzeilen über die Liebeleien der Sängerinnen und Sänger gehören dazu. Mode ist ein großes Thema, inklusive der Preisangaben der Hersteller.

Die Leser des Heftes scheinen Geld zu haben, eine »kaufkräftige Zielgruppe« nennt es die Marketingabteilung so eines Magazins. Manche Ausgabe hat mehr Anzeigenseiten als redaktionelle Beiträge. Ein Exemplar aus Daniels Zeiten: Nach der Titelseite folgt seitenlange Werbung. Ein Baseball-Spieler wirbt für Schuhe, Hungermodels für

Jeans, der Basketballer Steve Francis für einen Sportsender, andere für Sonnenbrillen, Schuhe, Deodorants, einen TV-Boxkampf, wieder für Schuhe. Dazwischen Inhaltsverzeichnis, zwei Seiten über Mode und zwei über ein neues Album.

DAS GHETTO AUF CD // Hip-Hop-Stars kommen in der Zeitschrift zu Wort, egal welchen Stil sie vertreten: die unpolitischen Gute-Laune-Bands, die religiösen Texter, die schwarzen Widerstands-Rapper gegen Diskriminierung, die Aufklärer gegen Drogen und Gewalt. Und die Hip-Hopper, die von dem Leben der Gangster auf der Straße berichten, den *Gangsta*-Rappern. *Gangsta*-Rap war lange Zeit der Stil in Daniels engstem Freundeskreis, der *Crew* würde es in den Songs heißen. Wobei es in Daniels Leben ebenso wenig *den* Hip-Hop gab, wie es später *den* Islam geben wird.

Ein damaliger Kumpel hat die Songs heute noch. Die Texte handeln von Bandenkriegen, von Drogen, vom harten Alltag in der Bronx, von Geld. Die besungenen Regeln der Straße: Wer ein Gewissen hat, wer Skrupel kennt, wer Gesetze einhält, ist ein toter Mann. Respekt ist wichtig. Ehre, *Fame*, geht über alles. Die *Brüder* der eigenen *Gang* im Stadtviertel zählen. Und zwischen den Banden gibt es Kämpfe, *Drive-By Shootings* aus fahrenden Autos zum Beispiel. Aber die größten Feinde im *Gangsta*-Rap sind die *Cops* – die Polizisten. Für viele Hip-Hop-Fans ist das Fiktion, eher wie ein Computerspiel mit Fantasiewelten. Daniel hingegen nahm das alles bald sehr ernst und wörtlich.

Die Sprache der Rapper besteht aus Codes, gesprochen wird in Metaphern und mit doppeldeutigen Wörtern. Mit dem Wissen darüber kann man sich von den Unwissenden abgrenzen. Um die Texte verstehen zu können, musste Daniel sich ein neues Vokabular aneignen, eine neue Sprache erlernen. *Beef* steht für einen großen Streit. *To get bagged* heißt es, wenn man von der Polizei verhaftet wird. *Bling-*

Bling steht für die schweren, langen, über dem Pullover getragenen silbernen Halsketten und den restlichen Schmuck. *Pussy*, die Ansprache für den Gegner. *Cheese*, eines der vielen Wörter für Geld. Und um den eigenen Reichtum zu präsentieren, lassen sich manche Rapper die vorderen, gut sichtbaren Zähne mit Schmuck bestücken. Das ganze nennt sich *Grill*.

In seinen ersten Hip-Hop-Jahren – Ende der 90er-Jahre, um die Jahrtausendwende – wollte Daniel so aussehen wie die Stars der Szene. Er trug wie alle in seiner Clique Baggy Pants, zu den weit ausgeschnittenen Hosen passende Pullover und T-Shirts, die bis zu den Knien reichten. Ihre singenden Vorbilder waren zudem tätowiert und trainiert – aber da machte kaum jemand in Daniels Gruppe mit. Die Stars trugen fingerbreite Halsketten, daumengroße Ringe und auch in den dunkelsten Räumen über die Wangenknochen reichende Sonnenbrillen. Viele Frauen in den Musikclips, auf den CD-Covers und in den Magazinen wie »The Source« trugen hingegen ausgesprochen wenig.

Hip-Hop-Stars sind *big*, also groß im Geschäft. Um etwas von ihrer Größe zu haben, gibt es *Stores*. In Saarbrücken führte damals ein großer Laden die bekannten Szene-Marken, die Daniel interessierten: Phat Farm, Pelle Pelle, Ecko. Oder das Armband mit der Aufschrift WWJD, eigentlich eine Abkürzung für »What would Jesus do?«, bei Hip-Hoppern aber gerne umgedeutet in: »What would Jordan do?« Gemeint war Michael Jordan, die Basketball-Legende. Aber in Saarbrücken »Klamotten zu shoppen«, das war laut einem ehemaligen Freund von Daniel »voll peinlich«. Auf keinen Fall sollte an dem Ort eingekauft werden, wo die Klassenkameraden einkaufen. »Das geht gar nicht.«

Sie fuhren nach Frankfurt am Main, um »richtig« einzukaufen. Einer seiner Freunde log deswegen seine Eltern an. Er würde mit den Kumpels nach Saarlouis fahren, dreißig Kilometer entfernt. Zum Inlineskaten. Einmal verpassten sie die Bahn. Die nächste von Frankfurt nach Saarbrücken fuhr erst spät. Der Vater seines Freundes machte sich Sorgen. Er wollte sie abholen, in Saarlouis. Dann wäre der Schwindel aufgeflogen. Aber sie konnten ihn überreden, nicht zu kommen.

SO AUSSEHEN WIE DIE GROSSEN // Ihre Ausflüge begannen samstags am Bahnhof ihrer Kleinstadt. Dort lösten sie ein Wochenendticket, das reichte für alle. Je nach Verbindung mussten sie ein- bis dreimal umsteigen, etwas über drei Stunden dauerte die Fahrt in die hessische Großstadt. Noch zwei Stationen mit der S-Bahn zur Hauptwache, und sie waren endgültig am Ziel. In der Zeilgalerie fanden sie alles, was sie brauchten. Ein solches Einkaufszentrum gab es im Saarland nicht.

Ein schmaler, langer Innenhof, sieben Etagen hoch, zwei gläserne Fahrstühle mittendrin, weitere Aufzüge in den Seitengängen, Rolltreppen in der Mitte. Ein Weg führt mit leichter Steigung spiralförmig vom Erdgeschoss bis zur Dachterrasse an etwa fünfzig Geschäften vorbei. Das Angebot reicht von der Gürtelschnalle aus falschen Patronenhülsen bis zum braunen Stoffbären in Lebensgröße. Die Decke über dem Innenhof ist aus Glas, überall ragen Stahlträger auf.

Wie die silbernen Hip-Hop-Halsketten und goldenen Ringe in Übergröße ist alles nur Fassade: Der Bauunternehmer meldete bald nach der Eröffnung Konkurs an. Auch mancher Ladeninhaber ging über die Jahre Pleite. Bei einem von Daniels Hip-Hop-Stores, Ebene vier und fünf, wechselten die Mieter. Ein anderer richtet sich heute an ein breiteres Publikum, bietet nicht nur Sachen für Hip-Hopper. T-Shirts zum Beispiel mit der Aufschrift »CIA« und der Unterzeile »Cannabis Inhalers Association«. Die Verkäuferin klärt auf und zeigt in verschiedene Richtungen. »Für Typen« gebe es dort Ware, »für Frauen« da.

In einem Laden, den es damals nicht gab, stehen keine Preise an den Kleidern. Geld spielt keine Rolle. Was kostet die Hose? »Ich schätze mal 59 Euro, aber ich kann's auch scannen«, erklärt eine Mitarbeiterin. Ihr Kollege an der Kasse, neben dem Scanner, wippt zu den Bässen auf und ab, klatscht zur Verabschiedung mit der Handfläche auf die eines Kunden. *Give me five.* Man kennt sich. Die Jungs mit den großen Einkaufstüten sind 14, 15, 16 Jahre alt. So alt wie Daniel und seine Freunde damals.

Kleider für Jungs hat das Geschäft vor allem in XL, XXL oder 3XL. Je weiter geschnitten, desto besser. Und alles Markenware. Daniel und seinen Hip-Hop-Freunden hätte der Laden sicher gefallen. Der Händler verkauft die Labels, die sie am liebsten trugen. »So Assi-Sachen gibt's dort«, sagt ein Verkäufer und zeigt zu einem anderen Laden. Assi bedeutet unbekannte Marken, billige Ware. Nichts für Daniels *Crew.* Die ganzen Geschäfte im Einkaufstempel, die Mitarbeiter, die Kunden, das Sortiment, alles bedeutete für sie Großstadt.

Von der einen Seite der Zeilgalerie hatten sie durch die gläserne Wand einen freien Blick. Er reichte über die hohen Dächer, über die Katharinenkirche auf das Hochhaus mit der Stahl- und Glasfassade der Commerzbank. 65 Etagen. Keine Aussichtsplattform für die Öffentlichkeit. Die Banker bleiben unter sich. Daniels Vater arbeitete zwar lange Zeit bei einer Bank, aber eben nicht in Frankfurt, sondern in einer Filiale im Saarland. Über die Dinge, die in Frankfurt passierten, wird der Bankbetriebswirt mit seinem Sohn nicht gesprochen haben.

Einem Kreditinstitut hatte der Bauunternehmer der Zeilgalerie damals falsche Pläne vorgelegt. Der Geschäftsmann erfand Mieter, die sich für sein Einkaufszentrum angeblich interessierten. Und er verdoppelte die Ladenfläche – aber nur auf dem Papier. Die Bank erteilte ihm daraufhin Millionenkredite. Am Ende blieb kein Geld mehr, um die Handwerker zu bezahlen.

Die Stadt, die Zeilgalerie und die anderen Geschäfte ringsherum waren Daniel und seinen Freunden bald nicht mehr genug. Sie wollten mehr Szene, mehr angesagte Sachen, mehr Marken. Sie kamen auf Stuttgart – obwohl die Stadt der viel besungenen gefährlichen Metropole kaum ähnelt. Viele aus der *Gangsta*-Rap-Szene fühlen sich in Frankfurt und Berlin wohler. Stuttgart war hingegen bekannt für Festivals, Tonstudios, Clubs, Bands wie die *Fantastischen Vier* und *Massive Töne* und die Einkaufsmöglichkeiten. Für Letzteres interessierte sich Daniels *Crew*. Die Geschäfte liegen in der Nähe der Königstraße, der Einkaufsmeile. Am Samstag reisen junge Leute aus den umliegenden Dörfern und Städten an und drängeln sich abends mit vollen Einkaufstüten wieder in die Regionalbahnen. Daniel gehörte dazu.

Sieben Uhr morgens traf er sich mit seiner *Crew* am Bahnhof im Saarland. Fünf Stunden später kamen sie in Stuttgart an. Der Hauptbahnhof liegt direkt am Beginn der über einen Kilometer langen Einkaufsmeile. In den Seitenstraßen am Ende sind Daniels Geschäfte zu finden. In den Schaufenstern stehen Schuhe von 50 bis 140 Euro. Reduziertes liegt auf weißen Rollregalen vor dem Eingang. Die Musik ist aufgedreht, vor einem Vorhang wartet ein Junge mit Kopfhörern auf seinen Freund.

So ein Samstag in Frankfurt oder Stuttgart kostete Geld. 200 Euro pro Person, das war schon möglich, erinnert sich einer aus Daniels *Crew* an die Ausflüge. Daniel hatte das Geld zusammengespart, von seiner Mutter und den Großeltern. Der damalige Lebensgefährte der Mutter hat die Kleidung noch vor Augen. Für ihn waren die Baggy Pants wie für die meisten in seinem Alter nur »komische Buchsen, die bis runter hängen«. Daniel verstand sich weiterhin nicht gut mit ihm, und sie verbrachten wenig Zeit zusammen. Nicht nur, weil sie unterschiedliche Ansichten hatten.

IMMER DRAUSSEN MIT DER HIP-HOP-CREW // Daniel war kaum noch zu Hause, ein »Activity-Mensch« (so ein Freund), »kein Couch-Potato« (ein anderer). Der damalige Lebensgefährte der Mutter: »Er kam nach Hause, machte seine Schulaufgaben, dann ging er raus. Er war meistens auf Tour.« Daniel spielte Basketball, traf sich mit Freunden, war unterwegs. Später, als das Alter so was erlaubte, sah man ihn in einer beliebten Disco, dem Flash. Den Samstag nennen die Club-Betreiber »Hip-Hop-Saturday«. Der Laden dient vielen als zentrale Anlaufstelle für die Wochenenden. Das Motto: Wenn niemand freitags oder samstags weiß wohin, dann dorthin. Die erste Stunde ist der Eintritt kostenlos. Der Eingang befindet sich unauffällig an einem Parkdeck. Viele kommen mit dem Zug, der keine zehn Fußminuten entfernt hält, glühen mit Karlsberg-Bier vor. Die Getränke im Club sind nicht besonders billig.

Auch im weiteren Umland stationierte US-Soldaten feierten zu Daniels Zeit mit. Und immer häufiger entdeckte Daniel die eigenen Klassenkameraden auf der Tanzfläche. Er berichtete einem Freund davon. »Das hat er mir entsetzt erzählt.« Daniel hielt wohl nicht viel von den Mitschülern, fand sie vielleicht nicht cool genug für den Laden. In der Folge war er immer seltener dort zu sehen. Der Freund dazu: »Als es üblich wurde, in diese Disco zu gehen, war Daniel schon fast fertig damit.«

Der Musikgeschmack in der Klasse reichte von Techno bis Hardrock. Und wie Daniel hörten auch andere Hip-Hop. Es sah aus wie in Klassenzimmern anderer Gymnasien, in anderen Städten, anderen Bundesländern: So leidenschaftlich wie Daniel Basketball spielte, gingen andere joggen, schwimmen, reiten, spielten Fußball, Handball oder Tischtennis, besuchten Tanzschulen oder Fitnessstudios. Eine spielte Geige, einer Schlagzeug. Und für TV-Gesprächsstoff sorgte die erste Staffel von »Sex and the City«, aber auch der Kinostart von »Herr der Ringe«, davor »Matrix« und schließlich »American History X«. Eine Mitschülerin verdiente sich Geld durch Babysitten, einer engagierte sich für die SPD.

Einige von ihnen hatten ein gutes Verhältnis zu Daniel. »Ich hab mich super mit ihm verstanden«, erinnert sich eine Mitschülerin. Sie wechselte von der Realschule aufs Gymnasium. Er war einer der wenigen, der ihr sofort Hilfe anbot. Auch andere mochten ihn, beschreiben ihn als »hilfsbereit«. Aber das änderte sich über die Jahre – nicht zu seinen Gunsten. Bald kamen nur noch die wenigsten Klassenkameraden so richtig klar mit ihm. Er aber auch nicht mit ihnen. Vielleicht fand Daniel sie zu kindisch, sie ihn wiederum zu sehr möchtegern-cool.

Bis zu einem gewissen Zeitpunkt konnte sein bester Kumpel mit Daniels Art umgehen. »Wir waren dicke«, sagt er. Sie trafen sich fast jeden Mittag, spielten Basketball, hörten Hip-Hop, quatschten. Mit Daniel konnte man diskutieren, auf den Kopf gefallen war er nicht. Er hatte den Plan, Jura zu studieren, wollte Rechtsanwalt werden – wie sein Vater es einmal vorgehabt hatte. Das motivierte ihn offenbar, für die Klausuren zu lernen. Freunde beschreiben ihn in der achten, neunten, zehnten Klasse als »sehr ehrgeizig«. Auch das vorgeschriebene Praktikum während der Schulzeit machte Daniel mit 15 Jahren bei einer Rechtsanwaltskanzlei.

Der beste Kumpel bewunderte Daniel für sein schulisches Fortkommen. Er kannte auch Daniels Eltern, die ihn zwar mit Geld, aber nicht mit Ideen unterstützt hätten. »Da war kein großes Interesse. Es hieß: Daniel, du machst das schon.« Dafür hätte er sich in der Schule »verdammt gut gehalten«. »Er hat sich vieles selbst beigebracht.« Andere sahen Daniel, wie er im Bus zur Schule »Die Zeit« las. Und statt in einem Roman (»so was hat er nicht sonderlich geschätzt«) blätterte er lieber einmal im Grundgesetz oder dem Fremdwörterlexikon. Das hätte man ihm auch angehört, seine Ausdrucksweise klang manchmal gehoben – im Gegensatz zum Hip-Hop-Slang. Manche Wörter, die er verwendete, kannten die Freunde nicht.

BESTNOTEN IN POLITIK UND GESCHICHTE // Daniel hatte gute Noten. Besonders interessierte er sich für Politik und Geschichte. Der Lehrer, der ihn darin unterrichtete, erinnert sich sehr gut an Daniel. »Er war immer derjenige, der sehr schnell auf den kritischen Punkt kam. Ich weiß es sehr zu würdigen, wenn ein Schüler mehr weiß als sein Lehrer. Er war gut informiert und ein ausgesprochen kritischer Schüler.« Das zeigte Daniel auch gerne anderen Lehrern und Schülern. Karl Marx hätte er gelegentlich zitiert, erinnern sich Mitschüler, aber eher im Sportunterricht, nicht beim Politiklehrer, der konnte immer kontern.

»Die religiöse Komponente eines Konfliktes«, so der Politiklehrer, »die lasse ich im Unterricht nie aus.« Religion gebe »ein Wertesystem vor«, was oft ein wichtiger Antrieb für etwas Politisches sei. Weil der Glaube auch bestimmte Ansichten beeinflusse, über andere Kulturen zum Beispiel, über eigene Gesetze, das eigene Verhalten. Man sprach darüber, wie mit einer radikalen Auslegung einer Religion bestimmte Taten gerechtfertigt werden, nach dem 11. September 2001 vor allem. Auch da diskutierte Daniel fleißig mit.

Er war so selbstbewusst, dass es ihm nichts ausmachte, vor einer Gruppe zu sprechen, darum wollte man ihn für eine Rede bei einer Gedenkveranstaltung gewinnen. Nach dem 11. September wollte die Schulleitung der Opfer des Anschlags auf das World Trade Center gedenken. Daniel hatte nichts dagegen, legte aber Wert darauf, auch die Ursachen zu nennen, die seiner Meinung nach zu einem Angriff auf die USA geführt haben könnten. Daraufhin entschied man sich für einen anderen Redner.

Daniel hatte die brennenden Hochhäuser auf einem Nachrichtenkanal gesehen. Ein Freund war gerade zu Besuch. Der Fernseher, erinnert der sich, sei bei Daniel sonst kaum gelaufen. Er sei auch kein »Computertyp« gewesen, habe nicht stundenlang an der Playstation gespielt wie manche andere in der Crew. Wenn nichts über Hip-Hop oder Basketball lief, hätte Daniel Nachrichten geschaut. »Aber keine Promi-News oder dergleichen.« In den nächsten Wochen und Monaten bestimmte Osama bin Ladens Netzwerk al-Qaida die Schlagzeilen.

»Daniel war absolut erstaunt und erschüttert«, erinnert sich der Freund an die Reaktion, als die Eilmeldung von den brennenden Hochhäusern über den Bildschirm flimmerte. Dass Daniel sechs Jahre später selbst einen islamistischen Anschlag ausführen wollte, war zu diesem Zeitpunkt unvorstellbar. Er fühlte sich keiner Religion zugehörig, war nur auf dem Papier katholisch, glaubte nicht an Gott. Mit religiösen Eiferern oder Radikalen, die einen eigenen Gottesstaat anstrebten, konnte er erst recht nichts anfangen.

Wenn es etwas gab, was Daniel bei diesen Anschlägen vielleicht interessiert haben könnte, so war es die politische Komponente. Ein paar wenige Flugzeugentführer gegen einen mächtigen Staat, eine bis dahin in der breiten Öffentlichkeit kaum bekannte Organisation gegen die westliche Welt. Was motivierte die Täter? Wie war dieser Konflikt entstanden? Die Suche nach der Ursache fand er spannend, darüber hatte er ja auf der Gedenkveranstaltung reden wollen.

Die gleiche Frage stellte auch »The Source«, die Hip-Hop-Zeitschrift aus den USA. Sie berichtete von dem »Terroristen-Angriff«, von Osama bin Ladens »Heiligem Krieg gegen Amerika«, gedachte der »gefallenen Brüder, Schwestern, Mütter, Väter, Söhne und Töchter«. Die Frage nach der Ursache, die Daniel beschäftigte, steht in der Zeitschrift zwischen den Zeilen: Viele US-Amerikaner würden sich fragen, ob »unsere Nahost-Politik« mit dem Angriff zu tun habe, wenn auch nur »indirekt«. Der Artikel handelt von Israelis und Palästinensern und ihrem endlosen Kampf gegeneinander. War dieser Konflikt so gewaltig, dass er weltweit Angriffe und Kriege provozierte?

»... WENN ER ETWAS MACHT, DANN ZU 150 PROZENT« // Die Anschläge hatten Daniel nach eigenen Worten »zum Nachdenken angeregt«. Er suchte weiter nach Antworten. Aber nicht von morgens bis abends. Der Alltag kehrte zurück. Mit ihm die *Crew,* der *Gangsta*-Rap und der Kleiderschrank. In seinen Hip-Hop-Jahren entwarf sich Daniel ein eigenes Outfit, fast eine neue Identität, zumindest nach außen. Dabei ging er perfektionistisch vor. »Daniel ist einer, wenn er etwas macht, dann zu 150 Prozent«, sagt ein Freund von damals aus der *Crew*. Auf einem der alten Fotos trägt Daniel ein gelbes Stirnband, es verläuft dicht über den Augenbrauen. Am kleinen Finger der linken Hand ein Ring. Am rechten Unterarm ein Kettchen. Später rasierte ihm ein Freund eine Glatze. Manchmal trug er ein Kopftuch, Durag genannt. Damit fiel er auf, selbst innerhalb des Freundeskreises, dort trug man Baseballcaps.

Auf dem Foto mit dem Stirnband hält er zwischen Mittel-, Zeigefinger und Daumen eine Zigarette – oder etwas anderes. »Ich sah Daniel nie mit normalen Kippen, immer nur mit Joints«, erklärt einer der alten Einkaufsfreunde. Ein anderer von ihnen gibt an, mit ihm Camel und rote Gauloises geraucht zu haben. Mit 14 rauchte Daniel eine Schachtel am Tag. Irgendwann gehörte auch Marihuana dazu. So wie bei fast allen in der Clique.

Kiffen war Teil des Ganzen, so wie die Baggy Pants und die 3XL-Shirts. »Mit Drogen haben wir nichts am Hut, nur mit Gras«, sagt einer der Protagonisten im Spielfilm »Half Baked. Völlig High und Durchgeknallt«. Die Komödie gehörte zur Tauschware in der *Crew* wie die Ausgaben der Zeitschrift »The Source«. Der Film machte bei Daniels Basketballern die Runde, und die Jungs im Film kannten nur ein Thema: »Der Bon ist ausgepackt.« »Lass uns einen abdampfen.« »Wir wollen noch einen bauen, bevor die Arbeit wieder losgeht.« »Einen durchziehen.« »Oh Gott, waren wir alle drauf.«

Daniels *Crew* kiffte im Park der Kleinstadt. Seine ehemalige Grundschule liegt in unmittelbarer Nachbarschaft. Anfangs rauchten sie – so seine alten Freunde – auch bei Daniel zu Hause, in seinem Zimmer. Ein Kumpel erinnert sich an Daniels Mutter, wie sie die Jungs beim Kiffen entdeckte. Von da an habe das Rauchverbot auch bei Daniel gegolten, und sie hätten draußen ihre Joints gedreht. »Gras verticken« habe Daniel zu diesem Zeitpunkt nicht. Noch nicht.

Am Ende von »Half Baked«, der Kiffer-Komödie, wirft der Hauptdarsteller den Joint von einer Brücke aus ins Wasser. Einer Frau zuliebe, die in Marihuana »eine Einstiegsdroge« sieht und will, dass er damit aufhört. Ihr Vater ist Dealer und sitzt im Gefängnis. Nachdem der Hauptdarsteller sich für sie und gegen das Kiffen entschieden hat, richtet er ein Schlusswort an die Zuschauer:»Ich liebe Gras, ich lieb es wirklich, aber nicht halb so stark wie Muschis.«

Die weibliche Rolle in Daniels *Gangsta*-Rap ähnelt diesem Bild. Die Sänger sind fast alle männlich, die Frauen nacktes Beiwerk auf Fotos, in Filmen und Musikclips. Mehr nicht. Wenn eine Frau erwähnt wird, dann oft mit dem Wort *ho*, eine Abkürzung für *whore*, die abwertende Bezeichnung für Prostituierte. Häufig wird die Frau in Songtexten auch *bitch* genannt, Schlampe. Eine weibliche Ausnahme: die Mutter, genauer, die eigene Mutter. Sie ist in der Szene heilig und wird immer respektvoll behandelt.

Auch auf fast allen DVDs, die damals in Daniels Clique die Runde machten, ist das irgendwann Thema. Egal wie sehr die Darsteller in ihren Rollen Machos verkörpern, der eigenen Mutter gebührt Ehrerbietung. Die Streitereien zwischen zwei erwachsenen Basketballspielern in einer der Komödien (»Weiße Jungs bringen's nicht«) treibt das auf die Spitze. Ein Kumpel von Daniel hat die DVD noch im Regal.

Ort der Szene ist ein Basketballfeld. Ein Mann mit durchtrainiertem Bizeps, Trizeps, Deltamuskel zu seinem Gegner:»Deine Mutter hat dich wahrscheinlich rausgeschmissen, als du noch'n Kind warst.« Ein Dritter mischt sich ein:»Hast du gehört? Er zieht über deine Mama her!« Die Person, der die Provokation gilt, gespielt von Wesley Snipes, ebenso kräftig gebaut, mit goldener Halskette:»Hast du was gegen meine Mutter gesagt? Nein, nein, nein, gegen die darf keiner was sagen. Überleg dir genau, ob du noch einmal was gegen sie sagst. Kapiert?«

In einem der ernst gemeinten Filme (»Menace II Society«) sieht die Ehrerbietung der eigenen Mutter anders aus – ein Kultstreifen in Daniels *Crew*: Der Besitzer eines Supermarktes ärgert sich über zwei Kunden. Einer der jungen Männer beschimpft seine Angestellte, offenbar die Lebensgefährtin des Besitzers, nennt sie »dumme Nutte«.

Der Ladenbesitzer entgegnet: »Deine Mutter kann einem bloß leidtun.« Daraufhin zieht der junge Mann die Waffe und erschießt ihn und seine Angestellte. Er raubt den Händler aus und tritt auf den toten Körper ein, weil er zu wenig Geld findet.

MÄNNERWELTEN // Sosehr Daniel das Hip-Hop-Milieu nachleben und die Werte übernehmen wollte, beim Thema Mutter hörte es auf. Von Ehrerbietung war keine Rede, im Gegenteil: Er stritt sich mit ihr immer öfter. Das ging so weit, dass er im November 2001 heimlich mit seinem Bruder zu seinem Vater zog. Das Scheidungsdrama der Eltern hatte noch immer zu keinem Ende gefunden. Vielmehr handelte es sich bei dem Umzug um einen weiteren Akt. Der Vater hatte ihn wochenlang mit den Kindern am Telefon durchgeplant. Tag für Tag hatten sie ihre Sachen schon dorthin gebracht, sodass ein Taxi am Ende ausreichte. Zusammen mit Bruder und Vater lebte Daniel fortan in einem Männerhaushalt. Frauen, auch eigene Freundinnen, hatten dort nichts zu suchen.

Das wiederum passte zu seiner *Crew.* Hip-Hop war bei ihnen Männersache. Ein Kumpel von Daniel brachte einmal Musik von den *Ghetto Twiinz* mit. Das weibliche Hip-Hop-Duo blieb die Ausnahme. Sie hörten lieber Gruppen wie *Mobb Deep,* bestehend aus den Rappern Havoc und Prodigy. Die Songs handeln vom brutalen Leben in den sozialen Brennpunkten New Yorks, in denen die Musiker aufgewachsen sind. *Hardcore-Rap* heißt das, was *Mobb Deep* macht. Die Gruppe hat den Anspruch, authentischer zu sein als die Konkurrenz.

Gruppen der Westküste singen gerne gegen Bands der US-Ostküste an. Wobei sich der Küsten-Konflikt praktisch auf New York und Los Angeles reduziert. Der übliche Schlagabtausch der Hip-Hop-Branche ist Teil des Genres und Daniels Clique bekannt. Wettkämpfe gehören dazu. *Dissing* zum Beispiel, den anderen runtermachen – *to disrespect*, kurz *to diss*. Ein Rapper beschimpft auf seiner CD einen anderen. In einem Fall tritt der Westküsten-Sänger Tupac Shakur in Songs gegen Prodigy von *Mobb Deep* an (»Hit Em Up«, »Against All Odds«). Prodigy wehrt sich und kontert auf seinem neuen Album (»Drop A Gem On Em«).

Die Fans folgen solchen Wortkämpfen, kaufen die neuen CDs, und die Interpreten werden reich. Manchmal endet der Wortkonflikt, *the Battle*, auch ganz anders. Tupac Shakur erliegt Schussverletzungen, was den Hip-Hop-Krieg zwischen Ost- und Westküste verschärft. Zu den Verdächtigen gehören Hip-Hop-Sänger, für manche Verschwörungstheoretiker aber auch die US-Regierung oder die Mafia. Vermutlich ging es auch um Geld, um Verträge, um Macht. Doch alles ist Spekulation. Sicher ist, dass der *Battle* im Hip-Hop eigentlich auf der Bühne stattfinden soll. Mit Worten, nicht mit Waffen.

Die Welt der Hip-Hop-Stars kam in Daniels Kleinstadt an. Watts, das Ghetto von Los Angeles, statt seines Wohnviertels für Besserverdienende. Die Abrisshäuser und Armenviertel statt des geräumigen Einfamilienhauses mit zwei Kinderzimmern und einem zusätzlichen Spielraum. Bewaffnete Straßengangs statt mitten auf dem Asphalt schlafender Katzen. Der Kampf ums Überleben statt der vollen Einkaufstüte. Das passte zwar alles nicht zusammen, aber irgendwie schien es keinen in Daniels Clique zu stören. Im Gegenteil. Neue Klamotten, neue Musik mussten her.

Bei einem Freund von Daniel, der die schnellste Internetverbindung hatte, luden sie Songs aus dem Netz. Das war illegal, aber kostenlos. Alle in Daniels *Crew* waren noch Schüler, und das Outfit aus Stuttgart und Frankfurt war teuer genug. Die Ersparnisse gingen zur Neige. Nächte verbrachten sie damit, die Titel von *Mobb Deep* (Ostküste), *Dr. Dre* (Westküste) und *Busta Rhymes* (Ostküste) online zu finden und auf CD zu brennen.

Albert Johnson, Kejuan Muchita, Trevor Tahiem Smith Junior, André Romell Young – so heißen die Musiker mit bürgerlichem Namen. Daniel konnte die Baggy Pants kaufen, die sie trugen. Die von Smith Junior (*Busta Rhymes*) beworbene Pepsi trinken. Ihre Filme sehen, Songs hören. Er hätte sogar – was er später als Muslim tat – seinen Namen ändern können wie die Hip-Hop-Legenden, die er verehrte. Wenn es etwas gab, was er nicht konnte, so war es, schwarz zu sein.

DANIEL WOLLTE SCHWARZ SEIN // Das beschäftigte ihn damals sehr. Es ging so weit, dass er sich dafür schämte, weiß zu sein. Daniel setzte sich mit der Geschichte Nordamerikas auseinander. Mit der Vertreibung und Ermordung der Ureinwohner. Mit der Versklavung von Afrikanern. Mit der anhaltenden Diskriminierung danach. Und mit dem aufkommenden Widerstand der afroamerikanischen Bevölkerung. Das Interesse für dieses Thema war da. Aber, wie er es selbst einmal beschrieb, es ging nie in die Tiefe. Er engagierte sich nicht, um etwas zu verändern. Vielleicht meinte er das mit der fehlenden »Tiefe«.

Er hörte von Martin Luther King, der gewaltfrei, aber vehement auf die Missstände aufmerksam gemacht hatte. Vom aggressiver auftretenden Vertreter der Bürgerrechtsbewegung Malcolm X. Von den Black Panthers, die sich nach dessen Ermordung zum Widerstand formierten. Vieles lernte er wohl aus Hip-Hop-Clips, Filmen und Songtexten. Von der Wahl des ersten schwarzen US-Präsidenten wird Daniel in seiner Gefängniszelle hören. Aber bis dahin werden noch Jahre vergehen. Hip-Hop wird dann für ihn kein Thema mehr sein.

Zu Afroamerikanern hatte Daniels Hip-Hop-Clique kaum Kontakt. Nicht in der saarländischen Provinz. Nur eine schwarze Schulkameradin auf dem Gymnasium in Neunkirchen gehörte zum entfernten Bekanntenkreis. Im Gegensatz zu den meisten in seiner *Crew* identifizierte sich Daniel immer mehr mit dem Leid, das den Afroamerikanern im Laufe der Geschichte widerfahren war.

Der weiße Rapper Eminem hatte keinen leichten Stand bei ihm. Seine Geschichten von den weißen Verlierern und ihren Ghettos imponierten Daniel nicht. Zusammen mit einem Kumpel füllte er einen Fünf-Liter-Behälter mit Wasser und fügte roten Farbstoff hinzu. Auf dem Behälter klebte ein Eminem-Bild. Der damalige Kumpel: »Wir rissen das Bild aus einer Zeitschrift raus, dann feuerten wir auf den Behälter mit Daniels Luftpistole.« Das rote Wasser bespritzte das Bild und sah aus wie Blut. Es sei ein Spaß gewesen. Eminem zu *dissen* gehörte für die zwei Hip-Hop-Fans zum guten Ton.

Daniel blieb weiterhin dem schwarzen Hip-Hop treu. Irgendwann veränderte er seine Sprache. Er wollte wohl so klingen wie die Hip-Hop-Stars und hatte deren Vokabular aus den Songtexten übernommen. »Hey Nigga«, »Was geht, Nigga?«, »Yo, Nigga«. Nur ein paar aus Daniels Gruppe machten mit. Wie Daniel alles Weiße. In dem von *Mobb Deep* besungenen New Yorker Ghetto hätten sie Probleme bekommen. An einen Satz aus dieser Zeit erinnern sich mehrere von Daniels damaligen Freunden: »Mein Herz ist schwarz.« Das sagte er immer wieder.

SA'ED // Wenn Sa'ed seinen Freund Rami besuchte, kam er an Kasem as-Saher kaum vorbei. Sein Kumpel hörte den irakischen Sänger zu gerne. »Robbie Williams des Nahen Ostens« nennen ihn die Fans. Oft begleitet ihn auf der CD ein ganzes Orchester, und die Titel seiner damaligen Alben waren Programm: »Nach der Liebe«, »Liebesschule«, »Ich und Laila«. 1999 erschien »Mein Liebling und der Regen« – auf Arabisch »Habibti wa-l-Matar«. *Habibti,* mein Liebling, ein beliebtes Wort und in Liedtexten allgegenwärtig, egal ob volkstümlich oder Pop, damals oder heute. Die verflossene Liebe, die angebetete und immer wieder die unerreichbare.

In der traditionell arabischen Gesellschaft, in der Sa'ed heranwuchs, sind Liebesbeziehungen vor der Ehe tabu. Umso heftiger werden sie besungen und umso mehr sind sie Thema bei den Jugendlichen. Bei Sa'ed war das nicht anders. Die Eltern wussten von nichts, nur die zwei besten Freunde kannten das Mädchen aus der Nachbarschaft. Sa'ed verliebte sich mit zwölf, dreizehn in sie. Sie unternahmen nichts zusammen, trafen sich nie alleine, nur ihre Blicke begegneten sich, mal ein Lächeln, höchstens ein kurzes Gespräch quer über die Straße. Mehr geschah nicht, aber für die Verhältnisse in Nablus war das nicht wenig. Es gab kaum Kontaktmöglichkeiten für Jungs und Mädchen – weder in der Freizeit noch in der Schule.

Auf Sa'eds Schule gingen ausschließlich Jungs, bis zu fünfzig pro Klasse. Zehn Minuten brauchte er von seiner Haustür zum Schuleingang. Rechts hinter dem Tor empfängt ein Wandbild die Schüler: ein türkisblauer Fluss, Enten schwimmen darin. An jeder Uferseite steht ein kleines Landhaus, von dem schmale Wege über Wiesen zum Wasser führen. Ein dichter Wald wächst im Hintergrund bis zum Horizont. Nichts von dem Gemalten existiert irgendwo in Nablus.

ARAFAT UND DIE 99 NAMEN ALLAHS IM KLASSENZIMMER // In den Klassenzimmern hängen Bilder von Yassir Arafat, damals Präsident der Palästinenser, heute für viele von ihnen eine Legende. Neben einer Neonröhre stehen in Weiß auf schwarzem Hintergrund die 99 Namen Allahs: der Gnädige, der Barmherzige, der Herrscher, der Heilige, der Retter ... Auf schwarzem Stoff heißt es in goldener Schrift: »Allah ist das Licht von Himmel und Erde«. Ein Junge in weißem Gewand erklärt auf einem Plakat, wie man sich rituell wäscht: in acht Schritten, die Hände, das Gesicht, die Füße. Die weiteren Bilder zeigen, wie im Anschluss richtig gebetet wird, wie man in einem Raum betet und wie im Freien.

Andere Plakate erklären, wie Maschinen funktionieren, die Öl fördern, oder listen das lateinische Alphabet mit englischen Wörtern von A wie Apple bis Z wie Zebra auf. Seit Ende 2000 kleben in den Klassenzimmern Bilder von Mitgliedern der Aqsa-Märtyrer-Brigaden an der Wand – mit einem Gewehr, der M-16, im Anschlag. Zum »Gedenken an den Märtyrertod«, steht auf den Fotos. Auf einem späteren Plakat über der Tafel sind der Felsendom und Nayef Abu Scharch zu sehen: ein Anführer der Aqsa-Märtyrer-Brigaden und der Kopf hinter dem Anschlag, den Sa'ed verüben wird. Zwei Jahre nach dessen Tat töten Granaten des israelischen Militärs Abu Scharch in einem unterirdischen Versteck.

Der Innenhof von Sa'eds Schule hat eine Sportecke mit Fotos von deutschen und brasilianischen Fußballern. Die langen Haare eines Spielers sind zu einem Zopf gebunden – ein Haarschnitt, wie ihn in Nablus kaum ein Mann tragen würde. Ein anderer Sportler zieht sein T-Shirt über den Kopf, der trainierte Bauch ist zu sehen. Bauchfrei ist in der Stadt unüblich – bei Frauen sowieso, aber auch junge Männer würden sich so nicht zeigen. Und ein richtiges Fußballfeld mit Rasen gab es für die Jungs auch nicht.

Sa'ed machte mit seinen Freunden das Beste daraus. Sie spielten auf einem Platz auf einer Anhöhe, wo sein Lieblingscousin lebt. Stellenweise wuchs dort aus dem sandigen Boden etwas Gras, Steine liegen herum, aber nichts störte die Jungs. Der Platz war flach und groß genug. Das war entscheidend. Und so laut Nablus im Tal bei Sa'eds Zuhause war, so wenig hörte man von all dem Trubel und Verkehr dort oben. Nur den Wind, der kräftig über den Hang wehte, und die paar Autos, die zum Nachbarort fuhren. Sa'ed wird diese Straße am Tag seines Anschlags entlangfahren, vorbei am Fußballfeld, am Steuer ein Mann, der ihn nach Jerusalem bringt.

Sa'ed mochte die Ruhe oben auf dem Berg. Sie saßen abends oft dort, nach dem Spiel, tranken Cola, die Älteren rauchten Wasserpfeife. Keine fünfzig Meter von ihrem Spielfeld entfernt wuchsen Olivenbäume, die spendeten ihnen Schatten in den Pausen. Über ein Dutzend Kinder und Jugendliche standen an manchen Nachmittagen an der Seite, machten Stimmung, feuerten die Spieler an. Sa'ed kickte im Sturm mit der Nummer zehn. Ein schneller Läufer, wie ein »Assad«, ein Löwe, sagt Sa'eds Cousin. Der hatte die Nummer sechs, spielte in der Abwehr. Andere wiederum sagen, Sa'ed war ein ganz normaler Spieler, nicht schneller oder langsamer als andere.

»Wenn Sa'ed nicht kam, war's kein schönes Spiel«, erinnert sich der Cousin. Sa'ed hätte immer alle zum Lachen gebracht mit seiner Art. Sie spielten acht gegen acht. Nach zwanzig Minuten wechselten die Mannschaften, Mitspieler gab es mehr als genug. Manchmal spielten sie, bis die Nacht hereinbrach, wechselten immer wieder aus. So ging das dreimal die Woche, Monat für Monat. Bis zum Jahr 2000, dem Beginn der Zweiten Intifada, dann wird es dort oben viel zu gefährlich sein.

Turnschuhe hatten die wenigsten. Für den Ball zahlten sie umgerechnet zwei Euro auf dem Basar. Manche sparten für ein Trikot, das kostete sechs Euro. Sa'eds Team trug ein blaues Shirt mit weißem Kragen und eine blaue Hose. Ihr Sportladen im Zentrum ist vom Erdboden bis zur Decke mit Kisten gefüllt: Sprungseile mit Zähler, Schläger für Tischtennis, Basketball-Bälle und mehr. Das Geschäft existiert seit dreißig Jahren, überlebte sämtliche Krisen. Sportartikel gehen immer, Fußballsachen sowieso.

Sa'eds alte Mannschaft trifft sich heute nicht mehr zum Spiel. Manche haben eine eigene Familie gegründet, Fußball findet nur noch im Fernsehen statt. Der Alltag als Erwachsener verläuft oft in vorgegebenen Bahnen. Einer aus Sa'eds Mannschaft arbeitet in der Betonfirma des Vaters, zwei betreiben zusammen einen Fleischerladen, einer verkauft CDs und Musikkassetten in der Altstadt, einer führt einen Kaffeeladen, einer ist im Süßwarenladen angestellt und Sa'eds Lieblingscousin bei der Stadtverwaltung. Aus der alten Fußballer-Clique ist Sa'ed der Einzige, den man in Nablus »Märtyrer« nennt.

VON DER SCHULBANK ZUR JEANSFABRIK // Oft trafen sich die Freunde nach dem Unterricht, und als Sa'ed die Schule verlassen hatte, stieß er nach der Arbeit zu ihnen. Er gehörte zu den Ersten im Freundeskreis, die Geld verdienten. Bereits mit elf Jahren erschien er nicht mehr im Klassenzimmer. Die anderen drückten weiterhin ab halb acht morgens die Schulbank, paukten Fächer wie Arabisch, Mathe, Geografie, Religion und Sozialkunde. Sa'ed hätte keine Lust mehr auf die Schule gehabt, so erklären die Eltern zunächst.

»Sa'ed mochte die Schule nicht«, sagt sein Vater. Er wisse nicht, wieso. Er sagte zu Sa'ed: »Wenn du aufhörst, zur Schule zu gehen, dann arbeitest du.« »Er wollte lieber arbeiten und mir zu Hause helfen, als in seiner Klasse zu sein«, erinnert sich seine Mutter. Und sein bester Freund Rami: »Er verließ die Schule, um zu arbeiten und seiner Familie zu helfen.« Waren seine schulischen Leistungen schlecht? »Er war nicht so gut.« Rami überlegt weiter und verteidigt seinen besten Freund: »Ich glaube, wenn Sa'ed nicht so intelligent gewesen wäre, hätte er nicht eine so erfolgreiche Operation machen können.« Damit meint er den Anschlag.

Bei Nachfragen nennen die Eltern auch wirtschaftliche Gründe. Die finanzielle Situation sei vielleicht Ursache, wieso er dem Unterricht fernblieb. Es ist nicht einfach, so etwas zuzugeben. Armut ist weit verbreitet in den Palästinensergebieten. Aber sie zu zeigen, ist verpönt. Armut bedeutete bei Sa'eds Familie, umgerechnet etwa 300 Euro im Monat zur Verfügung zu haben. Damit musste die Stromrechnung bezahlt werden und das Auffüllen der Wasserbehälter auf dem Dach. Auch das Gas, um das Wasser aufzuwärmen und die Wohnung im Winter zu beheizen. Dazu kamen Lebensmittel, Medikamente, Kleidung sowie alles Weitere, was eine große Familie benötigt. Für den Abschluss einer Versicherung blieb kaum etwas übrig. Jeder Arztbesuch kostete Bargeld. Davor musste überlegt werden, ob es nicht anders geht, mit Medikamenten vom Apotheker vielleicht, die aber auch aus eigener Tasche bezahlt werden. Je früher Sa'ed und seine Brüder arbeiten gingen, desto mehr Geld stand der Familie für all diese Ausgaben zur Verfügung.

Sa'eds Direktor erinnert sich an den »ruhigen und höflichen Schüler«. »Ich kann nicht sagen, dass er in der Schule schlecht war, nein, aber er war nachlässig, weil er keine Person in seiner Familie fand, die nach ihm schaute, vor allem beim Thema Bildung.« Er kenne die Familie gut. Als Schulleiter in Nablus sei man immer auch Sozialarbeiter. Er lernt die Eltern seiner Schüler und das Umfeld kennen, in dem sie aufwachsen. Wenn Kinder nicht mehr im Unterricht auftauchen und der Lehrer weiß, dass die Familie nicht viel Geld hat, dann muss er nur eins und eins zusammenzählen.

»Kinder, die in solchen Verhältnissen aufwachsen, die denken manchmal nur an die Arbeit und wie sie ihren Familien helfen können.« Die Kleinen zur Schule zu schicken, damit sie später eine Lehre machen oder studieren gehen, das brächte auf Dauer mehr Geld – sagt die Theorie. Aber erstens können sich wenige Familien in Nablus leisten, ein Kind so lange zu fördern. Zweitens bringt in einem Land, in dem es kaum Aussicht auf Arbeit gibt, die beste Ausbildung nichts. Fast nichts, denn viele verlassen nach Ausbildung oder Studium ihre Heimat, sie arbeiten im Ausland, in den Vereinigten Arabischen Emiraten zum Beispiel, und unterstützen von dort aus ihre Familie. Von

Sa'eds Geschwistern ging bisher keiner diesen Weg, absolvierte auch keiner ein Studium oder eine richtige Ausbildung.

Viele Ratschläge zur Zukunftsplanung erhielt Sa'ed nicht von seinen Eltern. Die Mutter war im Haushalt stark eingespannt. Sa'ed hatte sechs Geschwister, als er die Schule verließ. So viele Kinder brachten der Mutter nicht nur Freude, sondern auch eine Menge Arbeit. Der Vater pendelte am Wochenende von seiner Stelle bei einer Fabrik in Ramallah nach Hause. Unter der Woche sah Sa'ed seinen Vater nicht. Eine starke Bindung konnte sich zwischen ihnen kaum entwickeln. Der Vater erlebte seinen Sohn als zurückhaltenden Jungen, mit dem es in jener Zeit keine großen Streitereien, wohl aber auch keine intensiven Gespräche gab.

Sa'eds erster Arbeitsplatz, nachdem er die Schule aufgab, war eine Schneiderei für Jeanshosen. Er übernahm alle Hilfstätigkeiten: das Reinigen der alten Nähmaschinen, er holte die aus China und der Türkei gelieferten Stoffe aus dem Lager, kochte Kaffee oder Tee, servierte ihn den Erwachsenen. Zwanzig Leute arbeiteten damals in der Herstellung, ein Viertel davon in Sa'eds Alter, alle keine zwölf Jahre alt. Bis zu 600 Hosen stellte die Belegschaft pro Tag wie am Fließband her.

In einem Raum lagerten die Stoffrollen, in einem anderen die fertigen, in Folie verpackten Hosen, zum Versand bereit. Die Nähmaschinen standen im Abstand von einem halben Meter nebeneinander. Nach dem Nähen wurden die Knöpfe gestanzt. Das machte Sa'eds ältester Bruder. Er arbeitete am Ende der Produktionskette, an der Maschine, auf der längst kein Herstellername mehr zu erkennen war. Mit Sa'ed an seiner Seite schaffte er es, drei Hosen pro Minute mit den silberfarbenen Knöpfen zu versehen.

Der Unternehmer, der die Fabrik betreibt, erinnert sich an Sa'ed. An einen »schüchternen« Jungen, »der Angst hatte« – vielleicht war Sa'ed deswegen nur wenige Monate dort. Auf die Frage, wieso er auch Kinder einstellt, antwortet der Fabrikbesitzer: »Der Kopf ist klein, und er ist leer. Kinder denken nicht viel nach, daher arbeiten sie schneller.

Größere denken an Hochzeiten und sonstige Dinge.« Er selbst hätte als Kind angefangen zu arbeiten. Um die Kinder zu motivieren, erhalten sie kleine Geldprämien für besonders fix erledigte Arbeit.

Die Väter, erklärt der Unternehmer, erwarten von ihren Jungen, dass sie das verdiente Geld komplett abgeben. Von dem, was die Kinder zusätzlich verdienen, wüssten sie nichts. Die Kinder kauften sich nach der Arbeit mit der Prämie ein Eis für den Nachhauseweg, dafür reiche es zum Beispiel. Sa'eds Arbeit begann wie seine Schule um halb acht, hörte aber nicht um ein Uhr mittags, sondern abends um fünf auf. Dafür erhielt er, inklusive der Schnelligkeitsprämie, umgerechnet zwei Euro pro Tag.

NEUN EURO FÜR EINEN ZEHNSTUNDEN-TAG // Nicht länger als ein halbes Jahr arbeitete Sa'ed in der Jeansfabrik. Danach fing er bei einer Süßwaren-Bäckerei an. Dort suchten sie Jungs für Hilfstätigkeiten. Mit den Eltern gab es auch darüber keine großen Gespräche. Er redete mit ihnen nie über Berufswünsche. Es schien jede Arbeit recht zu sein, die Geld brachte, Hauptsache mehr als in der Jeansfabrik. Neun Euro pro Arbeitstag verdiente er bei der Süßwaren-Herstellung, die oft bis 18 Uhr andauerte – zehneinhalb Stunden ohne offizielle Pausenzeiten. Wenn mal nichts zu tun war, konnte er sich kurz hinsetzen, Kraft tanken, dann hieß es weitermachen.

Verpflegung stellte der Inhaber der Bäckerei. Hühnerschenkel lagen in den Backöfen, in denen die Bleche mit dem Gebäck erhitzt wurden. Reis brodelte im Wasser auf dem Gasherd. Oder für zwischendurch ein Stück *Chubes,* das Fladenbrot, belegt mit Käse – alles, nur nichts Süßes. Wer so viel mit Süßigkeiten arbeitet, isst sie nicht. »Der ist davon irgendwann gelangweilt«, erklärt der Chef. Sa'ed war schlank wie die meisten Mitarbeiter, brachte manchmal aber Süßes mit nach Hause.

Einen Tag in der Woche hatte Sa'ed frei. Zu besonderen Anlässen wie dem Fastenmonat Ramadan arbeitete er mit den Kollegen – alles Jungs und Männer – bis nachts. Am Abend, bei Einbruch der Dunkelheit, bildeten sich Schlangen vor der Kasse. Denn das allabendliche Fastenbrechen, nach einem Tag ohne Essen und Trinken, wird oft feierlich mit der ganzen Familie begangen. Das süße Gebäck zur Nachspeise gehört dazu. Der letzte Tag des Fastens wird besonders ausgiebig gefeiert. Sogar neue Kleider werden für diesen Tag eingekauft. Die Händler machen dabei gute Geschäfte.

Die langen Arbeitszeiten störten Sa'ed wohl nicht sehr. Im Gegensatz zur Jeansfabrik hatte er an seinem neuen Arbeitsplatz Gefallen gefunden. Das merkten die engen Freunde. Er hatte Spaß bei der Arbeit, und er hatte eine Perspektive, wenn auch eine, die viel Ehrgeiz erforderte. Die Mitarbeiter müssen sich vom Geschirrputzer nach oben arbeiten. »Man lernt praktisch«, nennt das ein Angestellter. Jeder beginne als Reinigungskraft, so der Bäckerei-Inhaber, der das Geschäft von seinem Vater geerbt hat. Die letzte Sprosse auf der Karriereleiter erreiche nicht jeder, das hänge ab von »Fleiß und Verstand«. Doch das Ziel vieler junger Mitarbeiter sei es, die Zubereitung von *Knäfe* zu übernehmen, der Spezialität des Hauses – aus Teig, Käse und Zuckersirup. Bis zu zwanzig Euro pro Tag kann man da verdienen.

Bevor jemand in diese Position aufsteigt, muss er bis zu sechs Jahre als Assistent arbeiten, Hilfstätigkeiten machen oder anderes Gebäck zubereiten. Es verging kein Jahr, da bereitete Sa'ed schon in der kleinen heimischen Küche sein eigenes *Knäfe* auf dem Gasherd zu, für Familientreffen oder einfach so. »Den Teig nahm er von hier mit, um Knäfe zu Hause zu machen«, weiß der Chef, der nichts dagegen hat, wenn die Leute privat üben. Er wiederum importiert die Zutaten aus der Türkei und dem Iran. Wirtschaftliche Beziehungen zur Islamischen Republik, dem »Erzfeind«, untersagt Israel den Palästinensern. Doch so wie Waffen aus dem Iran einen Weg zu den Kampfgruppen in die Palästinensergebiete finden, so auch die Backzutaten in die Lagerräume der Süßwaren-Bäckereien.

Einmal drehte Sa'ed den Herd nicht aus, doch die Flamme erlosch, und in der kleinen Küche strömte Gas aus. Sa'ed fiel in Ohnmacht, und seine Eltern entdeckten ihn auf dem Boden liegend. Die Geschichte erzählte man sich in der Familie bis heute.

Von dem Missgeschick abgesehen, hatte er die besten Voraussetzungen, irgendwann auch in der Bäckerei *Knäfe* zuzubereiten. »Er war ein schlauer Junge, der schnell lernte«, so der Chef. Die wenigsten der jungen Neueinsteiger kommen so weit, sie bleiben irgendwann stehen, springen ab oder suchen sich eine andere Stelle. Sa'ed zeigte Ausdauer, ließ sich auch anschreien, und das nicht selten. Das Arbeitsklima in den erfolgreichen Süßwaren-Bäckereien ist rau. Viel Arbeit, oft unter Zeitdruck, der Stress wird an den Jüngeren ausgelassen. Je jünger, desto mehr Druck wird auf einen Mitarbeiter ausgeübt, desto mehr erlauben sich die Älteren, kommandieren einen herum.

Bei Streitereien hielt sich Sa'ed zurück, ertrug es still. Der Chef sagt: »Er war ein lustiger Junge. Er wurde nur sehr ruhig, wenn er fühlte, dass etwas ungerecht war.« Mit so etwas kam er nicht klar, dann begann er schon mal zu weinen, vor allem wenn andere ihn zu hart behandelten. Seinen Eltern gegenüber beschwerte er sich aber nicht über die Arbeitsbedingungen. Die Freude darüber, etwas mit Aufstiegschancen gefunden zu haben, was zudem interessant war und Geld einbrachte, überwog.

VOM SPÜLJUNGEN ZUM TEIGMACHER // Kontakt zu den Kunden im Verkaufsraum hatte Sa'ed nicht. Sie schauten sich die Ware in den Vitrinen und auf den Blechen an, bestellten, ließen sich die süßen Stücke einpacken, zahlten, gingen. Manche aßen dort, setzten sich an einen der Tische mit rosa Papiertüchern, die aus einer Holzbox gezogen werden. Ein Junge stellt silberfarbene Metallbecher vor den Gast, füllt sie mit Wasser aus einer Karaffe auf. Er bringt auf Wunsch den starken Kaffee im kleinen Tässchen mit zwei Löffeln Zucker. Wer das nicht will, bestellt »Kaffee Säda«, der ist ungesüßt. Auf bunt verzierten Tellern serviert der Junge die am Tresen bestellte Süßspeise.

Sa'eds erstes Jahr bestand darin, von morgens bis abends diese Teller, Gläser und Tassen von Hand zu waschen. Viel Mühe bereiteten ihm sicher die Töpfe, die so groß sind, dass sich ein Kind hineinsetzen könnte, und die breiten Bleche, ein Meter auf ein Meter, dazu kamen die Werkzeuge aus der Backstube: vom Kneteisen über die Rührbesen bis zu den verschiedenen Teilen aus dem Ofen. Sa'ed stand in den Anfangsmonaten Tag für Tag vor zwei Spülbecken, die bunten Topfreiniger schwammen in einem Wassereimer daneben.

Männer, die alleine oder mit Freunden in so eine Bäckerei kommen, sitzen an Tischen im vorderen Bereich, abgetrennt von ihnen speisen Frauen und Familien. Damals war dort kaum ein freier Platz zu finden, das Geschäft lief prächtig. Bis sich im September 2000 alles verändert, mit dem Ausbruch der Zweiten Intifada, dem Beginn der Straßenkämpfe, mit den Protesten, den Anschlägen in Israel, dem Einmarsch israelischer Soldaten in Nablus und dem Zusammenbruch der örtlichen Wirtschaft.

Bis dahin verbrachte Sa'ed die wohl glücklichste Zeit seines Lebens, trotz des harten Jobs. Er arbeitete sich nach oben, verließ das Spülbecken und war bald für die Herstellung des Teiges mitverantwortlich. Er verdiente Geld, das er nach der Arbeit in bar erhielt und am selben Abend seinem Vater überreichte. »Er gab mir gewöhnlich sein volles Gehalt und bat mich um sein Taschengeld.« Dann stieg Sa'ed weiter auf, keine 15 Jahre alt, bereitete *Schifayef* zu, arabisch für Lippen, ein weiteres Süßgebäck. Er füllte Blätterteig mit eingeweichtem Käse, klappte die Seiten so weit zu, dass das Weiß noch zu sehen war, und goss Zuckersirup darüber – mit etwas Fantasie sieht das wie Ober- und Unterlippe aus, dazwischen der weiße Käse, die Zähne.

Ein süßer Duft überzieht die Backstube den ganzen Tag, anfangs ist er angenehm, irgendwann unerträglich, dazu kommt an den

Knäfe-Blechen der stechende Geruch von Palmfett. Ein Lüftungsschacht lässt etwas Tageslicht herein. Die Männer sind weiß vom Mehl. Keiner von ihnen scheint älter als vierzig, die meisten zwischen zwanzig und dreißig. Eine Maschine mischt den Teig für *Knäfe*, eine andere zieht die Masse in Fäden, erhitzt und trocknet sie. Die Geräte, Öfen und Gasherde strahlen Wärme ab, heizen die süße Luft im Raum auf. Die meiste Zeit seiner Jugend verbrachte Sa'ed in dieser Backstube.

Seine spärliche Freizeit verbrachte er mit den Fußballern rund um seinen Lieblingscousin. Freitags grillten sie. Woche für Woche trafen sie sich nachmittags. Auf den Rost über der Kohle legten sie Hühnchen oder Kebabspieße aus Hackfleisch, Petersilie und Gewürzen. Sa'ed schien seit seinem Arbeitsbeginn bei der Bäckerei alles, was mit Essen zu tun hatte, professionell angehen zu wollen. Sie aßen, sprachen über die Woche und hörten Musikkassetten von ägyptischen Sängern wie Ihab Taufiq und Hani Schaker.

Die Jungs waren fast immer draußen. Zu Hause lebten ihre Familien auf engstem Raum, und weder vor Eltern noch Geschwistern hatte man Ruhe. Bei Sa'ed kam hinzu, dass sein Verhältnis zu den Brüdern offenbar nicht sonderlich gut war. Mit einem Bruder züchtete er eine Zeit lang Tauben, sie verkauften die Jungvögel, hatten über fünfzig Tiere in einem kleinen Innenhof und einem angrenzenden Raum. Viel mehr ist nicht über gemeinsame Unternehmungen der Brüder zu erfahren. Die beiden älteren Brüder waren, wie andere berichten, Sa'ed gegenüber streng und autoritär.

FREIZEIT DARF NICHTS KOSTEN // »Er sprach kaum mit seinen Brüdern. Sie hatten unterschiedliche Ansichten und Gedanken. Es machte ihn wütend, wenn einer seiner Brüder irgendein Kleidungsstück von ihm trug«, erinnert sich die Mutter. Sie sagten ihm, was er machen sollte, was er durfte und was nicht. Bei der Arbeit in der Süßwaren-Bäckerei hatte er genug Befehle zu befolgen, genug Ältere, die über ihn bestimmten. Vielleicht waren die vielen Treffen bei seinem Cousin auch eine Art Flucht für Sa'ed. Seine Mutter sagt, er hätte zu ihm eine stärkere Bindung aufgebaut als zu seinen Brüdern.

Bei seinem Cousin schauten sie sich auch mal Videos an. Ohne Satellitenschüssel auf dem Dach konnten nur Programme vom benachbarten Jordanien, aus Ramallah, Jerusalem und Lokalsender aus Nablus empfangen werden. Und israelische Kanäle, die man ohne Hebräischkenntnisse nicht verstand. Den ägyptischen Komiker Adel Imam mochte Sa'ed ebenso wie Mr. Bean. Und wie die meisten Jungs sahen sie die Actionfilme, die damals überall als Kopien im Umlauf waren. »Rambo« und Filme mit Bruce Lee standen laut seinem Cousin weit oben auf der Lieblingsliste. Einer gegen alle, das alte Thema.

Wenn Sa'ed einen ganzen Tag freihatte, fuhren sie im Sommer nach Badan, 15 Minuten mit dem Sammeltaxi, immer bergab, vorbei an Hunderten Zypressen und einem kleinen Freizeitpark. Der Park wird nach dem Beginn der Zweiten Intifada schließen. Ein verrostetes Riesenrad und ein verlassenes Passagierflugzeug, in dem ein Restaurant untergebracht war, stehen heute als stille Zeugen einer zumindest wirtschaftlich guten Zeit im überwucherten Gelände.

Im grünen Tal von Badan gibt es ein Freibad mit Rutschen, Sprungbrettern, Planschbecken. Die Jungs tragen Shorts, junge Frauen gehen mit langen Hosen und T-Shirts schwimmen, ältere sitzen mit Kopftuch am Beckenrand, strecken die verhüllten Beine ins Wasser. Die Familien bringen ihr Picknick mit, große Töpfe, Schüsseln mit Aluminiumfolie bedeckt, Teller und Besteck. Unter den Bäumen stehen überall Plastikstühle und Tische für die Gäste, Kellner servieren Getränke und Wasserpfeifen.

Auch nach Ramallah fuhr Sa'ed mit seinem Cousin und der Fußball-Clique. Vierzig Minuten südlich mit dem Bus oder dreißig Minuten mit dem Sammeltaxi. Dort herrschte in der Innenstadt mehr Leben auf der Straße als in Nablus, mehr Mädchen ohne Kopftuch waren zu sehen, mehr Cafés und vor allem: Es gab keine Verwandten, die einem auf der Straße begegneten. Ramallah war ein Stückchen große, weite Welt. Und die hatte ihren Preis, daher kauften Sa'ed und seine Freunde nicht groß ein, besuchten weder Restaurants noch Internetcafés. »Zu teuer«, erinnert sich der Cousin.

Sie schlenderten an den Geschäften vorbei, die Straßen auf und ab. Das machten nachmittags Hunderte andere Jungs und junge Männer. Sie blickten in die Schaufenster, redeten miteinander, einige Kumpels Arm in Arm, manche von ihnen Hand in Hand – wie das unter männlichen Freunden dort üblich ist. Mit einem befreundeten Mädchen wäre so etwas für Sa'ed und seinen Cousin unmöglich gewesen. Erst nach der Verlobung würden ihre Familien so einen Körperkontakt oder so eine Umarmung gestatten.

Manchmal fuhren die beiden mit ihren Freunden weiter in den Süden nach al-Quds, die Heilige, wie Jerusalem auf Arabisch genannt wird. Sie besuchten die Aqsa-Moschee und erkundigten die lebendige Altstadt voller Touristen und Pilger. Die Gassen sind breiter als in Nablus, die Waren, die dort verkauft werden, teurer. Und der Platz zwischen dem Felsendom und der Aqsa-Moschee ist riesig. Tausende Muslime beten dort freitags gemeinsam, der Wochentag heißt auf Arabisch *Yom al-Dschuma*: Tag der Versammlung.

MIT DEN KOLLEGEN BETEN // Religion spielte für Sa'ed damals aber nicht die Rolle, die sie später für ihn spielen wird. Er wuchs in einem Zuhause auf, das nicht religiös war. Seine Eltern glaubten zwar an Gott, aber praktizierten den Glauben nicht, beteten nicht fünfmal am Tag, wie es manch andere taten. Ein Koran existierte im Haus, aber niemand las daraus vor oder machte das, was darin steht, zum Gesprächsthema. Erst zwei, drei Jahre nach dem Arbeitsbeginn in der Süßwaren-Bäckerei schien Sa'ed religiöser zu werden. Er war 14, 15 Jahre alt.

Das bedeutete für Sa'ed vielleicht auch, erwachsener zu werden, eine erste Distanzierung vom Elternhaus. Sa'ed begann mit anderen Mitarbeitern in der Süßwaren-Bäckerei, die Gebetszeiten einzuhalten. Er betete mit ihnen morgens, mittags, nachmittags. Das dauerte nicht lange, nur ein paar Minuten, nachdem der Muezzin zu hören war. Seinem Chef entging das nicht:»Wir hatten das Gefühl, dass er beginnt, das Leben ernster zu nehmen. Dass er reifer denkt und handelt, in seine Zukunft gerichtet.«

Ende der 90er-Jahre fing Sa'ed an, freitags die Moschee zu besuchen – als Einziger in seiner Familie. Weder Eltern noch Geschwister gingen dorthin. Erst nach dem Freitagsgebet besuchte er seinen Cousin für ihr traditionelles Grillen. Die Moschee, in der er damals betete, liegt auf dem Weg zu ihm an einem Berghang. Der Raum ist schlicht eingerichtet, ein grüner Teppich, Heizkörper unter den Schiebefenstern, Ventilatoren und Neonröhren an der Decke. Rechts am Eingang mehrere Holzregale für die Schuhe der Betenden. Es waren nicht so viele in Sa'eds Alter, die wöchentlich diesen Raum besuchten. Doch mit dem Beginn der Zweiten Intifada wird sich das ändern.

EN // ERWACHSEN WERD

// ERWACHSEN WERDEN

DANIEL // »Mein Herz ist schwarz.« Diesen Satz hörte Daniels ehemalige Freundin nicht nur einmal. »Ich wohn' im Ghetto«, habe er ihr auch einmal erklärt, am Anfang der Beziehung. »Na klar, Ghetto« habe sie sich gedacht, aber nichts gesagt. Sie wusste, dass Daniel in einem Stadtteil für Besserverdienende wohnte. Wo Neuwagen vor der Einfahrt der Einfamilienhäuser parken. Sie wollte ihn nicht darauf ansprechen. Die damals 14-Jährige war froh, ihn zu haben, den zwei Jahre älteren Jungen.

Er trat »ziemlich cool« auf, trug »Markenklamotten«, ein Stirnband, rasierte sich Streifen ins kurze Haar, cremte sich die glatte Haut dazwischen ein. Sie hatte ihn auf einem Konzert kennengelernt, eine Band aus Neunkirchen stand auf der Bühne. Das Mädchen verliebte sich »schrecklich«. Er mimte den Gangster mit seinem Outfit, seiner Art – das machte Eindruck auf sie. Obwohl sie wusste, wo er wohnte und dass es in dem kleinen Städtchen kein echtes Ghetto gab. Aber »das Böse, das hat mich gereizt«. Und die Freundinnen seien neidisch auf sie gewesen (»Was hast du für'n Freund!«).

Daniel und seine Freundin rauchten zusammen – sie Zigaretten, er Joints. Das machten sie immer bei ihr zu Hause, Daniel nahm sie nie mit zu sich. Bei den Treffen setzte sie Grenzen. Sehr Intimes wollte sie nicht. »So weit ließ ich es nicht kommen. Das hat er respektiert.« Aus heutiger Sicht war die große Liebe von damals »eher ein Kumpel als ein Partner«. Sie redeten über alles, Daniel sprach auch über seine vorherige Freundin, mit ihr war er längere Zeit zusammen, schien noch öfters an sie denken zu müssen. Sich über so was zu unterhalten, störte das Mädchen nicht. Sie gingen kaum aus, besuchten mal das Kino, schauten sich »The Scorpion King« an.

Sie blieben ein halbes Jahr zusammen, trafen sich in dieser Zeit aber nicht oft, manchmal nur alle zwei Wochen. An Daniel habe das gelegen. Manchmal meldete er sich über Tage nicht, dann tauchte er plötzlich wieder auf. Einmal lief sie in sein Stadtviertel, stand sogar vor seiner Haustür. Er hatte sich wieder einmal lange nicht gemeldet, und sie wollte ihn überraschen. Sie wollte klingeln, traute sich aber nicht, das hat sie ihm aber nie erzählt. Ein anderes Mal fuhr Daniels Vater mit dem Auto zufällig an ihnen vorbei. Daniel zeigte auf das vorbeifahrende Fahrzeug, näher lernte die Freundin weder Vater noch Mutter kennen.

KEIN KOPF FÜR MÄDCHEN // Innerhalb der Familie hatte der Vater zu dieser Zeit wohl am meisten Einfluss auf Daniel. Wenn Daniel sich der Freundin gegenüber eher zurückhaltend zeigte, lag das vermutlich auch an ihm. Die gescheiterte Ehe und der Scheidungskrieg mit Daniels Mutter hatte den Vater geprägt. Er riet seinem Sohn, sich Frauen nicht zu sehr zu öffnen. Frauen wollten Kinder, und Kinder brächten nur Verpflichtungen mit sich.

Die Gespräche zeigten Wirkung: Daniel war 16, da dachte er schon über eine Sterilisation nach. Wer unfruchtbar ist, kann keine Kinder zeugen, geht somit keine Verpflichtungen ein. Und: Er kann sich auf das berufliche Fortkommen konzentrieren. Karriere war ein wichtiges Thema für den Vater. Er selbst, so Freunde der Familie, machte für seine eigenen gescheiterten Berufspläne familiäre Gründe verantwortlich. Nicht an eigenen Leistungen oder eigenem Ehrgeiz habe es gemangelt, andere seien schuld gewesen.

Über solche Dinge sprach Daniel nicht mit seiner Freundin. Als Schluss war, kam das für sie überraschend. »Ohne Grund«, findet sie. Über Jahre wird sie nichts mehr von ihm hören. Erst im September 2007 sieht sie sein Gesicht in der »Bild«-Zeitung. Auf der ersten Seite ist er mit zwei weiteren jungen Männern zu sehen. »Die Terror-Bomber« werden sie genannt. Daniels Gesicht erkennt sie sofort. Die früher kurz rasierten Haare wachsen ihm nun über die Schultern.

In der Zeit, in der ihre Beziehung zu Ende ging, lief es für Daniel auch mit seinen Hip-Hop-Freunden nicht mehr so wie früher. Die *Crew* kam mit ihm nicht mehr klar. Selbst Daniels bester Kumpel hatte keinen richtigen Zugang mehr zu ihm, ihre Freundschaft stand vor dem Ende. Ein anderer Junge im Basketballverein lenkte die Aufmerksamkeit auf sich: Nidal. Der neue Mitspieler war drei Jahre älter als Daniel. Ein Elternteil war arabischer Abstammung. Für Daniel klang das damals vermutlich nach großer, weiter Welt. Keine Person wird in den nächsten beiden Jahren so viel Einfluss auf ihn haben wie Nidal.

Nidal tat so, als ob er auf alles die richtige Antwort hätte. Er ließ sich von keinem etwas sagen und strahlte Autorität aus – zumindest auf Daniel. Der fühlte sich von ihm angezogen, während die meisten anderen im Basketballverein über Nidal den Kopf schüttelten. Das machten sie hinter seinem Rücken, keiner wollte sich mit ihm anlegen. Er war groß, und man konnte sich nicht sicher sein, ob er ausflippt. »Nidal war Daniels zentrales Problem«, sagt einer der Basketballfreunde heute. »Ab da konnte man ihn ganz vergessen.«

Über Nidals Vergangenheit, seine Schulzeit, wissen sie so gut wie nichts – Daniel vermutlich auch nicht. Mit Fünfern und Sechsern von Religion bis Mathe wechselte Nidal vom Gymnasium auf die Realschule. Dort hatten es die Lehrer nicht leicht mit ihm. Er gehörte zu den ältesten Schülern. Den Lehrern gegenüber verhielt er sich überlegen, was nicht funktionierte. Mitschülern konnte er etwas vormachen, den Pädagogen nicht. Damit kam er nicht klar. Eine Lehrerin bat ihn einmal zu sich zum Gespräch. »Kommen Sie zu mir, verdammt!«, soll er geantwortet haben. »Aufmüpfiges Verhalten« heißt das in der Lehrersprache.

DROGEN UND SPRÜCHE // Die Schüler waren sich uneins über Nidal – manche bewunderten, andere verachteten ihn, dazwischen gab es nicht viel. Die Mädchen sind »auf ihn geflogen«, erinnern sich Lehrer. Andere machten sich über ihn lustig oder erklärten ihn zum Sprücheklopfer, zum schulischen Versager. Manchen Mädchen gefiel sein »gepflegtes, smartes, sauberes Aussehen«, er wollte »der Schönste sein«, zog sich »schick an« und trug hin und wieder ein Jackett im Unterricht. Kurzum: Nidal war »ein hübscher junger Mann«. Genau das war aus Sicht der Lehrer »ein Nachteil«, da sich viele der Schülerinnen von seinem Äußeren täuschen ließen.

Dass Nidal Drogen dealte, war bekannt. Er kiffte, und die Auswirkungen machten sich bei seinen schulischen Leistungen bemerkbar. Vor allem nach dem Wochenende, montags, »war er total abwesend«. »Aus Protest«, so ein Lehrer weiter, machte Nidal bald nichts mehr im Unterricht, war nur noch körperlich anwesend. Den Mitschülern schwärmte er von den USA vor. Dort lebe ein Verwandter von ihm, ein Handwerker. Bei ihm wolle er bald arbeiten, daher brauche er keine guten Noten. Im Widerspruch zu seinem Wunsch, nach Amerika auszureisen, stand seine politische Einstellung.

Osama bin Laden war für ihn ein großes Thema, »den fand er toll«, sagt eine Lehrerin. Der Gründer und geistige Führer von al-Qaida kämpft mit Islamisten gegen das Land, in das Nidal einzureisen plante. Aber das störte Nidal scheinbar nicht. Vielleicht wollte er aber auch nur wieder einmal auffallen, sich unbeliebt machen, andere schockieren und damit provozieren. Einfach *für den* sein, *gegen den* der Rest ist. Als Islamisten kannte ihn keiner an der Schule, auch nicht als gläubigen Muslim. Sein Drogenkonsum sprach dagegen, zudem betete er nicht. Und hinter vorgehaltener Hand hieß es, er sei »zu dumm, um Muslim zu sein. Er isst Schweinefleisch und bekommt das nicht mal mit.«

Nidals Verhalten bereitete den Lehrern zwar Sorgen, doch die Sache mit den Drogen ließ sich nicht zu hundert Prozent unterbinden: Was nicht auf dem Schulhof passierte, passierte eben ein paar Meter vor dem Schulgelände. Im Unterricht hielt Nidal sich mit Aussagen über die Taten bin Ladens zurück. Vor dem Klassenzimmer und in den Pausen aber tat er seine Meinung kund. Er handelte sich viel Ärger ein, aber er schaffte den Realschulabschluss. Außer in Sport und Musik hatte er überall Dreier, Vierer und Fünfer. Die Lehrer waren froh, als er die Schule verlassen hatte.

Richtige Freunde hatte Nidal offenbar nur außerhalb der Schule. Ilham hieß einer von ihnen. Ilham wuchs beim Vater auf, der keinen guten Einfluss auf seinen Sohn hatte. »Mein Vater war ein Gangster«, erklärt Ilham heute, wenn er über ihn spricht. Auch andere in seinem Verwandtenkreis handelten mit Waffen und Drogen. Ein raues Klima, wohl deshalb kam Ilham mit dem großspurigen Auftreten Nidals bestens zurecht. Er kannte es selbst nicht anders.

»Wir hatten 'ne starke Verbindung«, erinnert sich Ilham, der einen Ausweg aus dem Kreislauf der Gewalt gefunden hat – im Gegensatz zu Nidal. Sie kifften zusammen, hörten Musik, vor allem Hip-Hop. Alles, was neu auf den Markt kam, habe Nidal im Regal gehabt. Ilham erinnert sich an Nidals Zimmer »mit CDs ohne Ende, den neuesten Sachen, Musikanlage, Couch und Fernseher«. Auch andere bestätigen: Nidals Eltern schenkten ihrem Jungen so ziemlich alles, was er wollte. Sein exklusives Outfit, das er in der Schule zeigte, hatte ebenso seinen Preis.

GROSSSTADT NACHSPIELEN // Ilham lernte Nidals Eltern kennen. Sie seien nicht religiös gewesen, ebenso wenig wie seine eigene muslimische Familie. Bei Nidal schauten sie auch Fernsehen – in seinem Zimmer. Oft legten sie »Menace II Society« ein. Beide liebten den Ghetto-Film. Dabei konnten die zwei jungen Zuschauer unterschiedlicher nicht sein: Ilham, der seine Kindheit im Gewaltmilieu erlebte, und Nidal, der Wohlstandsverwahrloste.

Ilham kennt die Szenen bis heute auswendig. »Der Krasseste in dem Film war O-Dog, der wollte jeder von uns sein.« O-Dog hat einen lockeren Finger am Abzug, er fackelt nicht lange, er schießt, bevor er fragt. Der Film aus dem Jahr 1993 gilt als einer der besten über das Leben im Ghetto, er spielt in Watts, Los Angeles. Der Protagonist heißt Caine, O-Dogs Kumpel, ist 18 Jahre alt, dealt mit Drogen und hat die Möglichkeit, dem Ghetto zu entfliehen, zusammen mit seiner Bekannten: einer Mutter, die ihr Kind allein erzieht, weil ihr Mann im Gefängnis sitzt.

Der Film erklärt, wie Gewalt entsteht und warum sie nicht so einfach zu stoppen ist. Dafür erhielt er damals viel Beachtung. Ilham und Nidal hatten den Streifen anders verstanden. Sie wollten nicht Caine, der Aussteiger, sein, sondern O-Dog, der Draufgänger, der Gefährliche, der Gangster. »Der war so aggressiv. Wer so ist, der hat Macht. Das dachten wir«, sagt Ilham. Was er bei O-Dog damals überzeugend fand: »Wenn dir jemand auf den Sack geht, holst du die Knarre raus und erschießt ihn.« Auch wegen Leuten wie O-Dog wird Caine am Ende des Filmes sterben.

Ilham und Nidal kauften die Kleider, wie die Schauspieler sie im Film tragen. Sie redeten so wie sie, versuchten, die körperbetonte Gestik und übersteigerte Mimik aus dem Ghetto-Film zu imitieren. Breite Hosen und ausladende Bewegungen reichten ihnen bald nicht mehr zur Nachahmung: Am 31. Dezember 1997 schauten sie wieder einmal den Film. Danach wollten sie *richtig* zur Sache kommen. Was immer Nidal später Freunden wie Daniel erzählte, von welchem Raub er prahlte, von welchem Geld, das sie erbeuteten, von welcher Gefahr, die sie eingingen – die Wahrheit sah anders aus und weitaus schäbiger: Am Silvesterabend 1997 fiel sein Freund Ilham von hinten über eine ältere Dame her und wollte ihr die Handtasche entreißen.

»Ich ging die Straße hoch, da kam einer hinter mir her«, erinnert sich die Frau. »Drei Häuser von meinem entfernt schlug er von hinten zu. Mit dem Kopf stieß ich gegen die Mauer, dann fiel ich rückwärts auf den Boden. Das Bein war vier Wochen in Gips. Aber die

Handtasche hat er nicht bekommen.« Ilham schmückt sich heute nicht mit der Tat, sie ist ihm peinlich. Er musste sich vor dem Amtsgericht rechtfertigen und erhielt eine Strafe. Heute ist er mit sich selbst im Reinen.

Nach dem Prozess ging er auf die alte Dame zu und reichte ihr die Hand. »Dein Kumpel, Nidal, der dich angestiftet hat, ist nicht da«, sagte sie und hatte recht. Nidal hatte den Ahnungslosen gespielt. »Hey, warte, ich steh hier, du gehst«, soll er zu Ilham vor dem Überfall gesagt haben. »Der wollte nicht«, sagt Ilham. Nidal »hatte Angst, schaute aus der Ferne zu«. Die schmutzige Arbeit ließ er seinen Freund machen.

Nidals Verhalten sprach sich nicht nur in der Schule herum, als Problemfall kannte ihn bald auch die damalige Stadtverwaltung. Mitarbeiter wussten von der »kleinkriminellen Karriere« des Jungen, hörten, wie er angeblich »gegen die Eltern rebellierte«. Das änderte nichts. Die Verwaltung verwaltete weiter, und Nidal setzte sein Leben wie bisher fort. Ilham hatte irgendwann genug davon. Nidal war wieder Einzelgänger – doch nicht lange.

BASKETBALL, IMMER BASKETBALL // Nidal spielte wie Daniel Basketball draußen und in der Halle im Verein. So lernten sie sich kennen. Zunächst tauschte er mit Daniel nur Musik. Nidal kannte sich aus. Auch optisch machte er etwas her. Er achtete auf ein auffallendes Äußeres wie Daniel, der mit seinem Lacoste-Shirt in Übergröße, der gelben Jacke und dem Kopftuch für Aufmerksamkeit sorgte. Nidal machte auf Daniel Eindruck. Auf den Trainer nicht. Nidal spielte sehr gut Basketball, das war nicht das Problem. Er machte immer eine gute Figur. Aber er konnte sich nicht unterordnen, wollte nicht auf die Hinweise des Trainers hören. Er stellte sich quer. »Willst du eine auf die Fresse?«, entgegnete er dem Trainer einmal.

Mit Daniel hatte der Trainer kein Problem, im Gegenteil. Er spielte schon seit Jahren im Verein. Dienstags am Nachmittag und freitags in den Abendstunden trainierten die Jugendlichen. Warm machen, dann folgten die Übungen: Laufen mit Ball, Korbleger, Wurftraining, Verteidigung. Das ganze ließ sich ins laufende Spiel einbauen. Wenn die Musikanlage in der Halle funktionierte, schloss jemand seinen Discman an, und Hip-Hop untermalte das Training.

Daniel war einer der zwei *Guards,* ein Aufbauspieler. Er musste den Ball nach vorne bringen, den Angriff auf den Gegner einleiten, Bälle an Mitspieler verteilen. »Er hätte aber alles spielen können«, erklärt jemand, der ihn zeitweise trainierte. »Er war ballsicher.« Seine Schwäche waren die Schrittfehler, die machte er häufig. Sie sind ärgerlich: Das Spiel wird abgepfiffen, und der Gegner erhält den Ball. Das mit den Schrittfehlern »lag vielleicht daran«, mutmaßt der Trainer, »dass er die amerikanischen Spiele sah.« Die US-Profis haben andere Regeln, das Standbein darf einen Schritt machen, bevor der Ball den Boden berührt.

Die Spieler der NBA, der National Basketball Association, waren damals die Helden, die Vorbilder. Der Basketballer Allen Iverson von den Philadelphia 76ers imponierte Nidal und Daniel. Die Skandalfigur machte als aufmüpfiger Spieler auf sich aufmerksam. Iverson erschien nicht immer zum Training, aber dennoch erbrachte er beste Leistungen. Manche in Daniels Verein kannten die NBA-Tabelle auswendig, wussten, welche Mannschaft in welcher *Division* antritt, also in welcher regionalen Gruppe der Liga. Sie kannten die wichtigsten Spieler und ihre *Moves,* ihre typischen Bewegungen auf dem Feld. Im Internet klickten sie sich durch Werbespots, in denen die Stars und Spielsequenzen zu sehen waren. Aber die NBA-Spiele flimmerten nur in einer Zusammenfassung über den Fernseher, denn deutsche Sportsendungen zeigten nur Ausschnitte.

Daniel spielte angeblich immer, egal ob er krank war oder Schmerzen hatte. Er machte pro Spiel 25 Punkte, das ist ziemlich gut. Und wenn sich die Mitspieler von damals richtig erinnern, dann trug er im Training oft ein Trikot der Minnesota Timberwolves. Nidal fiel besonders auf: Er spielte außerhalb der offiziellen Spiele mit Baggy Pants und Timberland Boots in der Halle, eine kleine Revolte gegen den Trainer – das war nicht die typische Sportausrüstung.

Die Spieler trafen sich nicht nur zum Training, sondern oft auch auf einem Freiplatz neben Daniels alter Grundschule. Manche übten täglich zwei, drei Stunden für das Spiel am Wochenende, in dem es um Punkte und den Tabellenplatz ging. Der Basketballkorb auf dem Freiplatz musste irgendwann weg. Es hieß, ein Kind hätte sich dort verletzt, sich die Nase gebrochen. Andere sagten, sie seien im Park mit Basketball und der Hip-Hop-Musik einfach zu laut gewesen. Vermutlich stimmt beides.

Um den alten Freiplatz neben der Schule wächst heute viel Grün, und wenn sich jemand dort nachmittags aufhält, dann meistens mit Hund an der Leine. Die Basketballer treffen sich andernorts. Damals wichen sie schon auf den großen Parkplatz beim Supermarkt aus oder spielten in den Nachbarorten. Daniel gehörte zu denen, die nie genug bekommen konnten. Wenn Basketball, dann 150 Prozent. Seine Themen werden sich in den nächsten Jahren verändern, nicht aber die Begeisterung, Intensität und Ausdauer, mit der er sie angeht.

In den ersten Basketball-Jahren besuchte Daniel bereits *Hoop Camps* – Trainingslager für Basketballer. Fünf Tage lang lernte er alles, was man in so kurzer Zeit über *Ball Handling* lernen konnte. Das Programm war straff, mutete etwas militärisch an: Früh aufstehen, Waldlauf, Theorie, Basketballübungen, Mittagessen, vier Stunden Basketball, Abendessen. 22 Uhr war Nachtruhe für alle, ohne Ausnahme. Einmal mussten die Leute aus Daniels Zimmer nachts raus und eine Runde drehen, weil sie bis nach Mitternacht lautstark gegen diese Regel verstoßen hatten.

Nicht jeder konnte sich so ein Training leisten. Auch Nidals Eltern zahlten ihrem Sohn die Teilnahme am Camp. Das brachte ihm im Verein nicht viele Pluspunkte. Bei den Mitspielern machte er sich vor entscheidenden Spielen unbeliebt. Er erschien einfach nicht, ohne zu sagen, wieso. Oder er kam und hatte seinen Ausweis vergessen, konnte somit nicht gemeldet werden und nicht mitspielen. »Der ließ die Mannschaft im Stich«, sagt ein langjähriger Mitspieler von früher.

DIE DORF-GANGSTER // Daniel jedoch fühlte sich von Nidals Art offenbar angezogen. Nidal mimte den Aufständischen, den Unbeugsamen, den Kiffer, den Dorf-Gangster, der die vermeintliche Großstadt in die Provinz holte. Nidal verhielt sich wie die schweren Jungs aus den Songtexten von Daniels *Gangsta*-Rap – wenn auch nur in Kleinformat. Und wenn Nidal ein Talent hatte, so war es das, andere für etwas zu begeistern. In diesem Fall wollte er mit Daniel »Menace II Society«, die Geschichte von Caine und O-Dog, in der Kleinstadt imitieren.

Den Ghetto-Film mit Nidals und Daniels Wirklichkeit zu vergleichen, ist eigentlich unmöglich. Aber beide steigerten sich in diese Vorstellung hinein, die Grenzen zwischen Ghettowelt und der eigenen lösten sich wohl auf. Sie kifften viel, vielleicht führte auch das dazu, dass sie den Sinn für die Realität allmählich aus den Augen verloren. Nüchtern lassen sich nur sehr grobe Ähnlichkeiten zwischen Film und Leben erkennen – am ehesten noch bei Daniel und Caine: Der harmlose Caine geriet an den brutalen Verbrecher O-Dog so wie Daniel an den Kleinkriminellen Nidal. Es wird nicht lange dauern, da wird Daniel wie Caine Drogen dealen und bei einem Raubüberfall dabei sein. Daniel hat von einer Elternseite her sehr religiöse Großeltern, Christen wie bei Caine. Der Film-Großvater sagt in einem seiner Bekehrungsversuche: »Jungs, der Herr hat euch nicht auf die Welt geschickt, damit ihr aufeinander schießt und euch umbringt. Und genauso steht's auch in der Bibel.«

Caine erhält auch Ratschläge von einem muslimischen Freund. Der warnt vor dem Alkoholkonsum, geißelt den Verzehr von Schweinefleisch. Er beginnt Sätze mit: »Der Heilige Koran sagt, dass …«, aber

Caine will davon nichts hören. Der Verbote aussprechende Kumpel war zum Islam konvertiert. Auch dessen Vater will Caine ins Gewissen reden: »Wenn wirklich Allah aus meinem Sohn einen besseren Menschen macht, als Jesus es konnte, na, dann bin ich vollkommen dafür.«

Caine entscheidet sich gegen den muslimischen Kumpel, gegen die Konversion – und hier enden die Gemeinsamkeiten: Daniel wird sich 2004 dafür entscheiden. Und auch bei Caines und Daniels Kindheit finden sich bei aller Abstraktion keine Gemeinsamkeiten: Caines Mutter spritzt sich Heroin, der Vater tötet, statt sich um die Erziehung seiner Kinder zu kümmern. Alle leben dicht auf dicht. In Daniels Zuhause nahm keiner harte Drogen. Der Vater arbeitete auf einer Bank, kam abends zurück in das eigene Haus mit den hübsch eingerichteten Zimmern. Die Mutter holte Daniel vom Kindergarten ab, spielte mit ihm auf dem extra dafür ausgebauten Dachboden. Sie bastelten viel. Bis zur Trennung der Eltern war die Kindheit für ihn ohne Kummer verlaufen.

SA'ED // Vom Boden sahen die F-16-Kampfflieger wie Metalladler aus. An sonnigen Tagen erschienen sie als helle Punkte am Horizont. Manchmal zogen sie auch so niedrig ihre Kreise am blauen Himmel, dass die bunten Militärabzeichen unter der Tragfläche zu sehen waren. Sehen konnte man sie nicht immer, aber hören. Ein tiefes Grollen, ein schneidendes Pfeifen und bei der Beschleunigung auf Überschallgeschwindigkeit knallte es so laut, dass man sich in Nablus fragte: Eine F-16? Oder explodierte irgendwo in der Stadt eine Bombe? Beides war ab Ende 2000 möglich. Sa'ed war damals 15.

Ariel Scharon hatte am 28. September 2000 den Tempelberg in Jerusalem betreten. Palästinenser nennen ihn al-Haram asch-Scharif, das ehrwürdige Heiligtum. Dort stehen der Felsendom und die Aqsa-Moschee. Sa'ed reiste öfters mit seinem Cousin an, übernachtete auch mal in Jerusalem bei Verwandten. Muslime aus aller Welt pilgern zu diesem Ort in der Altstadt. Ariel Scharon war damals Vorsitzender des politisch rechtsgerichteten Likud-Blocks im israelischen Parlament. Der Politiker führte die Opposition an. Mit seinem Besuch provozierte er die muslimischen Palästinenser.

Dass sich Scharon dessen bewusst war, machte der Begleitschutz deutlich. Über 1000 Soldaten und Polizisten versuchten, die Proteste unter Kontrolle zu halten. Viele Palästinenser demonstrierten an diesem Tag lautstark gegen den Besuch. Sa'eds Familie verfolgte die Ereignisse am Fernseher. Die Situation verschärfte sich in den kommenden Tagen und Wochen. Dabei entlud sich der Frust, der sich auf beiden Seiten in den letzten Jahren angesammelt hatte. Seit dem Abschluss der Friedensverhandlungen Mitte der 90er-Jahre hatte es keinen wirklichen Frieden gegeben. Viele Palästinenser stellten enttäuscht fest, wie wenig sich die israelische Regierung an die Vereinbarungen hielt. Israelis sahen sich hingegen mit palästinensischen Anschlägen konfrontiert.

Nach Scharons Besuch brach die Zweite Intifada aus. Israelische Soldaten marschierten in Nablus ein. Dort lieferten sich Israelis und Palästinenser erbitterte Kämpfe. Auf der Straße vor Sa'eds Haus explodierten Bomben. Mitglieder der Aqsa-Märtyrer-Brigaden und der Hamas platzierten Sprengfallen am Straßenrand. Beim Vorbeifahren der israelischen Militärfahrzeuge sollten sie explodieren. Das Material war alt, alles entstand in eigenen Werkstätten aus Waffenschrott und Kriegsresten. Manchmal kam es viel zu früh oder Minuten verspätet zur Detonation. Sa'eds Mutter verlor eine Freundin, weil auf ihrem Heimweg eine dieser Bomben neben ihr explodierte.

ARBEITEN STATT KÄMPFEN // Auf israelischer Seite hatten die Soldaten modernste Kriegstechnik. Nachtsichtgeräte für die späten Einsätze in der Altstadt von Nablus, aus der Luft flog per Funkspruch Unterstützung der F-16-Kampfjets an. Unbemannte Drohnen lieferten mit ihren Kameras Nahaufnahmen von den Ereignissen am Boden. Wenn das Bild im Fernseher kurz aufflackerte, lag das angeblich an den Drohnen. Sie würden die Übertragung stören, hieß es in Nablus. Für Sa'ed wie die meisten jungen Männer musste die Technik des Gegners wie aus einem Science-Fiction-Film anmuten. Auch wenn die Männer der Aqsa-Märtyrer-Brigaden siegessicher mit ihren Waffen durch die Gassen der Altstadt marschierten, die Ungleichheit der Kriegsparteien war offensichtlich.

Sa'ed schien sich nicht für die Kämpfe zu interessieren. Er musste arbeiten, Geld für die Familie verdienen. Andere in seinem Stadtviertel schlossen sich den Aqsa-Märtyrer-Brigaden an, Sa'ed hingegen besuchte immer häufiger die Moschee. Schon seit Ende der 90er-Jahre war er regelmäßig dort. Zunächst mehrmals die Woche, mit dem Beginn der Zweiten Intifada Ende 2000 täglich, schließlich jeden Morgen und Abend. Das fiel den Eltern auf, die nur selten die Moschee aufsuchten.

»Wir gehen nur von Fest zu Fest«, erklärt Sa'eds Schwester. Eines dieser Feste feiert man am Ende von Ramadan. Im Fastenmonat nehmen viele gläubige Muslime von Sonnenaufgang bis Sonnenuntergang weder Getränke noch Essen zu sich. Sa'ed fastete sogar zusätzlich einmal die Woche, bald zwei mal. Sehr religiöse Leute in seiner Moschee taten das, und er schloss sich ihnen an. Seine Mutter machten die häufigen Moscheebesuche misstrauisch. »Ich fragte, ob er irgendwelche Probleme hat.« »Nein, ich bin okay, mach dir keine Sorgen«, habe er geantwortet.

Wenn Sa'ed nicht in der Süßwaren-Bäckerei oder der Moschee war, verbrachte er die meiste Zeit zu Hause. Auf den Straßen war es – wie während der Ersten Intifada – zu gefährlich. »Er blieb immer in seinem Zimmer und hörte Naschids oder den Koran«, sagt die Mutter. Naschids sind religiöse Lieder, Sa'ed hörte sie von Kassetten, ebenso die melodisch vorgetragenen Suren des Korans. Für Sa'ed schien das eine Art Rückzug aus dem Alltag der Zweiten Intifada zu sein. Die F-16 am Himmel, israelische Soldaten und palästinensische Kämpfer auf den Straßen, die Schüsse von Schnellfeuergewehren mitten in der Nacht. »Er interessierte sich nur für seine Gebete und die Religion. Sonst nichts«, so die Mutter. Von der jungen Frau aus der Nachbarschaft wusste sie nichts.

»Das ist mein Liebling«, sagte Sa'ed einmal seinem Cousin und deutete in Richtung des Mädchens. Vorstellen konnte er sie ihm nicht, sie standen in einem belebten Einkaufszentrum. Jeder kennt jeden, und gerade über solche Liebeleien wird viel gesprochen. Vermutlich hätten noch am selben Abend seine Eltern von irgendwem davon erfahren, das hätte mit Sicherheit Ärger gegeben. Mit 15 war Sa'ed noch zu jung für eine Verlobung und somit zu jung für eine Freundin. In der Ladenzeile fiel kein Wort zwischen ihnen. Wenn überhaupt, konnte sie ihm aus der Ferne andeuten, was sie gerne hätte. Sa'ed kaufte für sie ein Kuscheltier, einen Bären. Ob es überhaupt und wenn ja, wie, zur Übergabe kam, weiß nicht einmal sein Cousin.

Sa'ed musste klar sein, dass er selbst Jahre später keine Chance haben würde, die Frau zu heiraten. Hochzeiten kosteten ein Vermögen für den Bräutigam und seine Familie. Die Feierlichkeiten für mehrere Hundert Gäste sind das eine, das Brautgeld kommt dazu. Das zahlt der Mann an die Familie der Frau, die er heiraten möchte. Vom Prinzip soll sich damit die Ehefrau später Dinge kaufen können, die sie möchte. Für Brautgeld und eine traditionelle Feier samt Empfang, Abendessen und anschließendem Fest kommen schnell 10 000 Euro zusammen. Sa'ed hätte dafür über drei Jahre lang seinen vollen Tagesverdienst von neun Euro auf die Seite legen müssen.

Sa'ed schien die Aussichtslosigkeit seiner geheimen Liebe bewusst zu sein. Seine Großmutter fragte ihn, wann er heiraten und Kinder haben wolle. »Ich möchte Single bleiben«, soll er ihr geantwortet haben. Der Oma gegenüber erklärte er, wie gern er stattdessen in einer größeren Wohnung leben würde. »Er hoffte immer, seine Familie in ein neues Haus zu bringen«, so die Großmutter. Hätte er mehr Geld verdient, so hätte er wohl eher dafür gespart als für eine Hochzeit. Noch immer teilte er sich einen Raum mit den Geschwistern. Mit 15 hatte er fünf Brüder und eine Schwester. Die Eltern schliefen inzwischen in einem anderen Zimmer.

An ein neues Haus war nicht zu denken. Die wirtschaftliche Situation hatte sich mit dem Beginn der Zweiten Intifada dramatisch verschlechtert. Jeder Zweite hatte keinen Job, und für die Arbeit, die man fand, gab es immer weniger Geld. Viele Geschäfte mussten schließen, Fabriken stellten ihre Produktion ein. Sa'ed suchte eine neue Stelle, weil es für ihn beim Süßwaren-Bäcker zu wenig Arbeit und somit zu wenig Geld gab. »Wir öffneten einmal pro Woche«, erklärt sein damaliger Chef, der sonst sieben Tage die Woche aufhatte. Sa'ed gehörte als älterer Sohn zu den Haupternährern seiner Familie, auf bessere Zeiten konnte er nicht warten.

Sa'ed fand eine Stelle als Hilfsarbeiter auf dem Bau. Dort gibt es immer Arbeit, besonders in Krisenzeiten, wenn viele bereit sind, für wenig Geld die schwerste Arbeit zu übernehmen. Reiche Investoren nutzen die billigen Arbeitskräfte, um für bessere Zeiten Häuser zu bauen: Mehrfamilienhäuser, Einkaufspassagen, Büros. In der Zweiten Intifada ging das Konzept nicht auf, die Krise fand kein Ende. Ganze Häuserblocks in Nablus stehen bis heute leer und fensterlos an unasphaltierten Straßen und Wegen.

Auch Kinder und Jugendliche sieht man auf den Baustellen. Sie reichen die Eisenstäbe weiter, die später den Beton stabilisieren. Sie stehen am Zementmischer oder schleppen Kalksteine von Etage zu Etage. Ein Lkw liefert die Baustoffe auf Holzpaletten. Kaum jemand trägt Handschuhe oder einen Helm. Wer sich verletzt, krank wird und zu Hause bleiben muss, geht leer aus. Krankengeld gibt es bei solchen Arbeitsplätzen nicht. Sa'ed hatte Glück, er holte sich nur Schürfwunden. »Er war gewillt, alles zu lernen, und war der Letzte, der die Arbeit verließ«, sagt seine Mutter, die stolz auf ihren Sohn war, der so hart arbeiten konnte. »Man konnte ihn überall einsetzen«, schließt sich sein Vater an.

Von der harten Arbeit ließ sich Sa'ed nichts anmerken, was aber nicht bedeutete, dass sie ihm nicht zu schaffen machte. »Du konntest nicht ahnen, über was er nachdachte«, sagt selbst Rami, der ihn wie kaum ein anderer kannte. »Sa'ed behielt alles für sich.« Eigentlich hatte er sich in der Süßwaren-Bäckerei sehr gut gemacht, hatte Pläne, dort zu bleiben, weiter in der Hierarchie aufzusteigen. Die Arbeit auf der Baustelle eröffnete dagegen kaum Perspektiven, war eher eine Sackgasse. Irgendwann würde auch er für die Arbeit nicht mehr jung und kräftig genug sein. »Ich bin sicher, er war auf eine gewisse Art frustriert«, sagt Rami.

ZWISCHEN MOSCHEE UND BILLARD-CAFÉ // Frühmorgens besuchte Sa'ed die Moschee, ruhte sich noch kurz zu Hause aus, dann holten ihn die Kollegen ab. Verschmutzt und müde kam er abends nach Hause, wusch sich und besuchte noch einmal die Moschee. Am Ablauf des Tages änderte sich nichts. Nur freitags, dem Feiertag, wich er von der üblichen Einteilung des Tages ab. Dann spielte er Billard, oft in einem Wasserpfeifen-Café im Stadtzentrum. Es riecht dort nach Apfeltabak, die Ventilatoren an der Decke verteilen den süßlichen Duft im ganzen Raum. Das Café ist einfach eingerichtet. Ein Kühlschrank mit dem Coca-Cola-Schriftzug steht hinter der Theke, auf ihr sind die Gläser und Becher gestapelt.

Die Spieler sind zwischen zwölf und Mitte zwanzig, Frauen kommen nicht hierher. So wie sie auch in den anderen Billard-Cafés der Stadt nicht zu sehen sind. Auch Sa'eds Schwestern werden sich, wenn sie älter sind, nicht an solchen Orten aufhalten dürfen. Wenn sie dann Freundinnen treffen, bleiben sie in der Nähe ihrer Eltern. Gemeinsam mit ihnen einkaufen ist erlaubt, aber Orte, an denen so viele Jungs sind, bleiben tabu.

Ein anderer Ort, an dem Sa'ed Billard spielte, liegt im Stadtteil Rafidiya, zwanzig Minuten zu Fuß von seiner Wohnung. Abends laufen dort die Verheirateten Hand in Hand die Hauptstraße entlang. Manche junge Männer leihen sich das Auto vom Vater, fahren mit Freunden vom Stadtzentrum nach Rafidiya, hin und her. Die Fensterscheiben sind nach unten gekurbelt, die Musik donnert aus den Boxen. Wenn in der Altstadt die Geschäfte schließen, ist hier noch alles geöffnet. Zu Sa'eds Billard-Café in Rafidiya führt eine Treppe hinab zu einem Raum, an dessen Enden Töpfe mit Sonnenblumen stehen, Efeu hängt von der Decke, alles aus Plastik.

An den Säulen mitten im Raum sind Bilder von Mekka befestigt. Die palästinensische Flagge hängt neben dem Fernseher. Die Spieler trinken Tee oder Kaffee, Softdrinks, natürlich keinen Alkohol. Der ist Muslimen verboten, und zumindest in der Öffentlichkeit hält man sich in Nablus daran. Christliche Palästinenser hatten bis Mitte der 1990er-Jahre in der Stadt Arak, einen arabischen Anisschnaps, Whisky, Wein oder Bier verkauft. Radikal-islamische Gruppen wie die Hamas machten Druck, drohten den Verkäufern, die bald widerwillig ihr Geschäft aufgaben. Manche fahren seither nach Ramallah, um Alkohol zu kaufen. Dort haben die Händler mehr Freiräume.

Für Sa'ed war das kein Thema, er verabscheute Alkohol und hielt sich an die religiösen Regeln. Die Billardpartie am freien Tag war für ihn Luxus. Zu Hause hatte er immer Geschwister um sich, auch wenn er sich zum Musikhören zurückziehen wollte. Beim Billard hatte er ebenso keine Privatsphäre, aber zumindest einen Raum ohne die Familienmitglieder, einen Abend ohne die Streitereien mit den Brüdern. Sonstige Rückzugsräume gibt es für junge Leute in Nablus kaum. Vielleicht auch ein Grund, wieso sich Sa'ed in der Moschee so wohlfühlte.

Manchmal traf er sich dort mit Rami. Sie blieben auch nach dem Gebet. »Es gab zu dieser Zeit nichts zu tun, man konnte auch nirgends hingehen nach fünf oder sechs Uhr abends«, erzählt Rami. Nach der Ersten Intifada hatten die Palästinenser noch die Möglichkeit zu reisen. Man hatte ans Mittelmeer fahren können, zum Toten Meer im Süden, an den See Genezareth im Norden. Aber mit Beginn der Zweiten Intifada war damit Schluss. Das israelische Militär riegelte die Palästinensergebiete ab, selbst zu Nachbarstädten war kaum ein Durchkommen.

Eine der Moscheen, die Sa'ed gerne besuchte, lag mitten in der Altstadt von Nablus. Die Rede des Imams verfolgen die Gläubigen auf dem Teppich sitzend. Manche haben die Beine ausgestreckt, andere verweilen im Schneidersitz. Ältere Männer hören auf Plastikstühlen zu. Manche tragen weiße Häkelmützen und ein helles Gewand bis über die Fußknöchel, andere kommen im T-Shirt direkt von ihrem Verkaufsstand im Basar der Altstadt. Ein Vater schärft seinem Sohn ein: »Ruhig sein und zuhören!« Ein paar Kinder sind beim Gebet dabei und vielleicht ein Dutzend Jugendliche, der Rest ist zwischen Mitte dreißig und Ende fünzig. Während der Zweiten Intifada, zu Sa'eds Zeiten, waren es weit mehr junge Leute, die hierher kamen. Religion schien für sie in Krisenzeiten an Bedeutung zu gewinnen. Viele von ihnen hatten Freunde oder Verwandte verloren und wollten für sie beten.

Ein schwarzer Riemen ist über den türkisfarbenen Teppich in der Moschee gespannt und gibt Linien vor. An ihnen orientieren sich die Besucher beim Gebet. So bilden sich hintereinander mehrere Reihen, und jeder in dem Raum findet einen Platz für die Verbeugung und das Niederknien. An der Wand tickt eine Uhr mit römischem Zifffernblatt. Die Fenster sind im Sommer geöffnet, von draußen dringt das Rufen der Markthändler hinein, von den umliegenden Mauern gedämpft. Stufen führen zu den Waschbecken, vor die man sich setzen kann. Die Männer krempeln Hosenbeine und Hemdsärmel hoch, waschen das Gesicht, die Arme und Füße. Man kennt sich, begrüßt sich mit Handschlag. »Salam aleikum«, die gängige Begrüßung in der Moschee, »Friede sei mit Euch!«. Sa'eds Moschee ist eine Männerwelt – wie auch viele andere Moscheen in Nablus es sind. Frauen haben einen eigenen Bereich, beten aber nur selten in der Moschee.

»HARAM, DASS DU NICHT GLAUBST!« // Sa'ed lernte in der Moschee sicher auch strenggläubige Muslime kennen. Dazu gehören die Männer mit dichtem Vollbart, denen auf der Stirn eine dunkle Hornhaut wächst. Sie verwenden den Gebetsstein, der vor ihnen auf dem Boden liegt. Beim tiefen Verbeugen berührt die Stirn den Stein, das hinterlässt Spuren, die anderen wiederum zeigen, wie fleißig die Person ihren religiösen Pflichten nachkommt. Aber wie oft Sa'ed die Moschee auch besuchte, er war nicht wie diese Männer mit den Gebetsmalen. Er rezitierte keine Koranverse im Alltag. Auch die überlieferten Aussprüche und Handlungen des Propheten, die Hadithe, erwähnte er selten.

Dass er es mit der Religion sehr genau nahm, merkte sein Umfeld nur, wenn es um Dinge ging, die *haram* waren, verboten. Hatte er gehört, dass jemand im Bekanntenkreis Alkohol trinkt, kommentierte er das mit »Haram!« Blickte sein Cousin einem Mädchen nach, sagte er: »Haram!«, obwohl er das selbst noch vor einiger Zeit getan hatte. Einmal sprach er mit seinem Cousin über das tägliche Beten. »Haram, dass du nicht glaubst!«, »Haram, dass du nicht betest!«, sagte Sa'ed. Er forderte den Cousin auf, sein Verhalten zu ändern. »Haram, bete!« Den Cousin nervte Sa'eds zunehmende Religiosität. »Gut, dann bete ich«, antwortete er, damit das Thema vom Tisch war, nicht aber, weil er sich wirklich ändern wollte.

Wenn Sa'ed zu Hause betete, hatte er nur eine Bitte: Er wollte allein im Zimmer sein. Er mochte nicht vor anderen in der Familie beten. Vielleicht schämte er sich, oder die Geschwister machten sich über ihn lustig. Es war sicher nicht einfach für sie, seine Religiosität zu akzeptieren. Sie waren viele in der Familie und lebten auf engstem Raum. Auf Extrawünsche nahm keiner Rücksicht. Wenn jemand aus der Familie ins Zimmer kam, hörte Sa'ed mit dem Gebet auf. Er besaß einen eigenen Koran, doch darin zu lesen bereitete ihm offenbar Schwierigkeiten. Er hatte die Schule zu früh abgebrochen, um die arabischen Schriftzeichen zügig lesen zu können. Sicher war das der Grund, weshalb er die Koran-Gesänge lieber von der Kassette hörte.

Es gab eine Zeit, da hörte er immer wieder dasselbe Lied: »Aqsa, du bist nicht allein.« In der Altstadt sind solche Lieder zu finden. Unter einem riesigen Mauerbogen, einem der Eingänge zum Basar, stellt dort ein Händler seine Ware aus. Kisten und Regale voller Musikkassetten, CDs und DVDs. Fast alles Raubkopien, Hollywood-Streifen, vor allem Action-, Horror- und Kriegsfilme, auch viele DVDs, auf deren Cover der ägyptische Komiker Adel Imam abgebildet ist, den Sa'ed einmal so gemocht hatte. Wer den Händler fragt, erhält auch die Märtyrerfilme der Aqsa-Märtyrer-Brigaden und die CD mit Sa'eds Lied.

»Oh Aqsa, du bist nicht allein, unsere Herzen umgeben dich«, hört man eine Männerstimme singen. Ein Chor wiederholt den Refrain des Liedes, so wie auch alle anderen Textstellen des Vorsängers. Die Männer werden ausschließlich von orientalischen Trommeln, den *Darbukas*, begleitet. *Table* sagt man zu der Handpauke im palästinensischen Dialekt. Es geht um die Aqsa-Moschee in Jerusalem und ihre immense Bedeutung für die Muslime. Deren Wille, die Moschee gegen Feinde zu verteidigen, wird besungen. »Wir lächeln dem Tod entgegen«, heißt es zur Bereitschaft, das eigene Leben zu opfern. Auf Koranverse wird Bezug genommen und auf Geschehnisse zu Mohammeds Zeiten. Die Gewissheit zu siegen gibt den Ton an: »Wir lehnen die Kapitulation ab. Das Licht deines Morgens ist nah!«

Immer mehr aus Sa'eds Bekanntenkreis gingen auf die Straße, um sich dort mit dem israelischen Militär anzulegen. Sie warfen Steine auf Armeefahrzeuge und flüchteten in die schmalen Gassen, in die ihnen kein Fahrzeug folgen konnte. Sa'eds Protest beschränkte sich offenbar auf das Hören von Liedern und auf den Verzicht von Waren, die israelische Firmen produzierten. Daran erinnert sich auch die Mutter sehr gut. Sie kauften zusammen ein. Sa'ed zahlte die Lebensmittel, die Mutter wollte noch ein Eis, und er überreichte es ihr. »Wieso hast du keins für dich gekauft?«, fragte sie. »Ich boykottiere die israelischen Produkte«, erklärte er ihr.

SEIN // ERWACHSEN SEIN /

DANIEL // Die Osterferien 2003 veränderten Daniels Leben. Er verbrachte die freien Tage bei seinem nun besten Freund Nidal. Der war tatsächlich, wie geplant, in die USA gereist, um dort bei Verwandten zu arbeiten. Davon berichtete er nach der Rückkehr begeistert. Andere im Basketballverein nannten Nidal einen »Schwätzer«, aber Daniel hörte ihm aufmerksam zu. Irgendetwas schien ihm noch immer an dem älteren Jungen zu imponieren. Nidal erzählte, er habe im Ghetto gelebt. Er habe gesehen, wie sein Mitbewohner für 100 Dollar auf einen Taxifahrer schoss. Konflikte seien mit der Waffe ausgetragen worden. Er sei natürlich bei allem selbst dabei gewesen, habe es mit eigenen Augen gesehen.

Nidal berichtete auch von einem Streit am US-Flughafen. Es habe Probleme mit seinem Visum gegeben, und er habe randaliert. Er habe dabei auch die Anschläge vom 11. September 2001 erwähnt und sei dafür in Haft gekommen. Dort habe er einen Lateinamerikaner kennengelernt, aus Puerto Rico, der habe ihm vom wirklichen Leben erzählt, ihm erklärt, was *real* ist und was im Gegensatz dazu nur *fake*. *Fake* seien die meisten Leute und das ganze System, *real* sei nur das Ghetto. Von diesem *echten* Leben berichtete Nidal, zurück im Saarland, tagaus, tagein.

Nidal drückte sich in seiner eigenen, speziellen Sprache aus, die eine Mischung aus Englisch und Deutsch war. Sprach er mit anderen, fing er den Satz entweder mit »Alter« an oder hörte damit auf. »Was soll der Shit, Alter?« Er fluchte auf Englisch, »damn!«, verdammt, wechselte dann wieder ins Deutsche und sprach dabei so, als ob er kein »r« mehr könne, es in den USA verlernt hätte. Aus dem »r« machte er ein »w«, aus »rechts« wurde »wechts«, aus »Ran an den Ball!« ein breites »Wan an den Ball!«.

»Er machte sich mit seinem Auftreten lächerlich«, erinnert sich einer der Basketballer. Daniel störte das nicht. Es war so, als wäre einer der Stars aus einem ihrer Ghetto-Spielfilme aus dem Fernseher gestiegen und auf einmal in der saarländischen Kleinstadt unterwegs. Nidal sprach wie die Darsteller in den Filmen, wie die Rapper in ihren Songs, er trug ihre Kleider, bewegte sich so und hatte zugleich echte Erfahrungen im Ghetto gesammelt. Das behauptete er zumindest. Er war somit *real*, wenn auch nur für Daniel.

ALLES FAKE, KEINER IST REAL // Nidal und er grenzten sich von den anderen immer weiter ab. Das festigte ihre Freundschaft, doch viele andere Freunde verlor Daniel dadurch. Sie konnten nichts mehr mit ihm anfangen, weil er sich immer häufiger wie Nidal verhielt. Daniel veränderte auch sein Äußeres. Die teuren Markenklamotten trug er nun falsch herum. Die Außenseite des T-Shirts war nun innen, kein Logo war mehr zu sehen. Gegen den Kommerz, lautete das Motto. Dass man in teuren und falsch herum getragenen Klamotten noch viel mehr auffiel, schien ihnen zu gefallen. *Real* sein bedeutete für sie aber noch mehr. Sie hörten nur noch *Dead Prez*, die Gruppe mache den einzigen Hip-Hop, der *real* sei. »Die haben recht, alles andere ist Shit«, erklärte Nidal den anderen Basketballern.

Dead Prez besteht aus den Rappern stic.man und M-1, im bürgerlichen Leben heißen sie Clayton Gavin und Mutulu Olugbala. *Dead Prez* leitet sich von dead presidents ab, so werden im Slang die Dollarscheine genannt, da auf vielen verstorbene Präsidenten zu sehen sind. *Dead Prez* sind sehr politisch, oft geht es in ihren Songs um die Diskriminierung der Schwarzen. Ein Thema, das Daniel noch immer sehr interessierte. Nidal hatte beschlossen, nur *Dead Prez* seien gegen Kommerz, gegen den Mainstream, also *real*. Wie viel sie auf ihren Konzerten und mit ihren Alben genau deswegen verdienten, spielte keine Rolle für ihn.

Als Nidals Eltern über die Osterferien in den Urlaub fuhren, zog

Daniel für diese Zeit zu ihm. Zwei Wochen lebte er mit ihm zusammen. Ein weiterer Kumpel, Mahmud, gesellte sich dazu. Der machte bei allem mit, fiel aber sonst nicht weiter auf. »Mahmud war Nidals Anhängsel, weil er ein Auto hatte«, fanden die Basketballer, die ihn mit seinem Ford Fiesta vom Verein kannten. Die Urlaubstage vergingen bei Nidal, Mahmud und Daniel von morgens bis spätnachts mit dem gleichen Tagesprogramm: Schnaps trinken, Marihuana rauchen und Diskussionen, die von all dem stark beeinflusst waren.

Ein großes Thema war für sie der Einmarsch der US-Soldaten in den Irak. Im März 2003 waren amerikanische Truppen in das Land einmarschiert mit dem Ziel, den Diktator Saddam Hussein zu stürzen. Nidal kritisierte die USA für diesen Krieg. Sein arabischer Familienhintergrund beförderte die Kritik am Verhalten der USA. Kämpfen die USA gegen die ganze arabische Welt? Wieso mischten sich die Amerikaner da ein? Wer kann sie stoppen? Die Jungs waren sich schnell einig: Die USA waren die einzig Bösen in diesem Spiel. Von den Gräueltaten des irakischen Diktators war vermutlich nicht groß die Rede. Sie interessierten sich für die Opferzahlen durch US-Angriffe. Wie viele Zivilisten starben? Wie viele von ihnen waren Kinder? Angetrieben von Nidals Ausführungen radikalisierte der Irak-Krieg auch Daniels Ansichten.

Sie weiteten die Kritik aus – von den USA auf die gesamte westliche Welt, auf »das System«. Es gehe nur ums Geldverdienen, keiner folge einem tieferen Sinn. Die Menschen seien alle *fake*, nur »Zahnräder im Uhrwerk der Gesellschaft«. Zuletzt war Daniel vermutlich mit 13 so nachdenklich gewesen. Damals, als er alles infrage gestellt hatte und der Vater dachte, ihm mit Schopenhauer helfen zu können. Mit Nidal hatte Daniel einen Ansprechpartner gefunden, der die Dinge einfacher auf den Punkt brachte, für den es nur Gut oder Böse gab, der eindeutig Position bezog. Und Nidal war jemand, der für ihn Autorität ausstrahlte, dem er vertraute, sogar folgen wollte. Egal wohin. Ihre Freundschaft schien bedingungslos zu sein.

»Nach diesen ominösen Osterferien gab's für Daniel nur noch

Fakepeople«, erinnert sich einer seiner vormals besten Freunde. Auch er gehörte nun für Daniel dazu. Daniel meldete sich nicht mehr bei ihm, war nach den Osterferien wie ausgetauscht. Der Freund sprach Daniel auf den Anrufbeantworter, schrieb ihm sogar einen Brief. Er finde es schade, dass sie nichts mehr miteinander zu tun hatten, erklärte er darin. Er sei für ihn da, wenn Daniel wieder Kontakt wolle. Doch Daniel reagiert weder auf den Anruf noch auf den Brief. Die Freundschaft war zu Ende.

KEIN BOCK AUF SCHULE // Auch in der Schule, der elften Klasse, war Daniel jetzt ein anderer. Er hatte keine Motivation mehr für irgendetwas, wollte sich sogar abmelden. Dazu brauchte er aber die Unterschrift des Vaters, weil er noch keine 18 war. Der Vater wollte dem Schulabgang zwar zustimmen, doch eine Lehrerin bat ihn, nicht zu unterschreiben. Daniel sei gut in der Schule, er werde sich schon wieder fangen, hoffte sie. Der Vater hörte auf sie, und Daniel musste weiterhin am Unterricht teilnehmen. Dabei zeigte er keinerlei Interesse mehr für das, was vorne an der Tafel geschah. »Welche technischen Merkmale sind für das Gelingen des Flickflacks besonders bedeutend?«, hieß eine der Fragen in der Sporttheorie. 16 solche Merkmale gab es. Daniel hatte das Fach gewählt, weil er eigentlich in der Zwölften am Sport-Leistungskurs teilnehmen wollte. Nun stellte er alles infrage.

Ein Lehrer, der ihn seit Jahren kannte, sprach ihn darauf an. Unter vier Augen unterhielten sie sich in einem Schulraum. Eine Mitschülerin stand zufällig vor der Tür. Sie weiß nicht, wie das Gespräch verlief, aber sie hörte, wie es ausging. Der Lehrer sei erzürnt aus dem Raum gelaufen, kopfschüttelnd. »Dem kann man nicht mehr helfen«, soll er gesagt haben. Ein anderer Lehrer Daniels versuchte sein Glück. Er bat die Mitschüler, sich mehr um Daniel zu kümmern. Vielleicht könne man ihn mal am Wochenende irgendwohin mitnehmen. »Mir fiel auf, dass er isoliert war. Andere haben Mädchen oder sonst was im Kopf. Er nicht.«

Ein Schüler fragte Daniel, was los sei, wieso er sich so abkapsele. Daniel beachtete ihn gar nicht. »Wir kommen nicht mehr an ihn ran«, berichtete der Schüler dem besorgten Lehrer. Die Klassenkameraden schienen für Daniel zu kindisch zu sein, zu wenig mit den Problemen der Welt beschäftigt. Er selbst fühlte sich ihnen gegenüber offenbar überlegen. Er ließ sich auf die Hände zwei Wörter tätowieren: *Truth*, Wahrheit, und *Strength*, Stärke. Das machte auf kaum jemanden in seiner Klasse Eindruck. Aber die Meinung seiner Klassenkameraden interessierte ihn nicht mehr. Entscheidend war, was Nidal sagte, und der fand solche Sachen schließlich *real*.

Drogen gehörten für beide zum Alltag. Klassenkameraden erinnern sich an Daniel, wie er »vollgekifft« im Unterricht saß. Auch den Basketballern im Verein fiel auf, wie viel die beiden konsumierten. Ein paar der Basketballer rauchten manchmal mit, aber Daniel sei nach den Osterferien »permanent zu gewesen«. Bald fingen Nidal und er an, im Bekanntenkreis zu dealen. »Nidal hat immer was!«, sagte man sich. Ein Gramm verkaufte er zum gleichen Preis wie die anderen Kleindealer auch. Nur gehörte bei Nidal die Show dazu, erinnert sich einer der Basketballer. Nidal machte die Übergabe demnach wie im Ghetto-Film. Er zog sich eine Kapuze über, schlug einem in die Hand und überreichte mit dem Schlag eine winzige Plastiktüte. »Er hätte gleich eine Leuchtreklame mit der Aufschrift ›Dealer‹ in der Hand halten können«, sagt der Basketballer. Daniel sei diskreter vorgegangen.

Am Gymnasium in Neunkirchen war Daniel bei Weitem nicht der einzige Kiffer. Ein Trampelpfad führte vom Schulhof durch ein Stück Wald zu einem asphaltierten Weg. Wer ihm folgt, kommt bei einer Berufsschule an. Dazwischen konnte man einkaufen, die Drogen waren in Alufolie verpackt. »Dann sieht es schwerer aus«, erklärt ein damaliger Schüler, der selbst zu den Käufern gehörte. »Keine richtigen Mengen« seien angeboten worden, »das war eher Schulkinder abzocken.« »Marihuana war leicht zu bekommen, Koks über Connections, LSD war schwierig«, sagt der einstige Schüler. Nidal und Daniel beschränkten sich auf Marihuana und dealten vor allem in ihrer Kleinstadt, nicht in der Kreisstadt Neunkirchen. »Die waren selbst ihre besten Kunden«, machte man sich im Basketballverein über sie lustig.

Nidal und Daniel machten sich immer mehr zum Gesprächsthema im Bekanntenkreis. Nach fast jedem Wochenende gab es eine neue Geschichte über die beiden. Ein Kumpel vom Basketball erkannte Daniel einmal an einer Tankstelle. Er fuhr mit einem Auto vor, und das war schon etwas Besonderes, denn Daniel hatte noch keinen Führerschein. Auch andere sahen Daniel in dieser Zeit am Steuer.

Aber Daniels Verhalten schien sich nicht bis zu seinem Vater herumzusprechen, und seit seinem Umzug zu ihm im November 2001 hatte er keinen Kontakt mehr zur Mutter. Sie wusste vermutlich auch nicht, wie sehr sich ihr Sohn seither verändert hatte.

Im August 2003 sorgten Nidal und Daniel erneut für Aufsehen. »Die haben in Saarbrücken jemanden zusammengeschlagen«, erzählte man sich. Diese Geschichte stellte sich als wahr heraus, ist inzwischen aktenkundig. Erst hatten sich Nidal und Daniel betrunken, dann suchten sie mit dem Auto ein Opfer für einen Überfall. Sie entschieden sich für einen Mann und hatten es auf seinen Rucksack abgesehen. Von hinten fielen beide über ihn her, verletzten ihn und fuhren mit fünfzig Euro Beute davon. Nidal kaufte damit eine Flasche Rémy Martin und sie schlugen etwa eine Stunde später die nächste Person zusammen. Als die Polizei die jungen Männer verhaftete, fanden sie bei Daniel eine Signalpistole und Marihuana.

Vor einigen Monaten noch hatten er und Nidal die westliche Welt kritisiert, das System angeprangert und sich im Rausch über die Ungerechtigkeit der Welt beklagt. Jetzt waren sie rücksichtslose Gewalttäter geworden. Die lokale Zeitung sprach nach den Überfällen von einer »Räuber- und Schlägerbande«. Daniel prahlte seinen Bekannten gegenüber von seiner ersten Nacht in einem Gefängnis. An den Satz »Jo, night in jale« erinnern sich mehrere von ihnen. Sein Vater sagte nicht viel dazu, schon gar nicht ergriff er irgendwelche erzieherischen Maßnahmen. Die Tat wird Daniel Jahre später eine »Entladung« seines »Weltfrustes« nennen.

Von den Überfällen im August kursierten auch in seiner Schulklasse Gerüchte. Nach Daniels seltsamem Verhalten in den letzten Monaten überraschten sie wohl niemanden so richtig. Daniel gehörte schon länger nicht mehr wirklich zur Klasse, er fehlte oft, saß teilnahmslos im Klassenzimmer. Kaum hatte die zwölfte Klasse begonnen, verließ Daniel das Gymnasium in Neunkirchen. Es war an seinem 18. Geburtstag, eine Unterschrift des Vaters war mit Erreichen der Volljährigkeit nicht mehr notwendig. In Daniels Abgangszeugnis stehen achtmal »befriedigend«, dreimal »sehr gut« (Geschichte, Politik, Religion), zweimal »gut« (Physik, Sport) und einmal »ausreichend« (Biologie).

AUSREISE NACH BRASILIEN // Das Abitur zu machen erschien Daniel offensichtlich zwecklos. Anwalt wollte er nicht mehr werden. Einen neuen Berufswunsch äußerte er keinem seiner Bekannten gegenüber. Er hatte mit Nidal und ihrem gemeinsamen Kumpel Mahmud andere Pläne. »Ich hab die Schnauze voll von Deutschland«, soll Daniel einer Klassenkameradin gesagt haben. Die Jungs wollten Deutschland verlassen, aussteigen, und zwar für immer. Bereits in den Osterferien hatten sie darüber gesprochen. »Zurück zu den Wurzeln des Lebens. Mit der Natur im Einklang leben«, verkündeten sie ihre Aussteigerpläne. Am natürlichsten auf der Welt sei es im Regenwald. Sie wollten am Amazonas leben, in Brasilien.

Zur Vorbereitung auf dieses Leben hatten sie eine Idee, die wohl nur im Zusammenhang mit ihrem täglichen Drogenkonsum zu begreifen ist: Sie besuchten gemeinsam den Zoo in Neunkirchen, weil sie glaubten, mit den dort eingesperrten Tieren kommunizieren zu können. Die dabei gewonnenen Erfahrungen wollten sie später auf die frei lebenden Tiere in Brasilien anwenden. Ihr Wunsch war es, mit den Tieren zu reden, gemeinsam zu leben und sich auf eine Stufe mit ihnen zu stellen. Daniel erzählte den Jungs aus seiner alten Hip-Hop-Clique, der *Crew*, davon, wie sie zugekifft versucht hätten, mit Leoparden zu reden.

Ein paar Tage nach Schulabgang verabschiedete sich Daniel von seinem Vater. Er hatte ihn vergebens davon überzeugen wollen, mit ihm in den Regenwald zu ziehen, ebenso auszusteigen. Um die Reisekasse aufzufüllen und sich angeblich »von allem weltlichen Besitz zu trennen«, verkaufte Daniel im Bekanntenkreis alles, was er nicht nach Brasilien mitnehmen wollte oder konnte. Für zwei Kisten Hip-Hop-CDs nahm er dreißig Euro. Dazu kamen seine Ersparnisse, darunter Geld, das er sich in den Sommerferien verdient hatte. Zudem besaßen die jungen Aussteiger noch Geld aus den Drogenverkäufen. Bei Daniel waren es alles in allem zwischen 4000 und 5000 Euro.

Ein Kollege vom Basketballverein brachte Daniel zum Flughafen. Das Regenwald-Abenteuer dauerte dann nur wenige Stunden. Mit Moskitos hatten Daniel, Nidal und Mahmud nicht gerechnet, mit den üblichen Reisekrankheiten und einem heftigen Sonnenbrand ebenso wenig. Die Aussteiger-Fantasien entwickelten sich vor Ort in kurzer Zeit zum Albtraum.

Dabei ist allerdings nicht sicher, inwiefern sie alle drei und ernsthaft ein Leben in der Wildnis vor Augen hatten. Nidal erklärte seine Wahl für Brasilien anderen gegenüber mit den Worten »dicke Titten, Strand und Sonne«. Beim »150-prozentigen« Daniel hingegen ist denkbar, dass er wirklich glaubte, ein Leben im Regenwald sei für ihn das Richtige. Er hatte von Rüdiger Nehberg gehört. Der Abenteurer durchstreifte tagelang alleine den Regenwald, oft ohne Ausrüstung. Und Rüdiger Nehberg machte auf Daniel großen Eindruck. Dass zum Leben im Regenwald mehr gehört als nur Begeisterung, musste er schnell erfahren.

Nach dem Ausflug in den Regenwald zog Daniel mit seinen Gefährten in ein kleines brasilianisches Städtchen. Dort setzten sie das Leben fort, das sie im Saarland geführt hatten. Sie rauchten Marihuana, tranken Alkohol, verlebten ihre Zeit mit großspurigen Reden. Hinzu kamen nun weibliche Bekanntschaften, die nicht kostenlos waren. In knapp zwei Monaten war von Daniels Geld nichts mehr übrig. Er rief seinen Vater an, bat ihn um Hilfe und versprach, alles zurückzuzahlen. Sein Vater überwies ihm so viel, dass er nach Deutschland zurückfliegen konnte. Nidal und Mahmud blieben zurück.

Daniel war als unerfahrener Single nach Brasilien gereist. Als er zurückflog, war eine Brasilianerin von ihm schwanger. Aber er wollte sie nicht im Stich lassen. Er wollte in Deutschland Geld verdienen, um seine brasilianische Freundin zu unterstützen. Nach seiner Rückkehr jobbte Daniel im Saarland bei Burger King und einer Firma, die Tintenpatronen und Tonerkartuschen für Drucker wiederauffüllte. Dort fiel er seinem Chef auf. »Er hat eine skurrile Weltanschauung gehabt. Hat radikale Sachen gesagt«, erinnert sich der Unternehmer, ohne weitere Details zu nennen. Daniel sortierte im Lagerraum die Ware, packte die leeren Patronen aus, immer nachmittags.

Nach der Rückkehr aus Brasilien besuchte er auch einmal die alten Freunde vom Basketball. Er saß auf der Tribüne, wo sonst beim Training niemand sitzt. Er las ein Buch von Michael Moore. Das Kapitel »Fette Mamas auf Sozialhilfe« zeigte er einem der ehemaligen Mitspieler, der ihn begrüßen kam. Der US-Autor geißelt auf diesen Seiten Weltkonzerne (»fette Mamas«), die Milliardengewinne machen, dennoch aber staatliche Hilfe beanspruchen. »Unternehmen streichen mehr von unseren Steuergeldern ein als Leute, die ihre Wohnung mit einem Kerosinofen zu heizen versuchen, und sie tun das aus viel fragwürdigeren Gründen«, schreibt der Kapitalismus-Kritiker.

Ein Gespräch über das Buch kam allerdings nicht zustande. »Daniel kam als Kopie von Nidal zurück«, erklärt einer der Basketballer.

Daniel sprach davon, dass alles *unreal* sei, alles *fake*. Alles in Deutschland sei *shit*. Für alles gebe es »zwölf Regeln«, die er aber nicht weiter erläuterte. Vom Scheitern in Brasilien erzählte er den Jungs offenbar nichts. Er ließ sich nicht anmerken, dass gerade nichts so lief, wie er es sich einmal vorgestellt hatte.

LETZTE TRÄUME ZERPLATZEN // Einen seiner besten Freunde aus der alten Hip-Hop-Clique bat er um Geld. »Er wollte von mir 1000 Euro haben, für 'ne Knarre, sich dann mehr Geld besorgen, etwas ausrauben und zurück nach Brasilien.« Die Antwort des Freundes beendete für Daniel die Freundschaft: »Du hast sie nicht mehr alle!« Der Freund war traurig, er »hätte ihn gerne so gehabt, wie er früher war«. Sie hatten sich nicht mehr viel zu sagen.

Daniel musste sich das Geld weiterhin legal beschaffen. Was er verdiente, schickte er Nidal und Mahmud nach Brasilien. Sie sollten es der schwangeren Freundin geben. Was sie aber nicht taten – und Daniel hatte keine Idee, wie er mit der Brasilianerin kommunizieren könnte, sein Portugiesisch war schlecht, ihr Englisch ebenso. Irgendwann hörte er von einer Fehlgeburt bei ihr, vermutlich sagte es ihm Nidal. Daniel entschloss sich daraufhin, nicht nach Brasilien zurückzukehren, weder zu Nidal und Mahmud, die ihn mit ihrem Verhalten sehr enttäuschten, noch zur Freundin. Wieso er sie nach der Fehlgeburt nicht trösten und sehen wollte, ist eine Frage, die er vielleicht selbst nicht beantworten könnte. Auffallend ist, dass er mit den Jahren offenbar immer größere Schwierigkeiten hatte, Beziehungen aufrechtzuerhalten, sei es mit Freunden, mit Freundinnen oder gar mit der eigenen Mutter.

Im April 2004, knapp ein halbes Jahr nach der Rückkehr aus Brasilien, musste er auf dem Amtsgericht in Saarbrücken erscheinen. Die Überfälle des letzten Jahres sollten verhandelt werden. Die Gerichtssache war wohl auch ein Grund für die Ausstiegspläne gewesen. Nun, zurück in Deutschland, hatte er keine Wahl. Das Amtsgericht verurteilte ihn zu zwei Wochen Arrest und 250 Stunden gemeinnütziger Arbeit. In der Arrestanstalt und im Altenheim, wo er seine Sozialstunden ableistete, hatte er Zeit, über vieles nachzudenken.

Was Daniel in dieser Zeit durch den Kopf ging, weiß nur er. Seit der engen Freundschaft mit Nidal war alles schiefgelaufen, er hatte die Kontrolle über sein eigenes Leben verloren. Vielleicht war ihm bewusst, wie wenig *real* sein Leben in Wirklichkeit war. Wie viele seiner Fehler er einsah, ist unklar, auch wie viele er davon eher anderen zuschrieb. Sicher ist: Er hatte für die Zukunft andere Pläne, als noch einmal von einem Gericht verurteilt zu werden.

Daniel bewarb sich bei der Bundeswehr, wollte die Feldwebel-Laufbahn einschlagen, eine Idee seines Vaters. Doch er erhielt eine Absage. Orientierungslos, weil ohne Nidal und somit ohne eine Person, die ihm die Richtung wies, suchte er weiter. Er fand schließlich eine neue Arbeitsstelle und einen neuen Freund. Hussein hieß er, ein strebsamer, gläubiger Muslim, jedenfalls auf den ersten Blick. Nidal war gestern, Daniel folgte fortan Hussein.

SA'ED // Ein Junge vom Bau, Taissier, wuchs Sa'ed ans Herz.

Ein Bild zeigt beide am Arbeitsplatz. Taissier hat den rechten Arm locker um Sa'eds Schultern gelegt. Der trägt ein kariertes Hemd und hat sich ein Tuch um den Kopf gewickelt, um sich vor den Sonnenstrahlen zu schützen. Sa'ed ist auf diesem Bild etwa 15 oder 16 Jahre alt. Er lacht, dass die Zähne zu sehen sind. Auf keinem weiteren der wenigen Fotos, die seine Eltern von ihm haben, sieht er so glücklich aus. Dabei war die Aufnahme in krisenhaften Zeiten entstanden.

Die Zweite Intifada fand kein Ende. Palästinensische Attentäter sprengten sich in Israel in die Luft. Israelische Soldaten marschierten in die Städte ein, verhafteten Leute, die sie für die Drahtzieher hielten. Sie errichteten immer mehr Kontrollpunkte, und die palästinensische Wirtschaft brach wie bei der Ersten Intifada zusammen. Arbeitsplätze waren kaum noch zu finden. Arbeiter im Alter von Sa'eds und Taissiers Vätern hatten es besonders schwer. Die beiden Jungs hingegen weniger. Sie fanden immer etwas, oft war es körperlich sehr harte Arbeit, die man Älteren nicht zutraute.

Die beiden Freunde halfen beim Bau einer Schule, acht bis zehn Stunden am Tag. Sie trugen Zementsäcke und machten all die Arbeit, die für ungelernte Arbeiter wie sie bestimmt war. Am Ende eines solchen Tages erhielt jeder umgerechnet acht Euro auf die Hand, an sehr langen Tagen war es etwas mehr. Noch immer überreichte Sa'ed das Geld abends seinem Vater.

Auch Taissier unterstützte mit dem Einkommen seine Familie. Hatte Sa'eds Vater zumindest gelegentlich noch Arbeit, so sah es bei Taissier schlechter aus. Der Vater fand keine Stelle und war auf die acht Euro seines Sohnes und auf weitere Unterstützer in der Familie angewiesen. Die Familien sind oft groß und weit verzweigt, sie bilden einen Clan, der zusammenhält. Wer Glück hat, hat Verwandte im Ausland, die dort besser verdienen als man selbst in Nablus. Sie überweisen Geld, helfen beim Kauf einer Wohnung oder eines Grundstücks.

Bei Taissiers Familie war das alles nicht der Fall. Das Einkommen reichte oft nur für die wichtigsten Einkäufe aus. Gemüse und Obst gibt es günstig auf den Märkten vor der Altstadt. Zitronen, Orangen und Feigen haben manche im eigenen kleinen Garten. Fleisch ist teuer, auch die monatliche Stromrechnung und die Miete. Fast unbezahlbar sind ein Auto oder eine Versicherung. Die wenigsten Leute in Nablus sind ausreichend gegen Unfälle oder Krankheiten abgesichert. Einen Besuch beim Zahnarzt kann sich nicht jeder leisten.

DIE GEWALT KOMMT AN // Die Lebensläufe von Taissier und Sa'ed waren sehr ähnlich verlaufen, vermutlich verstanden sie sich deswegen so gut. Taissier war eine ruhige Person, die Streit lieber aus dem Weg ging. Die Schule brach er früh ab, weil er »nicht in der Laune« dazu war, wie die Eltern sagen. Bei weiteren Nachfragen erklären sie, was sicher niemand gerne zugibt: Sie waren auch vor der Intifada in wirtschaftlichen Nöten, und Taissier konnte helfen, Geld zu verdienen. Von der Schulbank ging es für ihn direkt auf den Bau. Dort hatte er den ein Jahr jüngeren Sa'ed kennengelernt.

Doch am 2. März 2002, Sa'ed war 17, endete die Freundschaft auf tragische Weise. Israelische Soldaten erschossen Taissier. Über die Umstände ist kaum etwas bekannt. Er kämpfte nicht im Widerstand, sagen seine Eltern. Manches spricht dafür, dass sie recht haben, manches nicht. Die Hamas druckte Plakate mit seinem Bild, aber das tat die Fatah auch. Kämpfer sind normalerweise bewaffnet darauf zu sehen, mit dem Felsendom im Hintergrund. Bei Taissier ist es ein Passfoto, er wollte es später für seinen Führerschein verwenden. Viele starben während der Zweiten Intifada, weil sie die Ausgangssperre der israelischen Armee missachteten. Oder weil sie einfach zur falschen Zeit am falschen Ort waren und in einen Schusswechsel gerieten.

Taissiers Eltern ließen auch eigene Plakate mit dem Führerschein-
bild drucken. Darin nennt die Familie ihren Sohn einen »heldenhaften Dschihad-Märtyrer, der sich der Karawane der heldenhaften
Märtyrer angeschlossen hat«. Über Taissiers Foto wird ein Vers aus
dem Koran zitiert: »Unter den Gläubigen gibt es Männer, die wahrgemacht haben, wozu sie sich Gott gegenüber verpflichtet hatten.
Die einen von ihnen haben schon das Zeitliche gesegnet, die anderen haben noch zu warten. Und sie haben nichts verfälscht« (Sure 33,
Vers 23). Auch solche Plakate waren üblich, egal ob die betreffende
Person wirklich gekämpft hatte oder ohne eigenes Zutun ums Leben
gekommen war.

Für Sa'ed spielte das alles keine Rolle. Er hatte so oder so seinen
Freund verloren. Er kam weinend nach Hause, erinnert sich sein Vater. »Mein Freund ist Märtyrer«, sagte Sa'ed und verschwand im Zimmer. Dann nahm er am Leichenzug teil, dem sich Hunderte anschlos-
sen. Taissier lag auf einer Bahre, und mehrere Männer trugen den
Toten vom Krankenhaus zum zentralen Platz in der Innenstadt. Er
heißt eigentlich Hussein-Platz, benannt nach dem jordanischen Kö-
nig, aber viele nennen ihn Märtyrerplatz. Plakate der Märtyrer hängen an den Laternenmasten, an den Mauern der Gebäude und an den
schweren Metalltoren der Geschäfte. Wenn sie abends schließen, sind
statt der Schaufenster die Gesichter der Märtyrer zu sehen. Oft sprechen die Teilnehmer eines Leichenzuges auf diesem Platz ein Gebet.

Taissiers Körper war umwickelt mit der Flagge Palästinas. Auf
dem Kopf lag ein weißer Stoff mit schwarzem Muster, eine Kufiye.
Dieses Kopftuch war eines der Markenzeichen von Yassir Arafat, dem
damaligen Präsidenten der Palästinenser. Und es war ein Symbol für
den Kampf gegen Israel und für ein unabhängiges Palästina. Taissiers
kleiner Bruder saß auf den Schultern eines Erwachsenen. Das Kind
trug ein schwarzes Stirnband mit einem gelben Schriftzug auf Arabisch: »Es gibt keinen Gott außer Gott.« Das ist der erste Teil des muslimischen Glaubensbekenntnisses, in dem die gleiche Gottesvorstel-
lung wie im Judentum und Christentum zum Ausdruck kommt:

Allen drei Religionen ist gemeinsam, dass nach ihrem Glauben nur ein Gott existiert. »Allahu Akbar«, Gott ist der Größte, ist auf den Leichenzügen für die Märtyrer immer wieder zu hören. Oft läuft eine Person mit Megafon voran und gibt die Sätze vor, die alle anderen laut nachsprechen.

Vom Märtyrerplatz marschierte die Menschenmenge weiter zum Ostfriedhof, der an einem Hang liegt. Zwischen den weißen Grabsteinen stehen vereinzelt Palmen. Immer wieder kamen die Träger ins Stocken, die Leute wollten Taissier, den Märtyrer, berühren. Bereits zuvor hatte es im Krankenhaus ein Gezerre um ihn gegeben. Taissiers Körper war in einem weiß gefliesten Raum aufgebahrt. Sein Vater wollte für ihn beten. »Gott sei dir gnädig, mein Sohn«, rief er. »Lass das Paradies deine letzte Behausung sein.« Der Raum füllte sich mit weiteren Männern, alle wollten den Märtyrer sehen, ihn auf die Wangen und die Stirn küssen. Einer hielt sich an Taissier und der Bahre fest, wollte nicht loslassen, eine halbe Minute lang, bis ihn andere von der Seite und hinten wegdrückten. Taissiers Vater wollte aus dem Raum, er schrie, weinte, aber immer mehr drängten sich durch den schmalen Eingang in den Leichenraum. Eine Kamera zeichnete alles auf.

Aufnahmen von Leichenzügen werden oft ins Internet gestellt. Manche fotografieren solche Märsche mit ihrem Mobiltelefon und versenden die Bilder, vor allem wenn es sich um gute Freunde handelt oder um Familienmitglieder. Die Fotos der Toten werden ausgetauscht und Besuchern gezeigt.

DIE HAUSZERSTÖRUNG // In den folgenden Wochen besuchte Sa'ed den Vater von Taissier. Alle paar Tage schaute er bei ihm vorbei und stellte immer die gleichen Fragen: »Wie geht es?«, »Kann ich etwas für Sie machen?«, »Wenn Sie etwas brauchen …« Taissiers Vater erinnert sich noch sehr gut an den höflichen jungen Mann. Sa'ed sei sehr traurig gewesen, und der Vater verstand wohl erst jetzt, wie sehr sich die beiden auf der Baustelle angefreundet hatten. Sa'ed habe immer erklärt, er wolle Taissier wiedersehen. Zu weiterführenden Gesprächen kam es nicht. »Nach Taissiers Tod war Sa'eds Kopf wie leer«, so der Vater des Freundes.

Keinen Monat nach Taissiers Tod musste Sa'ed mit seiner Familie umziehen. Ihre Wohnung lag im Stadtzentrum, dort war es zu gefährlich geworden. Israelis und Palästinenser lieferten sich erbitterte Kämpfe. Die israelische Armee zerstörte in der Altstadt Häuser, in denen sie ihre Gegner vermutete. Dabei stürzten auch benachbarte Gebäude ein. Ähnlich waren die Verhältnisse in Dschenin, keine Stunde Autofahrt entfernt. Die palästinensische Zeitung »Al-Quds« schrieb in den ersten Apriltagen von »Dutzenden Märtyrern und Hunderten Verletzten«. Die Lage verschärfte sich in Nablus weiter, nachdem ein Palästinenser im israelischen Netanya einen Anschlag verübt hatte. Er sprengte sich mit zehn Kilogramm Sprengstoff in die Luft und riss zahlreiche Menschen in den Tod. Es gab über 140 Verletzte – so viele wie selten. Weitere Anschläge folgten.

Der Umzug erfolgte für Sa'eds Familie wie für Hunderte Palästinenser fluchtartig. Zum Packen blieb keine Zeit, die meisten Sachen ließen sie zurück in ihrer Wohnung. Sa'ed wollte bleiben, seine Mutter musste ihn drängen. Er weigerte sich weiterhin, lief dann aber doch mit ihnen den Berg hoch, weg von der Altstadt. Auch von dort waren die Explosionen und Schusswechsel im Tal zu hören. Sa'ed machte die Panik so zu schaffen, dass er in Ohnmacht fiel und erst im Haus eines Onkels wieder aufwachte. Dort wollte die Familie für die nächsten Tage bleiben. Ein älterer Bruder von Sa'ed traute sich als Erster wieder zurück. Die Wohnung war zerstört, über sein Mobiltelefon beschrieb er den Eltern die Situation.

Sa'eds Mutter erfuhr, dass sich bewaffnete Palästinenser in ihrem Haus verschanzt hatten. Die israelischen Truppen nahmen das Gebäude vielleicht deswegen ins Visier und wollten die Kämpfer unter den Trümmern begraben. Oder sie wollten ein Zeichen für andere

Palästinenser setzen, ihr Haus nicht den Widerstandskämpfern zu überlassen. Für Sa'ed spielte das alles keine Rolle. Sein Zuhause lag in Trümmern. Er war zornig und verzweifelt, erinnert sich sein Lieblingscousin. Der lebte außerhalb des Zentrums, und sein Elternhaus blieb verschont. »Man spürte die Wut, aber Sa'ed redete nicht darüber«, erklärt der Cousin. Zumindest redete Sa'ed nicht mit ihm darüber.

Masen Freitach war ein führendes Mitglied der Aqsa-Märtyrer-Brigaden in Nablus. Er konnte Sa'eds Wut sehr gut verstehen, und er suchte nach Mitstreitern. Masen kämpfte seit den ersten Monaten der Zweiten Intifada, verkaufte seine Wohnung, um sich auf dem Schwarzmarkt ein Gewehr, eine M-16, leisten zu können. Die israelischen Soldaten zerstörten auch sein Haus. Zwei Tanten starben, seine älteste Schwester sitzt seither im Rollstuhl.

Als die Kämpfe in der Innenstadt ihren Höhepunkt erreichten, verlor Sa'ed einen weiteren Jungen aus seinem Bekanntenkreis: Der Bruder seines Freundes Rami starb. »Es war dem israelischen Militär bekannt, dass er im Widerstand war«, sagt Rami. Der Freund erlebte Sa'ed nun so hoffnungslos wie nie: »Als Sa'ed erfahren hatte, dass mein Bruder gestorben ist, schwor er, dass er sein Blut zurückholt. Ich war überrascht, als ich das gehört habe. Aber ich dachte, er sagt das, weil er schockiert und wütend war.«

Die israelische Armee verhängte Ausgangssperren. In bestimmten Teilen der Stadt war es für jeden verboten, das eigene Haus zu verlassen und die Straße zu betreten. Als die Soldaten die Sperre für zwei Stunden aufhoben, fand die Beisetzung von Ramis Bruder statt. Zwanzig bis dreißig Leute nahmen an ihr teil, nicht wie bei Taissier Hunderte. Viele waren in den letzten Tagen gestorben und sollten begraben werden. Zugleich mussten die meisten Menschen die Zeit nutzen, um vor der nächsten Ausgangssperre Lebensmittel einzukaufen und andere alltägliche Dinge zu erledigen. Für die Verehrung der Märtyrer blieb keine Zeit.

Sa'ed war einer der wenigen Gäste. Er gehörte zu denen, die den aufgebahrten Körper von Ramis Bruder auf ihren Schultern zum Grab trugen. Auf dem später angebrachten Grabstein ist wieder der Vers aus dem Koran zu lesen: »Unter den Gläubigen gibt es Männer, die wahrgemacht haben, wozu sie sich gegenüber Gott verpflichtet haben ...« Auf dem weißen Stein steht nicht »Qabr«, wie die einfachen Gräber genannt werden, sondern, wie bei Märtyrern üblich, »Darih«, so die Bezeichnung der Gräber für muslimische Heilige und Helden. Der Felsendom ist auf einer Foto-Collage auf dem Grabstein abgebildet, darunter heißt es in roter Schrift: »die Aqsa-Märtyrer-Brigaden«.

»ICH WILL IRGENDETWAS MACHEN.« // Spätestens seit der Zerstörung des Hauses und dem Tod von Ramis Bruder sprach Sa'ed mit seinem Cousin öfters über die jungen Männer im Widerstand. »Ich will irgendetwas machen«, soll er gesagt haben. Er zeigte sich beeindruckt von den Kämpfern, die als Märtyrer starben. Der Cousin stoppte ihn bei solchen Gedanken. Das klang nicht mehr nach dem Sa'ed, den er kannte. Er hatte Angst um ihn. Dennoch hätte er nie gedacht, dass Sa'ed jemals einen Anschlag verüben würde. Auch seine Lieblingstante hätte sich das nicht vorstellen können. Bei ihr schaute er Fernsehen. In den Nachrichten liefen Beiträge über palästinensische Sprengstoffattentate in Israel. Sa'ed war glücklich über die Anschläge, erinnert sie sich. »Ich bin so stolz auf die Männer, die solche Operationen machen«, soll er ihr gegenüber erwähnt haben.

Der jungen Frau aus der Nachbarschaft, die er einmal »mein Liebling« nannte, schenkte Sa'ed offenbar keine Beachtung mehr. Sein Cousin wunderte sich darüber, denn viele Jungs in Sa'eds Alter hatten heimlich eine Freundin. Sie schicken sich SMS, rufen sich an, wenn kein anderer zuhört. Sie gehen in Internetcafés und schreiben sich Mails. Sie chatten dort, auch wenn sie in derselben Straße wohnen. Sie kaufen dem Mädchen im Parfüm-Laden oder CD-Shop Geschenke, lassen sie dort verpacken. Der Verkäufer hinterlegt das Geschenk auf den Namen des Mädchens, und die Freundin holt es sich selbst dort ab.

Je weniger Sa'ed von dem Mädchen aus der Nachbarschaft sprach, desto häufiger von Huris, wie der Koran die Jungfrauen im Paradies nennt. »Wenn Mädchen vor ihm liefen, erklärte er nur, dass er sich wünschte, die Huris im Paradies zu haben.« Daran erinnert sich Rami. Aber er konnte das nicht einschätzen, wusste nicht, wie ernst es Sa'ed mit dem Paradies und den Jungfrauen meinte. 72 von ihnen erwarten den Märtyrer laut eines Hadiths, wie die schriftlichen Überlieferungen der Aussprüche und Taten Mohammeds genannt werden. Sie umfassen Dutzende Bände. Manche Überlieferungen gelten als gesichert, andere nicht, wobei es sein kann, dass mancher an ein Hadith glaubt, das der andere ablehnt. Auch eine höhere Stellung im Paradies erwarte laut den Hadithen den Märtyrer. Einer bestimmten Anzahl von Verwandten dürfe er zudem Zugang dorthin verschaffen.

In den Kriegszeiten sprachen viele in Nablus vom Paradies. Die vielen Opfer der Zweiten Intifada fachten solche Diskussionen an. Die Vorstellungen darüber ähneln sich oft, egal ob Männer oder Frauen davon sprechen. Es gebe im Paradies keine Krankheiten, heißt es, keine Wunden, keine Probleme, keine Armut, keine Trauer. Alle Bewohner des Paradieses seien etwa dreißig Jahre alt. Es gebe Essen, so viel wie man wolle, und süßen Wein, der nicht betrunken mache. Man müsse sich um nichts kümmern, alles würde gebracht. Die Bewohner des Paradieses lebten in riesigen Palästen, ruhten auf den besten Stoffen und hätten keinerlei Sorgen. Vieles deuten so auch Suren im Koran an. Von »Gärten« ist zum Beispiel zu lesen, »in deren Niederungen Bäche fließen« (Sure 3, Vers 15), von »Ruhebetten«, »Kissen« und »Teppichen« (Sure 88, Verse 13, 15, 16).

Solche Erzählungen waren für Sa'ed wenn keine Motivation, so doch Trost für das, was er nun vorhatte: Er suchte engeren Kontakt zu den Aqsa-Märtyrer-Brigaden. Es ist unklar, wann Sa'ed zum ersten Mal mit den jungen Männern unterwegs war. Kinder und Jugendliche folgten den Kämpfern auf ihren Märschen durch die Altstadt. Die Männer mit den Waffen waren oft ihre Helden und Vorbilder. Sie sahen in ihnen die Beschützer und Kämpfer gegen die israelische Besatzung. Für Israel und andere westliche Staaten waren sie Terroristen. Als Sa'eds Vater einmal hörte, dass sein Sohn den Männern in die Altstadt gefolgt war, holte er ihn persönlich von dort wieder ab. Er hatte Angst um ihn. Das war Sa'ed sicher peinlich.

Sa'ed suchte immer häufiger Masen Freitach auf, den jungen Mann aus der Nachbarschaft, den viele »Scheich Masen« nannten, wie man sehr religiöse Männer anspricht. Sa'ed wusste, dass der viel zu sagen hatte bei den Aqsa-Märtyrer-Brigaden. Der Lieblingscousin bekam mit, dass Sa'ed Masen öfter sah. Andere merkten das auch. Aber keiner hätte gedacht, dass Sa'ed tatsächlich einen eigenen Anschlag plante. Seinen Eltern fiel nur auf, dass er etwa ab Mai 2002 täglich für zwei Stunden weg war. Sie wussten nicht, wohin er ging und wieso. Seine Antworten klangen nicht sehr plausibel, aber die Wahrheit durfte er keinem sagen.

ZUM GLAUBEN FINDEN

DANIEL // Hussein spielte recht gut Basketball. Daniel hatte ihn im Sommer 2002 bei einem Spiel kennengelernt. Damals war ihre Bekanntschaft oberflächlich geblieben. Daniel hatte kein Interesse an einer Freundschaft gehabt. Hussein war mit seiner Art bei den Basketballern aufgefallen. Ständig hatte der gebürtige Libanese von Allah erzählt, von dessen Taten und davon, wie man als Muslim zu leben habe, was *haram* und was *halal*, verboten und erlaubt, sei. Daniel hatte damals mit ihm diskutiert und ihn vom Atheismus überzeugen wollen, davon, wie wenig Sinn all das mache, was Hussein erzähle. Doch Hussein hatte sich unerschütterlich gezeigt. Und irgendwann war Daniel diesen Gesprächen aus dem Weg gegangen. »Anstrengend« wird er sie später nennen. In den Jahren darauf hatte er Hussein nur sporadisch gesehen.

Erst nach Daniels Brasilienreise kam es zu intensiveren Gesprächen. Nun lagen die Dinge anders: Daniel hatte die Schule in Neunkirchen abgebrochen und war frustriert vom Amazonas zurückgekehrt. Der Ausstieg war misslungen, nichts war es gewesen mit der »naturalistischen Sichtweise« – wie er das vorher genannt hatte –, stattdessen hatte ihn die Natur das Fürchten gelehrt. Er jobbte in Saarbrücken, hörte von der Fehlgeburt seiner brasilianischen Freundin, die Freunde Nidal und Mahmud waren weit weg und hatten ihn enttäuscht. Was er sich bisher schöngekifft hatte, kam nun unverfälscht ans Tageslicht. Dann hatte er eine Strafe wegen der Körperverletzung in der Arrestanstalt für Jugendliche abgesessen. Ganz unten angekommen, hätte er vielleicht Antworten von zu Hause gebraucht. Aber die bekam er nicht. Sein Vater war krank, zur Mutter hatte er seit Jahren keinen Kontakt mehr. Daniel wollte es so, auch sein Vater forderte das.

Daniel hörte Hussein nach all den Tiefschlägen der letzten zwölf Monate genauer zu, widersprach weniger, ließ sich auf Husseins Argumente ein. Er wollte mehr erfahren über die Religion, von der Hussein so begeistert berichtete. Stundenlang sprachen sie über den Islam. Wie im Detail die Dialoge zwischen Daniel und Hussein vonstatten gingen, wissen nur die beiden. Hussein wollte ihn für den Islam gewinnen, zu einer Konversion bewegen, so viel steht fest.

Wer sich auf solche Gespräche mit Leuten wie Hussein einlässt, wer die einschlägigen Broschüren für Konvertiten liest, kann erahnen, wie in etwa ihre Diskussionen ausgesehen haben könnten. Im Folgenden wird ein möglicher Dialog mithilfe eines Aussteigers aus der Islamisten-Szene rekonstruiert. So oder so ähnlich könnte ein Gespräch zwischen Leuten wie Hussein und Daniel aussehen, zwischen einem radikalisierten Muslim, der Anhänger rekrutiert, und einem bisher im Leben gescheiterten Suchenden. Das, was Hussein vielleicht nicht oder nicht so sagte, könnte Daniel an anderer Stelle gehört haben. Vielleicht sind solche Gespräche bei ihm anders abgelaufen, aber inhaltlich, gedanklich dürfte es um dieselben Dinge gegangen sein:

VON DER EINZIGEN WAHRHEIT // *Hussein könnte für eine gemütliche Atmosphäre gesorgt haben. Man trinkt Tee oder vielleicht Kaffee, entspannt sich, fühlt sich wohl, orientalische Herzlichkeit steht deutscher Distanziertheit gegenüber. Hussein baut Nähe auf, spricht zu Daniel wie zu einem langjährigen Freund.*

»Darf ich dich was fragen?«

»Ja klar, frag doch.«

»Was denkst du: Warum sind wir geschaffen worden?«

»Hör zu, ich hab gerade ganz andere Sorgen. Ziemlich viele Sachen sind total schiefgelaufen.«

»Du möchtest dein Leben unter Kontrolle bekommen? Eine Basis schaffen, aber wofür?«

Schweigen.

Hussein weiter: »*Warum bist du auf der Welt? Glaubst du etwa wie viele, wir stammen vom Affen ab? Sind wir Tiere wie Esel und Hunde? Tiere müssen nicht darüber nachdenken, wieso sie auf der Welt sind. Wir schon! Allah – gepriesen sei er und erhaben – hat uns dazu erschaffen! Oder glaubst du, das ist alles zufällig entstanden?*«

Daniel antwortet nicht. Er hört zu, will sehen, was Hussein mit ihm vorhat.

»*Viele haben den Zweck des Lebens vergessen! Sie sind so mit dem Alltag beschäftigt. Der Sinn des Lebens ist es, Allah zu dienen. Ihm für das Leben zu danken, ihn anzubeten! Und jede rechte Tat ist eine Anbetung. Bist du Christ?*«

»*Getauft. Aber ich glaube nicht mehr an den ganzen Kram*«, *sagt Daniel.*

Husseins Lippen formen sich zu einem vorsichtigen Lächeln. Er ist froh, denn mit Christen ist so ein Gespräch viel einfacher zu führen. Menschen, die ohne Religion aufgewachsen sind, lassen sich viel schwerer vom Islam überzeugen. Sie stellen alles infrage, auch die Existenz eines Gottes. Wer schon einmal jahrelang eine Religion praktiziert hat, wenn auch nur, wie Daniel, als Kind und Jugendlicher, hat zumindest einmal an ihn geglaubt. Er ist häufig viel offener für religiöse Gedanken, für eine Konversion.

»*An den ganzen Kram nicht zu glauben, das ist bei euch Christen auch nicht schwer. Dreifaltigkeit zum Beispiel, wie soll das denn möglich sein? Die Wahrheit ist eine andere: Allah war eins, ist eins, wird immer eins bleiben. Aber auch wir glauben an euren Jesus. Für uns ist er ein Prophet. Sein Name kommt oft im Koran vor. Wusstest du, dass die einzig weibliche Figur im Koran, die namentlich erwähnt wird, Maria ist?*«

Daniel hört aufmerksamer zu. Leute wie Hussein geben vor, sich nicht nur im Koran, sondern auch in der Bibel besser auszukennen. Hussein versucht, mit der Heiligen Schrift der Christen den Islam zu begründen.

»*Sogar in eurer Bibel steht, dass ein Gesandter kommt! Damit ist*

Mohammed gemeint, Allah segne ihn und schenke ihm Heil. Er kam, um uns den Weg zu zeigen. Wusstest du das?«

Damit ist nach christlicher Auffassung nicht Mohammed, sondern der Heilige Geist gemeint, aber wer ist in so einer Diskussion bibelfest? Hussein nutzt nun jede Wissenslücke aus. Je weniger Daniel entgegnet, desto mehr kann Hussein ihn herausfordern.

»Eure Kirchen sind leer. Eure Priester sind nicht glaubhaft! Die Herzen sind so kalt wie die Steinböden. Wer geht denn sonntags noch in eure Kirchen? Unsere Moscheen sind voll. Wir sind alle wie eine große Familie. Wieso ist das so bei uns und nicht bei euch?«

Daniel überlegt.

»Glaubst du an Gott?«, bearbeitet ihn Hussein weiter.

»Hab ich mal, früher. Irgendwie vielleicht schon noch.«

Zu einer anderen Zeit hätte Daniel das Gespräch wohl abgebrochen oder jedenfalls heftiger seine Meinung vertreten, auch öfter widersprochen. »Wie soll es einen Gott geben, bei den Katastrophen und Kriegen dieser Welt?«, hätte er vielleicht gefragt. »Wir sind nur Zahnräder im Uhrwerk der Gesellschaft«, hätte Daniel gesagt und dem Glaubensfanatiker mit Karl Marx geantwortet, der Religion »das Opium des Volkes« nannte.

Aber Daniel steht nach Brasilien vor einem Scherbenhaufen. Und Hussein steht mit dem Kehrbesen vor ihm.

»Wir glauben auch an einen Schöpfer, so wie die Christen. Allah hat Propheten gesandt, die heilige Bücher überbrachten. Wir glauben an eine Rechtleitung, an eine Richtschnur. Glaubst du nicht, dass Allah zeigt, was richtig und was falsch ist? Allah überlässt den Menschen doch nicht sich selbst. Er schenkt den Menschen ein System.«

»Mein System ist ziemlich durcheinander«, will Daniel scherzen und meint damit das Chaos der letzten Jahre. Hussein fragt nach, und Daniel berichtet nicht alles, aber er deutet einiges von seinen Drogenzeiten an.

Ein gutes Thema für Hussein: »Im Islam gibt es keine Drogen! Alles, was berauscht, ist verboten. Wie viele Autounfälle gibt es jährlich in Deutschland wegen des Alkohols?«

Daniel kennt die Zahlen nicht.

»Wie viele sterben täglich an Drogen?«

Daniel schweigt weiter.

»Alles, was du erlebt hast, das macht einen Sinn. Das war alles eine Prüfung von Allah. Allah wollte, dass dir das alles geschieht, damit du zu ihm findest. Allah ist allmächtig.«

Hussein spricht nun wieder von den Drogen, bezieht das Thema aber nicht auf Daniel, sondern auf die ganze westliche Welt, seine Stimme klingt nun schärfer: »Das soll kultiviert sein? Die westliche Gesellschaft ist doch verdorben! Drogen und Prostitution, das nennt ihr Freiheit? Was ist das für eine Freiheit? Schau dir an, wie die Frauen aussehen! Ist der Islam nicht weiser? Kennt er den Menschen nicht besser? Bei uns werden die Frauen respektiert. Sie werden wertgeschätzt. Sie laufen nicht herum wie Schlampen.«

Daniel macht auf das Kopftuch aufmerksam und fragt, was das mit Wertschätzung zu tun habe.

Mit dieser Frage hat Hussein früher oder später gerechnet. Jeder stellt sie. Die Antwort lässt nicht lange auf sich warten.

»Früher trugen auch in euren Kirchen alle Frauen ein Kopftuch. Doch viele sind vom Glauben abgefallen, deswegen tun sie es heute nicht mehr. Nur eure Nonnen tragen noch Kopftücher! Wieso? Weil sie wissen, dass es richtig ist. Und was ist mit Maria? Auf allen Bildern trägt sie ein Kopftuch. Wieso machen das eure Frauen heute nicht mehr? Wieso zeigen sie sich fast nackt auf der Straße? Im Islam ist die Frau keine Schlampe wie bei euch. Die Frau ist im Islam eine Königin, und das Kopftuch ist ihre Krone!«

Seinen eigenen Schwestern erklärte Hussein die Sache mit dem Kopftuch weniger freundlich, das ist im Gegensatz zu diesem Gespräch keine Vermutung, sondern verbürgt: Hussein zwang seine Schwestern dazu, dass Kopftuch zu tragen.

EIN SYSTEM MIT KLAREN REGELN // *Im fiktiven Gespräch mit Daniel ist Hussein nun in seinem Element.*

»Im Islam hat Allah uns ein System gegeben! Das System tut den Menschen gut! Wenn wir in einem islamischen Staat leben, dann gibt es auch keinen Diebstahl. Wir halten uns an die Regeln, an das System.«

Daniel kennt sich mit dem Islam und der islamischen Welt überhaupt nicht aus. Er weiß nicht, dass es Prostituierte, Drogen und Kriminalität in muslimischen Ländern genauso gibt wie überall sonst auf der Welt, wo Menschen leben. Nur dass es dort eher verschwiegen wird als anderswo. Dennoch fragt Daniel kritisch nach:

»Und was ist mit der Gewalt in muslimischen Ländern?«

»Das sind die Ungläubigen, die Besatzer! Denke an unsere Brüder in Palästina, im Irak, in Afghanistan. Allah segne sie! Der Islam wird außerdem von vielen Muslimen nicht richtig gelebt, nicht rein gelebt. Wer ihn richtig lebt, den beschützt der Islam vor Drogen, er beschützt deine Familie. Allah weiß, was für den Menschen gut ist.«

Und bevor Daniel nachhaken kann, stellt Hussein eine weitere Frage.

»Im Koran stehen wissenschaftliche Wunder! Das ist erwiesen. Das ist bestätigt von weltbekannten Wissenschaftlern! Weißt du das?«

Daniel schüttelt den Kopf.

»Im Koran stehen Dinge, die erst Jahrhunderte später von Wissenschaftlern herausgefunden wurden. Wie ist das möglich? Weil Allah uns ein Zeichen sendet! Kein Mensch konnte damals von diesen wissenschaftlichen Wundern wissen, nur Allah! Im Koran wird erklärt, wie Berge, Wolken, Meere und das ganze Universum entstanden sind. Selbst von unserer Entstehung, sogar von Embryos ist die Rede. Es ist wissenschaftlich bewiesen, dass Allah den Menschen erschaffen hat.«

Und Hussein weiß noch mehr: »Im Koran heißt es, Berge können laufen. Heute wissen wir, dass das stimmt, sie bewegen sich. Dieses Wissen konnte damals nur von Allah kommen. Wer nicht an diese Wunder glaubt, der wird mit dem Höllenfeuer bestraft. Du glaubst nicht an die Hölle? Aber auch von ihr ist im Koran die Rede. Dort warten auf die

117

Ungläubigen so starke Schmerzen, wie es sie nicht auf dieser Welt gibt. Nun frage ich dich: Wenn das mit den Bergen stimmt, wieso sollte dann das mit der Hölle nicht zutreffen?«

Hussein zieht die Schlüsse aus den »wissenschaftlichen Wundern«: »Im Koran steht das wahre Wissen. Alle Belege sind eindeutig. Wer an Wissenschaft glaubt, der muss an den Islam glauben. Alles andere ist falsch und unwahr.«

Daniel denkt in diesem Moment wohl kaum an Nidal. Doch auch der hat ihm einst den Unterschied zwischen wahr und unwahr beigebracht, zwischen real und fake. Ganz ohne Koran. Die einfache Einteilung der Welt in Gut und Böse ist Daniel nicht fremd.

»Hast du jemals irgendetwas aus dem Koran gelesen?«, fragt ihn Hussein, obwohl er die Antwort kennt.

Daniel antwortet mit Nein, und Hussein rezitiert ihm einen Vers, ohne eine Seite aufschlagen zu müssen. Hätte Daniel auf die Frage mit Ja geantwortet, hätte ihn Hussein weiter zur Koranlektüre befragt: »In welcher Sprache hast du den Koran gelesen?

»Auf Deutsch.«

»Dann hast du nicht den Koran gelesen. Der Koran ist auf Arabisch, alles andere ist ungültig. Du musst ihn auf Arabisch lesen.«

»Ich kann kein Arabisch.«

»Welche Übersetzung hast du gelesen?«

Es spielt keine Rolle, ob Daniel nun den Namen des Übersetzers weiß oder nicht. Husseins Antwort wäre immer die gleiche. Selbst wenn Daniel eine der Koranübersetzungen gelesen hätte, die von muslimischen Vereinen in Deutschland kostenlos verteilt werden, Husseins standardisierte Antwort würde lauten: »Das ist keine gute Übersetzung. Du musst den Koran auf Arabisch lesen!«

»Das ist eine ziemlich schwere Sprache.«

»Du kannst sie lernen. Du musst sie lernen. Und überlege einmal, hinter jedem Satz verbirgt sich eine Botschaft für dich. Keiner deiner Freunde und keiner in deiner Familie kann diese Botschaft empfangen, weil sie alle der Sprache nicht mächtig sind. Aber du kannst sie erlernen.

Das wird sich für dich lohnen. Nach deinem Tod wirst du von zwei Engeln am Grab gefragt werden, ob du den Koran gelesen hast. Wenn du verneinst, dann wird man dich fragen, wieso du ihn nicht gelesen hast. Du hattest so viel Zeit im Leben für deine Freizeit, zum Fernsehen, für Drogen und für Frauen. Aber du hattest keine Zeit, das heiligste aller Bücher zu lesen?«

Hussein ändert den Ton, er hat Daniel genug eingeschüchtert. Er lächelt nun wieder, klingt freundlicher, schaut nicht mehr so ernst, so herablassend. »Du kannst viel mehr über den Islam erfahren, wenn du möchtest. Darf ich dich zum Essen einladen? Oder komm doch kurz mit in die Moschee. Du kannst dich dort mit Gleichaltrigen aus der ganzen Welt treffen. Du kommst doch gerade aus Brasilien, oder? Das ist spannend für die, darüber wollen die anderen bestimmt viel hören.«

Zuletzt gibt er Daniel noch einen Gedanken mit auf den Weg: »Wenn du zum einzig wahren Glauben findest, zum Islam, dann steht das Tor zum Paradies für dich offen. Du kommst nicht ins Höllenfeuer, du wirst endlich Deinen inneren Frieden finden, Allah wird dich leiten. Er wird auf dich zukünftig sehr gut aufpassen. Du bist nicht mehr allein, alle Muslime auf dieser Welt sind deine Brüder. Und Daniel, noch etwas, Mohammed – Allah segne ihn und schenke ihm Heil – hat gesagt, dass Konvertiten zum Islam alle vorherigen Sünden getilgt werden. Das ist ein einmaliges Angebot von Allah. Siehst du nun, wie großzügig Allah ist? Du musst nur das Glaubensbekenntnis sprechen, und alle Sünden sind vergessen. Ein neues Leben beginnt für dich, ein reines Leben. Du hast viele Pluspunkte bei Allah, denn du hast den Islam nicht mit der Muttermilch aufgesogen wie ich. Du hast die einzig wahre Wahrheit mit deinem eigenen Verstand begriffen. Der Friede und die Gnade Allahs sei mit dir, mein Bruder.«

Ende des erfundenen Gesprächs.

Im Juni 2004, nur wenige Monate nach den ersten intensiven Diskussionen mit Hussein, konvertierte Daniel zum Islam. Er sprach vor Zeugen das Glaubensbekenntnis der Muslime: »Es gibt keinen Gott außer Gott, und Mohammed ist der Gesandte Gottes.« Das reicht zur Konversion aus. Üblicherweise sucht sich ein Konvertit einen arabischen Namen aus. Daniel entschied sich für Dschihad. In arabischen Ländern ist das ein gängiger Vorname, nicht aber in westlichen Ländern. Denn von der Vieldeutigkeit des Namens ist dort wenig bekannt. Dschihad wird in Daniels nichtmuslimischem Umfeld fast immer mit dem Heiligen Krieg in Verbindung gebracht. Schwer vorstellbar, dass sich Daniel darüber keinerlei Gedanken gemacht hat.

DIE RESET-TASTE // »Der schönste Tag meines Lebens« wird er den Tag der Konversion auch noch lange nach seiner Verhaftung nennen. Es sei das »größte Geschenk«, das Gott ihm habe machen können. Für all seine Fragen habe er im Islam eine Antwort gefunden. Nicht Hussein habe ihn zum Islam geführt, erklärt er später. »Allah leitet mich«, wird er sagen. Doch Hussein war für ihn die zentrale Figur. Nur ein Jahr älter als Daniel, aber zwei Köpfe größer, eröffnete er ihm eine Möglichkeit, von vorne anzufangen. Er zeigte ihm die Reset-Taste, die man bei einem Computer drückt, wenn nichts mehr funktioniert, alle Programme abgestürzt sind und man neu starten möchte.

Daniel nahm das Angebot an, er wollte ganz von vorne anfangen. Ein neues Leben mit einem neuen Namen, einer neuen Stelle und neuen Freunden. Und mit Allah. Aber das funktionierte nicht so einfach. Beim Computer wird mit der Reset-Taste nur der Arbeitsspeicher gelöscht, nur die Spuren der letzten Arbeiten verschwinden für immer. Was auf der Festplatte ist, bleibt auch nach dem Neustart dort. Genauso verhielt es sich auch bei Daniel. Die alten Schwächen blieben: Er folgte starken Autoritäten, suchte ziellos nach Orientierung, hatte selbst keine Werte, die ihm wichtig waren. Auch die alten Stärken waren noch da: seine Begeisterungsfähigkeit, seine Offenheit für neue Ideen. Und gerade die Kombination aus seinen Schwächen und Stärken machten ihn für Husseins Gedanken empfänglich.

Unmittelbar nach der Konversion lehrte Hussein ihn vermutlich die fünf Säulen des Islams, die wichtigsten Gebote: Nur an einen Gott zu glauben und an Mohammed, seinen Gesandten. Im Fastenmonat zu fasten. Einmal im Leben eine Pilgerfahrt nach Mekka anzutreten. Fünfmaliges Beten am Tag. Und Almosen zu spenden. Nach und nach erklärte er ihm wohl auch die vielen weiteren Regeln, die Daniel nun zu beachten hätte. Mehrbändige Werke mit Prophetenaussprüchen und Rechtsgutachten geben Auskunft über das rechtgeleitete Leben als Muslim. Daniel und seinen späteren Komplizen wird die Unsicherheit im Umgang mit diesen Schriften vor Gericht deutlich anzumerken sein.

»Die Gelehrten sagen …«, werden sie nach ihrer Verhaftung im Prozess immer wieder erklären. Fragen beantworten sie mit dem Hinweis, das könne nur ein Gelehrter oder Allah wissen. Von »Expertenwissen« ist die Rede, von »Beweisen«. »Ich bin kein Gelehrter«, sagt Daniel. Sie fühlen sich für ihr Leben und ihre Entscheidungen offenbar selbst nicht mehr zuständig. Doch es gibt im Islam nicht *den* Gelehrten, nicht die *eine* richtige Meinung, der *alle* Muslime folgen. Die Gelehrten widersprechen sich seit Jahrhunderten – wie in fast jeder Religion. Und aus den unterschiedlichsten Meinungen sind verschiedene Strömungen entstanden, Abspaltungen, Verfeindungen, sogar Kriege.

Daniels neue Gruppe, Husseins Freundeskreis, folgte einer radikalen Auslegung des Korans. Zur Gruppe gehörte auch Hamsa, der eigentlich Jan hieß, aber zum Islam konvertiert war. Einige aus der Gruppe besuchten Islam-Seminare, die von Organisationen, Vereinen oder privat für wenig Geld angeboten werden. Ein Tag kostet manchmal nicht mehr als drei Euro, inklusive Mahlzeiten. Die Veranstaltungen dauern selten länger als ein verlängertes Wochenende. Die Teilnehmer leben abgeschirmt von der Außenwelt, sind vom Frühgebet bis nachts zusammen. Geschlafen wird meist im Schlafsack auf dem Moscheeteppich. Das Gefühl der Zusammengehörigkeit ist wichtig. Ein Anbieter wirbt mit einem Fußballturnier für die »teilnehmenden Brüder«. Die Seminare sind vor allem bei jungen Männern beliebt, die einen besonders frommen Weg einschlagen möchten. Da viele Konvertiten unter ihnen sind, ist die Unterrichtssprache meist Deutsch.

An solchen Seminaren ist im Prinzip nichts auszusetzen, viele christliche Gruppen in Deutschland bieten vom Zeltlager bis zum Einkehrwochenende Ähnliches an. Doch an den Seminaren, die Daniels neue Freunde besuchen, nehmen auch Radikale teil. Die suchen wiederum nach Leuten, die für fundamentalistische Gedanken offen sind. Schnell bilden sich so Gruppen, die den gleichen Ansichten folgen. Sie tauschen Märtyrervideos aus, zeigen auf ihren Laptops Bilder von Dschihad-Kämpfern. »Auf solchen Seminaren geht nicht die Post ab, aber sie sind eine hervorragende Kontaktbörse«, erklärt ein junger Mann, der selbst an ihnen teilnahm.

Daniels Freunde berichteten ihm vermutlich ausführlich von ihren Seminaren. Angeblich seien sie so auch in der Moschee in Neunkirchen aufgefallen. Als »sehr radikal« bezeichnen andere Gläubige die Gruppe um Hussein, die sich damals häufig in den Räumlichkeiten traf. Auch Daniel gehörte inzwischen dazu. Mit den Gemeindemitgliedern führte er offenbar nur wenige Gespräche, ihre Meinung über seinen besten Freund, Hussein, holte er wohl nicht ein. Er orientierte sich an ihm und seinen Worten. Hussein habe »Daniel den Islam falsch beigebracht«, ärgert sich einer der regelmäßigen Besucher der Moschee. Hussein maßregelte selbst Gläubige, die weit älter als er selbst waren. Er erklärte ihnen, wie sie sich zu verhalten hätten, dass sie zum Beispiel nicht rauchen dürften. Seine radikale Auslegung des Korans trat immer deutlicher zutage.

Die meisten der Moscheebesucher sind Türken, die seit Jahrzehnten in Deutschland leben. Das Gebetshaus liegt mitten in einem der Problemviertel Neunkirchens. In einigen Wohnungen leben arbeitslose Eltern mit ihren erwachsenen, arbeitslosen Kindern. »Stadtge-

biet mit besonderem Entwicklungsbedarf« nennen es die Quartiers-
manager. Doch hier hatte es wohl günstig Flächen zu kaufen gegeben,
die groß genug für eine Moschee waren. Die Muslime hatten eine alte
Lagerhalle umgebaut und alles komplett renoviert. Sie bestellten aus
der Türkei die Kristallleuchter und die Fliesen mit dem blau-weißen
Muster sowie der arabischen Aufschrift.

»Gemeinsam müssen wir tolerant sein, und gemeinsam müssen
wir uns kennenlernen«, hatte der eingeladene Landrat bei der Eröffnung Mitte der 90er-Jahre erklärt. Pfarrer der evangelischen und
katholischen Kirche nahmen daran teil. Der Verein, der die Moschee
betreibt, lädt heute Schulklassen zur Besichtigung ein. Die Mitglieder
machen bei Festen in Neunkirchen mit, wollen Vorurteile abbauen.
Zum Freitagsgebet kommen zwischen 100 und 250 Gläubige. Das
Gebet ist auf Arabisch, die Rede des Imams auf Türkisch. Auf einer
Homepage kann der Text auf Deutsch nachgelesen werden. Wer ernsthaft interessiert ist, muss nur die Schuhe am Eingang ausziehen und
darf zuschauen. Vielleicht trifft man auf einen älteren Herren, einen
Pakistaner, der oft dort ist. »Terroristen haben den Koran nicht richtig gelesen. Was bist du? Christ? Wenn ich mir in den Finger ritze und
wenn du dir in den Finger ritzt, was sehen wir dann? Das Blut ist bei
uns beiden rot. Wir sind Brüder.« Die türkische Flagge hängt vor dem
Gebetsraum neben der deutschen.

DIE NEUE FAMILIE // Erst später, nach Daniels Verhaftung, nachdem in den Zeitungen steht, dass Hussein und Daniel in die Moschee
nach Neunkirchen gegangen waren, wird die Gemeinde massive Probleme bekommen. Bisher machten eher Rechtsextremisten in dem
heruntergekommen Stadtteil mit Billigkneipen (»15 Euro zahlen,
50 Euro vertrinken«) und Erotikshops auf sich aufmerksam. Eine
kleine Gruppe von Radikalen wird die Vertrauensarbeit der dort betenden Gläubigen um Jahre zurückwerfen. Dabei hatten die Mitglie-

der der Moschee Hussein, Daniel und ihrer Gruppe irgendwann sogar gesagt, dass sie nur noch zu den Gebetszeiten erscheinen dürften. Viele aus der Gemeinde werden für Daniel und Hussein nur Schimpfwörter finden. Ein junger Muslim in Daniels Alter, der sich an ihn erinnert, erklärt verbittert, wieso man anfangs nichts gegen sie unternahm: »Jeder darf zum Beten kommen. Das ist ein Haus Gottes. In die Köpfe der Leute können wir nicht schauen.«

Nachdem sie nur noch zum Gebet erscheinen durften, fand die Gruppe um Hussein und Daniel andere Orte, um sich zu treffen. Oft kamen sie bei befreundeten Familien unter. Dort sah Daniel etwas, das er seit der Trennung seiner Eltern im eigenen Zuhause nicht mehr erlebt hatte: ein heiles Familienleben. Er brachte das vermutlich mit dem Islam in Verbindung. Viele der neuen Verhaltensregeln hätten ihn als Atheisten sicher auch gestört, nun akzeptierte er sie kritiklos. Seine neuen Freunde gaben Frauen zum Beispiel nicht die Hand. Daniel gewöhnte sich das an, es sei schließlich »haram«. Ein Mann müsse heiraten, nur diese Frau dürfe er berühren, aber nicht die Unverheiratete und nicht die Frau eines anderen Mannes.

Die neuen Freunde waren für ihn bald mehr. Er selbst sah in ihnen nach eigenen Worten eine »zweite Familie«. Mit ihr konnte er offenbar mehr anfangen als mit seiner ersten, mit seinem Vater, dem Bruder, zu denen er immer mehr den Zugang verlor. Über seine »zweite Familie« fand er bald auch eine neue Stelle. Der Vater einer seiner neuen Freunde leitete eine Putzkolonne. Er suchte nach Verstärkung, und Daniel sagte zu. Fortan reinigte er mit seinen muslimischen Brüdern zusammen Industrieanlagen. Er machte eine Arbeit, die zu dem Preis kaum ein Deutscher machen würde. Nachtschicht gehört in der Branche dazu, dafür gab es 7,50 Euro die Stunde. Dabei sind die gesundheitlichen Risiken unberechenbar, denn die eingesetzten Chemikalien zur Reinigung sind aggressiv. Die Anlagen waren manchmal noch in Betrieb, man musste aufpassen. Wer in der Putzkolonne arbeitete, hatte oft nichts anderes mehr gefunden und nicht viel zu verlieren. Mehrere junge Männer aus der Moschee arbeiteten dort.

Manchmal erhielt der Gruppenleiter der Putzkolonne eine Prämie, wenn seine Leute besonders gut und schnell arbeiteten, die teilte er dann in Eigenregie unter den Mitarbeitern auf. Regulär reinigten sie acht Stunden pro Schicht. Manchmal mussten sie eine zwanzig Tonnen schwere Maschine für die Demontage und den Abtransport putzen, das konnte länger dauern. Oft reinigten sie Kanäle unter der Erde oder auch die hohe Decke einer Fabrikhalle. Dazu bauten sie Bühnen auf oder Gerüste. Daniels Hilfsmittel waren Utensilien wie ein Spachtel für groben Schmutz, Handfeger oder Dampfstrahler. Die Putzkolonne arbeitet für einen großen Konzern, der wiederum seine Dienste verschiedenen Fabriken im Saarland anbietet. Was dieser für die 7,50 Euro pro Stunde und Arbeiter den Auftraggebern berechnet, ist nicht bekannt. Es dürfte aber erheblich mehr sein.

Daniel und seine Putzkolonne sind noch einigen im Konzern in Erinnerung. Die Leute in der Gruppe trugen Mützen, egal ob im Sommer oder Winter, »Gebetsmützen«, vermutete man. Ein Mitarbeiter sah die Männer auch, wie sie in den Pausen auf Pappdeckeln knieten, um zu beten. Einmal gab es Ärger, weil die Produktion lief und nur zu einer bestimmten Zeit die Maschinen für einen Moment ruhten. Da sollte die Gruppe putzen und betete stattdessen. »Ich hab ja Verständnis für so was«, erklärt der Mitarbeiter, aber die Maschinen könnten nicht so einfach an- und ausgestellt werden. Abgesehen von diesem Zwischenfall arbeitete die Gruppe vorbildlich und machte nicht auf sich aufmerksam. »Sie wollten sich so unauffällig verhalten, dass es schon wieder auffällig war«, beschreibt ein anderer Mitarbeiter des Konzerns seinen Eindruck. In der Gruppe gab es kaum Gespräche, wenn er in der Nähe war. Er hatte aber keine Hintergedanken, er fühlte sich eher nicht willkommen.

MUSLIM SEIN IM GEHEIMEN // Schon Anfang 2005 stand die nächste Veränderung in Daniels Leben an. Er erhielt einen Einberufungsbefehl der Bundeswehr, bei der er sich vor der Konversion vergeblich beworben hatte. Nun machte er den Wehrdienst. Dass er ihn nicht verweigerte, spricht dafür, dass er sich noch immer für die Armee interessierte. Er absolvierte seine Grundausbildung bei einem Raketenartillerie-Bataillon. Dort lernte er die militärischen Grundbegriffe wie alle anderen Rekruten auch: ATN für Ausbildungs- und Tätigkeitsnummer, PK für Personenkennziffer, RAK für Rakete. Auch den zynischen Slogan, der bei Soldaten der Artillerie kursiert, hat Daniel vermutlich gehört: »Wir ebnen Horizonte, wir machen den Weg frei.«

Später diente Daniel bei der Kampfmittelräumtruppe der »Luftlandepionierkompanie« in Saarlouis. Wie ein Zünder aussieht, lernte er in dieser Zeit. Um 7 Uhr war Dienstantritt, 16.30 Uhr Dienstschluss. Dreimal die Woche stand Sport auf dem Programm. »Er war ein guter Läufer«, erinnert sich einer seiner Vorgesetzten. Der Soldat lernte Daniel in dieser Zeit schätzen. »Er konnte sich vieles gut merken, arbeitete bald als Hilfsausbilder«, lobt er Daniel. Kampfmittelräumen, also zum Beispiel Minen aufspüren und entschärfen, ist ein komplexes Thema. In Afghanistan zum Beispiel liegen achtzig verschiedene Minentypen unter der Erde vergraben, und Daniel musste im Saarland lernen, sie voneinander zu unterscheiden. Viele Soldaten aus seiner Kaserne machten Auslandseinsätze.

Er konnte sich noch immer vorstellen, länger bei der Bundeswehr zu bleiben. Das hatte offenbar eher pragmatische Gründe. Vor allem interessierte er sich für Waffen, so wie zu Jugendzeiten. Mit der Bundeswehr als solcher schien er nichts mehr zu verbinden, zumindest nicht den Gedanken vom Staatsbürger in Uniform. Er sah sich nicht als Staatsdiener. Als bei der feierlichen Vereidigung die Rekruten den Treue-Eid sprachen, tat er es bewusst nicht, wie er später erzählte. Er stand wortlos in der Reihe neben den Kameraden. Er wollte bei der Bundeswehr offenbar nur das militärische Handwerk lernen, mehr nicht. Nach neun Monaten verlängerte er zunächst um drei Monate, dann verließ er die Armee. Ein Amtsarzt hatte ihn untersucht und Rückenprobleme diagnostiziert; er hätte also nicht überall eingesetzt werden können.

Während der gesamten Zeit hatte er versucht, seine Religion nicht zum Thema zu machen. Er sorgte sich, dass ihn die anderen Soldaten deswegen aufziehen würden. Er betete nicht vor den Kameraden, sondern heimlich. Dennoch fiel er den anderen jungen Männern auf. Er duschte in den Gemeinschafts-Waschräumen nicht nackt vor ihnen. Der Islam schreibe das vor, so war er offenbar überzeugt. Die anderen im Duschraum hielten ihn vermutlich nur für schräg.

Seinen Bart wollte er auch bei der Bundeswehr behalten. Manche Überlieferungen der Aussprüche und Taten Mohammeds besagen, dass sich Männer einen Bart wachsen lassen sollen. Und Daniel nahm solche Dinge wörtlich. Ein Vorgesetzter stellte ihn zur Rede. Daniel hatte keinen richtigen Bartwuchs. »Das sieht nicht gut aus«, erklärte der Vorgesetzte und meinte vermutlich ungepflegt. Daniel begann zu diskutieren, mit Nachdruck, was er sonst bei der Bundeswehr nicht tat. »Er war ein relativ ruhiger Soldat«, erinnert sich der Vorgesetzte, der sich umso mehr über Daniels heftige Reaktion wunderte. Daniel zog den Kürzeren, der Vorgesetzte befahl ihm schlussendlich, sich zu rasieren, und er gehorchte.

Daniel erklärte nie, dass er sich aus religiösen Gründen so verhielt. Das hätte die Ausbilder sicher nachsichtiger gemacht. Immer wieder gibt es auch muslimische Soldaten in den Kasernen der Bundeswehr. Daniels Heimlichtuerei machte vieles komplizierter. Als die Ausbilder bei einer Spindkontrolle in der Sechs-Mann-Stube Daniels Schrank unter die Lupe nahmen, sollte eigentlich nur überprüft werden, ob die Ausrüstungsgegenstände richtig eingeräumt sind, ob alles sauber und ordentlich ist. Bei Daniel entdeckten sie ein Stückchen Holz. »Zum Zähneputzen«, erklärte Daniel, und die Ausbilder fragten nicht weiter nach. Daniel war inzwischen mit seinem eigenbrötlerischen Verhalten genug aufgefallen. *Miswak* heißt das Wurzelstück einer bestimmten Pflanze. Manche Muslime reinigen sich damit die Zähne, wie es schon ihr Prophet Mohammed getan haben soll.

Damit er kein Schweinefleisch essen musste, gab er sich als Vegetarier aus. Das war die sicherste Variante. In jeder Frühstückswurst und in jeder Mittagssuppe konnte sich schließlich das für ihn verbotene Fleisch befinden. Um im Fastenmonat nicht als der Einzige aufzufallen, der tagsüber nichts aß und trank, füllte er einen Urlaubsschein aus und nahm sich frei.

In diesem Zeitraum, im Herbst 2005, meldete sich Daniel zum ersten Mal seit Jahren bei seiner Mutter. Er besuchte sie, erzählte ihr viel über das, was in den letzten Jahren geschehen war. Und er entschuldigte sich bei ihr dafür, dass er ihr jahrelang aus dem Weg gegangen war, den Kontakt zu ihr abgebrochen hatte. Ob sie sich für ihr Verhalten im Scheidungskrieg und die Zeit davor bei ihm entschuldigte, ist nicht bekannt. Daniels Schritt lässt sich auf seine Konversion zurückführen. Er wusste von seinen muslimischen Freunden, dass bei ihnen die Familie einen hohen Stellenwert besaß. Mutter und Vater respektierten sie bedingungslos. Er wollte als Konvertit nichts falsch machen, alle Regeln einhalten. Sein Vater hielt nichts von solchen Regeln. Als er herausfand, dass sein Sohn wieder mit der Mutter redete, gefiel ihm das nicht. Er konnte seinen Sohn aber nicht mehr daran hindern. Der neue Glaube machte Daniel auch standfester ihm gegenüber.

Vieles, was Hussein ihn lehrte, widersprach dem, was er bei der Mutter erlebte. Dort aß man Schweinefleisch, man trank Alkohol, Bilder hingen an der Wand von unverschleierten Frauen, wenn auch nur von weiblichen Familienmitgliedern. Wenn Daniel die Mutter besuchte, musste sie sich seinen Regeln fügen. Nach Daniels Verhaftung wird sie in einem Zeitungsinterview darüber sprechen. Die Bilder verdeckte sie bei seinen Besuchen. »Ich war so froh, dass er wieder da war«, erklärt sie. »Er war so fanatisch. Ich wollte ihn aber nicht wieder verlieren. Ich versuchte, ein neues Vertrauensverhältnis aufzubauen.«

Im Fastenmonat traf er Hussein wieder häufiger. Der merkte offenbar, dass sich Daniel wegen des Alltags in der Kaserne nicht tiefer mit dem Islam beschäftigen konnte. Hussein nahm die alten Diskussionen wieder auf und verschärfte sie nun noch mehr. Er erzählte vom Kampf der Muslime in Tschetschenien, im Irak, in Afghanistan. Für ihn waren die USA die Hauptursache allen Übels. Die Skandale um Folteropfer und Misshandlungen durch US-Soldaten machten ihm vieles einfacher. Der Befreiungskampf der Muslime gegen westliche Besatzer war Husseins Thema.

Dass bei den Anschlägen der muslimischen Kämpfer viel mehr Muslime als US-Soldaten sterben, spielte für Leute wie Hussein keine Rolle. Denn die muslimischen Opfer werden nach ihrer Auffassung zu Märtyrern – wie die Täter. Radikale wie Hussein sprechen nicht von den blutigen Konflikten zwischen Schiiten und Sunniten im Irak, von den brutalen Stammesfehden in Afghanistan. Die innerislamischen Kämpfe und Debatten spielen für sie keine Rolle. Für Hussein gab es die Guten und die Bösen, die Gläubigen und die Ungläubigen, ein sehr vereinfachtes Weltbild. So wie mancher fanatische Nicht-Muslim jeden Muslim für einen Terroristen hält, sah Hussein in jedem Nicht-Muslim eine Bedrohung.

DSCHIHAD ALS PFLICHT // Die Gespräche mit Hussein beeinflussten Daniel immer stärker. Wir wissen nicht, wie genau er dazu kam und wie lange es dauerte, aber irgendwann ging er davon aus, dass es seine Pflicht als Muslim sei, am Dschihad teilzunehmen. Nach der Armeezeit, Anfang 2006, wollte Daniel die arabische Sprache erlernen. Er bereitete sich auf eine Reise nach Ägypten vor und flog schon im Februar desselben Jahres dorthin. Drei Monate würde er bleiben und an Sprachkursen in Kairo teilnehmen. Kaum war er dort angekommen, wiederholte seine Konversion an der renommierten Azhar-Universität. Daniel dachte vermutlich, mit so einer Urkunde mehr als Muslim akzeptiert zu werden, an mehr Kursen teilnehmen zu können. Bei der erneuten Konversion wollte er jedoch auch einen neuen arabischen Namen wählen. Bisher nannte er sich Dschihad, und mit Sicherheit sorgte das immer wieder für unangenehme Fragen. Von nun an wollte er Abdullah genannt werden, »Diener Gottes« heißt das übersetzt, ein frommer Name.

Er lebte in einfachen Unterkünften, besuchte Sprachkurse und Moscheen, lernte weitere Leute kennen und öffnete sich immer weiter den Dschihad-Gedanken. Alle paar Tage meldete er sich per E-Mail bei der Mutter und beim Vater, von seinen neuen Ideen und Plänen erzählte er nichts. Im Bekanntenkreis hatte man sich Sorgen um Daniel gemacht. Eine Freundin der Mutter erkundigte sich nach ihm. »Der hat sich wieder gefangen. Ist ein ganz lieber Bub«, soll sie geantwortet haben.

Die Kurse in Kairo fanden bei Organisationen außerhalb der Universität statt, von den Verhältnissen auf dem Campus hat er vermutlich nicht viel mitbekommen. Studieren kann man dort nicht so einfach ohne Abitur und Referenzen, eine Konversionsurkunde reicht nicht aus. Lange Schlangen bilden sich vor den Büros der Universität für die Anmeldung. Ein Mitarbeiter zieht einen Zettel für die Anmeldung aus der Schublade des Schreibtischs. Er blickt auf die Wartenden, sucht sich zwei weiße Ausländer heraus, deutet mit dem Zeigefinger auf sie, mehrere Schwarze aus Ghana stehen weiter vorne in der Schlange und müssen warten. Wer sich darüber beschweren will, wird nicht so schnell eine zuständige Stelle finden. Daniel wäre mit seiner Hautfarbe immerhin als einer der ersten drangekommen. Aber ohne die nötigen Unterlagen hätte auch er keine Chance gehabt.

Daniels Sprachschulen nehmen hingegen jeden, der sich für die Kurse interessiert. Sie werben auf Internetseiten und Flyern für ihr Programm. Die Klassenräume liegen in Nasr-City, einem Stadtteil von Kairo. Neubauten und Baustellen prägen das Viertel, graue Wohnhäuser, bis zu elf Etagen hoch, stehen dort. Wäscheleinen sind vor den Fenstern aufgespannt, und das Wasser tropft auf die Straßen, an deren Rand sich Staub und Dreck ansammelt. Zwischen den Häusern übernachten die Bauarbeiter in Zelten und unter Verschlägen aus Wellblech, Holz und Mauerstücken. Auch viele, die sich keine Wohnung leisten können, leben so. Die Armut des Landes, von der in der Innenstadt neben den Luxushotels kaum etwas zu sehen ist, zeigt sich überall außerhalb der touristischen Plätze.

Neben den Museen, Sehenswürdigkeiten und exklusiven Hotels achtet die Polizei in ihren weißen Uniformen und schwarzen Lederschuhen darauf, dass Bettler nicht zu aufdringlich werden. Touristen sollen nur das Ägypten aus dem Hochglanzprospekt erleben, mit Pyramiden und kilometerlangen Sandstränden. Daniel hat die Kluft zwischen Arm und Reich sicher wahrgenommen. Er sah vermutlich die Menschen, die nachts am Straßenrand schlafen, mit den zusammengerollten Kleidungsstücken als Kissen, neben den vierspurigen Straßen, auf denen tagsüber bis zu acht Autos nebeneinander fahren. Daniel lebte nicht in den teuren Hotels, fuhr nicht mit klimatisierten Reisebussen durch die Stadt.

Das Leben in Kairo war für Daniel eine neue Welt, unvergleichbar mit dem Alltag im Saarland. Lautsprecher in den Gassen übertragen den Ruf zum Freitagsgebet. Drei Jungs tragen ihre kleinen Gebetsteppiche zur Moschee. Ein Straßencafé zeigt die Live-Übertragung der Predigt. Männer sitzen mit der Wasserpfeife dort, trinken Kaffee oder Pepsi. In einem Geschäft ertönt die Rede des Imams aus dem Radio. Zwischen den Gebeten dienen die Moscheen vielen als Ruheraum in der hektischen Metropole. Manche Arbeiter erholen sich dort in ihren Pausen, einige schlafen. Außerhalb der Gotteshäuser ist es laut, dichter Smog liegt in der Luft.

LERNEN IN KAIRO // Ein Fahrradfahrer steuert einhändig sein Rad durch den Verkehr, auf dem Kopf balanciert er, von der anderen Hand gestützt, eine Palette mit mehreren Kilo Fladenbrot. Ein beleibter Mann mit einem grauen einteiligen Gewand, der Galabiya, sitzt auf einem Karren, vor den ein Esel gespannt ist. Wassermelonen sind auf der Ladefläche zu einer Pyramide gestapelt. Er überholt die Taxifahrer in ihren Ladas, Fiats, Dacias und ägyptischen Sahins, die am Straßenrand auf Kunden warten. Dazwischen hochmoderne Hochhäuser mit Büros und schicken Appartements. Ein paar Straßen entfernt liegen Basare, die bis weit nach Mitternacht geöffnet haben. Nichtmuslimische Touristen und muslimische Einheimische erleben diese Stadt ganz unterschiedlich, jeder für sich. Die einen steigen in karierten Shorts, weißen Socken und Turnschuhen aus dem Bus zu den Pyramiden im benachbarten Gizeh, für die anderen ist das ein Feiertagsausflug mit Kopftuch, langärmeliger Bluse und viel Makeup. Was wie ein Vorurteil klingt, bewahrheitet sich alltäglich. Ob Daniel so etwas auffiel, ist nicht sicher. Vielleicht war er viel zu sehr in seine Kurse und Gespräche vertieft, hatte keinen Blick mehr für das, was um ihn herum alltäglich geschah. Das respektlose Auftreten vieler westlicher Touristen hätte ihn sicher entrüstet.

Eine der Sprachschulen, die Daniel besuchte, befindet sich in einem der grauen Häuser von Nasr-City. Nur wer sich durchfragt, findet dorthin. Abgesehen von einem Schild über dem Eingang weist nichts darauf hin, dass in dem alten Haus Schüler aus aller Welt Arabisch lernen. Ein schwerer Metallring zum Klopfen ist an der Tür befestigt. Im Flur hängen die Stundenpläne, ein Schrank voller Bücher steht dort. In einer kleinen Küche bereitet ein junger Mitarbeiter auf dem Gasherd das Essen für die Lehrer und Schüler zu. Die Klassenzimmer sind rosa gestrichen, an den Stühlen sind über verlängerte Armlehnen kleine Tischchen befestigt.

Daniel suchte nach einer Person, die ihm mehr über das Thema Dschihad sagen konnte. Er fand einen Mann, der ihn privat unterrichtete. Der legte Daniel ein Werk von Ibn Taimiya vor und sprach mit ihm darüber. Manche Buchläden Kairos führen die zwanzig Bände umfassende Ausgabe der Fatwa-Sammlung des Rechtsgelehrten. Fatwas sind religiöse Gutachten, die aber nur für diejenigen Muslime wichtig sind, die den jeweiligen Gelehrten auch anerkennen. Daniel und sein Lehrer beschäftigten sich nur mit einem Kapitel von Ibn Taimiya. Darin begründet der Rechtsgelehrte, so erklärt Daniel später, wieso Dschihad wichtig sei. Erst Jahre später wird Daniel erklären, dass sich mit Ibn Taimiya auch gegen den Dschihad argumentieren lässt. Da wird es zu spät sein.

Einer seiner muslimischen Freunde aus Neunkirchen, aus seiner »zweiten Familie«, besuchte Daniel in Ägypten. Sie sprachen über den Dschihad, und sein Freund wollte ein Ausbildungslager besuchen. Er wollte all das lernen, was es für den Dschihad seiner Meinung nach bedurfte – und zwar in einem Ausbildungslager. Solche Lager existieren vor allem in Pakistan und nicht in Ägypten. Doch dort finden sich in einschlägigen Kreisen die richtigen Ansprechpartner und Kontakte für Suchende wie Daniel und seinen Freund aus Neunkirchen.

Zurück im Saarland, Mitte Mai 2006, stand für Daniel offenbar endgültig der Entschluss fest, auch ein Ausbildungslager besuchen zu wollen. Ein Brief über das von US-Soldaten geführte Gefängnis im Irak, in Abu Ghraib, bestärkte ihn nach eigenen Angaben darin. Es handelte sich um einen Brief, den angeblich eine Insassin verfasst hatte. Sie berichtet darin von Vergewaltigungen und brutalen Misshandlungen. Daniel hatte keinen Grund, daran zu zweifeln. Fotos von US-Soldaten drangen an die Öffentlichkeit, die menschenverachtende Praktiken und Folterungen in dem Gefängnis tatsächlich bewiesen. Das Bild der inzwischen verurteilten und aus der Armee unehrenhaft entlassenen US-Soldatin Lynndie England, in dem sie einen auf dem Boden liegenden, nackten Gefangenen wie einen Hund an einer Leine festhält, ging um die Welt. Immer mehr erschütternde Berichte und Fotos waren seit Frühjahr 2004 erschienen – ein paar Wochen vor Daniels Konversion. Auch diese Bilder dürften

Hussein in seiner Hetze gegen die westliche Welt vieles erleichtert haben.

Ein alter Freund aus der *Crew* traf Daniel zufällig in Neunkirchen. Er wollte wissen, was es bei Daniel Neues gebe. »Daniel sprach nur noch über die Taten Allahs«, erinnert sich der ehemalige Freund. »Alle Sachen, warum die Welt so ist, wie sie ist, wollte er mit dem Koran belegen. Ich wollte mit ihm quatschen, aber er wollte nur, dass ich dasselbe glaube wie er. Da hab ich gedacht, vergiss es. Das konnte ich mir nicht mehr anhören.« Für Daniel existierte nur noch die Welt aus Glaubensbrüdern. Mit alten Freunden konnte er nichts mehr anfangen, ihr Leben erschien ihm wohl so sinnlos wie sein eigenes, bevor er Hussein folgte.

Noch im Monat seiner Rückkehr aus Kairo verließ Daniel das Saarland Richtung Türkei. Er wollte von dort eine Möglichkeit finden, ein Ausbildungslager für Dschihad-Kämpfer in einem anderen Land zu besuchen.

SA'ED // Sa'ed ist gebürtiger Muslim, was nicht bedeutet, dass er zugleich religiös ist. So wie in Daniels Umfeld nicht jeder Christ zur Kirche geht, verhielt es sich auch mit Sa'ed und der Moschee. Sa'ed wuchs in einer Familie auf, die den Glauben kaum praktizierte. So wie manche Christen nur zu Weihnachten den Gottesdienst besuchen, gingen sie am Ende des Fastenmonats Ramadan zum Gebet. Sa'ed fand irgendwann selbst den Weg zur Moschee, besuchte sie immer häufiger. Und traf in der Zweiten Intifada auch auf Leute mit radikaleren Gedanken, wie Masen aus der Nachbarschaft. Über Sa'eds religiöse Entwicklung ist in den Kapiteln über sein Leben alles zu lesen. Ein eigenes Kapitel, wie bei Daniel, braucht es nicht.

DANIEL // »Schreiben wir auch so'n Testament?« Einer aus Daniels Gruppe stellte die Frage. Sie wussten von anderen Dschihadisten, dass sie ihr Testament vor laufender Kamera vorlesen. Die Aufnahme wird ins Internet gestellt und an die Adressen großer Fernsehsender geschickt. Im Hintergrund flackern schwarze Fahnen mit arabischen Kalligrafien. »Es gibt keinen Gott außer Gott, und Mohammed ist der Gesandte Gottes«, steht auf manchen von ihnen in weißer Schrift. Es ist das Glaubensbekenntnis der Muslime weltweit, das die Dschihadisten für sich vereinnahmen.

Die Frage stand also im Raum. Daniel und seine neuen Freunde standen da schon unter Beobachtung verschiedener Geheimdienste. Man filmte sie heimlich und schnitt ihre Gespräche mit. »Die Täter sind zum Selbstopfer bereit«, hieß es einmal in der Presse. Es gebe sogar »Abschiedsbriefe«. Später änderte sich die Nachrichtenlage. Offenbar verfassten sie keine Briefe, auch kein Testament.

Vielmehr planten Daniel und seine neuen Freunde den Rückzug. Nach der Tat. Sobald der Sprengstoff – hoch konzentriertes Wasserstoffperoxid – explodiert wäre, wollten sie fliehen. Vielleicht nach Pakistan. Daniel schwärmte von dem Land. Dort fühle er sich wohl, er habe bereits einen Mann kennengelernt, der ihm seine Tochter zur Frau geben wolle. Zumindest galt dieses Angebot damals, bei seiner Ausbildung, für das, was er nun vorhatte.

Ganz am Anfang, weit vor der Ausbildung in Pakistan, wollte Daniel in Tschetschenien kämpfen. Das Land im Süden Russlands gehört nach Ansicht Moskaus zur Russischen Föderation. Doch viele Tschetschenen wünschen sich einen unabhängigen Staat. Die Mehrheit von ihnen sind Muslime. Und immer wieder kommt es zu Konflikten zwischen dem russischen Militär und tschetschenischen Kämpfern.

TSCHETSCHENIEN ODER IRAK? // Islamische Rebellen führen den tschetschenischen Widerstand an. In den gebirgigen und unwegsamen Landschaften Tschetscheniens wollte Daniel an ihrer Seite gegen die russische Großmacht kämpfen. In den Tschetschenen sah Daniel seine Brüder, Glaubensbrüder. Erst vor zwei Jahren war er vom Christentum zum Islam konvertiert. Dass jemand seinen Glauben wechselt, ist so alt, wie die Religionen es sind. Manchmal aber sind Konvertiten besonders eifrig, wollen anderen beweisen, wie *sehr* sie glauben. Daniel entwickelte sich in kurzer Zeit zum Fundamentalisten, gehörte damit zu einer kleinen Minderheit innerhalb der muslimischen Gemeinde Deutschlands. Nur ein Prozent der Muslime in Deutschland gehört islamistischen Organisationen an.

Für den Kampf in Tschetschenien deckte sich Daniel in seiner saarländischen Heimat ein. Er besuchte einen Ausrüstungsladen in Saarbrücken. Das Sortiment reichte von hellbraunen Tropenhelmen bis zu Springerstiefeln mit Stahlkappen. Die Sachen, die Daniel in dem Geschäft einkaufte, waren für Minusgrade gemacht: Er brauchte festes Schuhwerk und warme Bekleidung. Tschetschenien liegt am Kaukasus, einem Hochgebirge, und hat über 4000 Meter hohe Berge. Die Temperaturen sinken im Winter auf minus zwanzig Grad Celsius.

Daniel hatte auch die Idee, über den Iran zum Kampf in den Irak zu reisen – auf dem Landweg über Gebirgszüge und durch die Wüste. Er hatte von israelischen Soldatinnen gehört, die Märsche von vierzig Kilometern Länge absolvierten, durch die Negev-Wüste, sogar schon in ihrer Ausbildungszeit. Das hatte ihm imponiert. Obwohl die Armee des jüdischen Staates für Islamisten zu den klassischen Feinden gehört.

Für seine Iran-Irak-Wanderung investierte Daniel in einen GPS-Empfänger. Er wollte im Grenzgebiet auf eigene Faust mit dem Ortungsgerät in der Hand eine Route finden. Er kaufte das Instrument im selben Laden wie die Winterausrüstung für Tschetschenien. Aber er kam mit dem Empfänger nicht klar, fand ihn zu kompliziert und überließ das Gerät einem seiner neuen Freunde.

Tschetschenien oder Irak? Als er an einem Maitag in das Flugzeug nach Istanbul stieg, wusste Daniel nicht, wohin die Reise ging. Erst in der Türkei sollte es weitere Anweisungen geben. Die Sorge war zu groß, dass die Gespräche nicht geheim blieben. Mit seinen Kontaktpersonen kommunizierte er später über E-Mail. Weil es aber hieß, dass ein Geheimdienst auch die elektronische Post abfangen könne, bedienten sie sich bald eines Tricks: Sie verschickten keine Mails, sondern sie speicherten die Nachrichten lediglich in dem Postfach ab. Jeder in seiner Gruppe kannte das Passwort für den Mail-Zugang. Somit konnte jeder von ihnen die Nachrichten lesen und löschen, ohne dass man die Zeilen senden musste. Doch den Sicherheitsbehörden waren diese sogenannten toten Briefkästen bekannt. Sie lasen mit – wie Daniel viel später, auf der Anklagebank im Gerichtssaal, erfahren wird.

Vor der Abreise in die Türkei musste er eine Geschichte für seine Eltern erfinden. Daniel hatte vor dem Abflug abwechselnd eine Woche bei seiner Mutter und eine Woche bei seinem Vater verbracht. Er gehe nach Ägypten und wolle abseits von der Zivilisation den Koran studieren und auswendig lernen, lautete die Geschichte, die er beiden erzählte. Vier Monate wolle er im Land der Pyramiden bleiben. Das machte anscheinend niemanden misstrauisch. Die Eltern wussten sicher nicht, dass die Schüler in Koranschulen nicht Monate, sondern mehrere Jahre damit verbringen, die Suren des Korans auswendig zu lernen – obwohl sie arabische Muttersprachler sind.

In Istanbul angekommen, lebte Daniel mit seinen neuen Freunden zusammen. Der 20-Jährige hatte sie im Saarland kennengelernt. In Deutschland hatten sie ihn ideologisch auf den Dschihad vorbereitet. Nun erwartete ihn bald die praktische Ausbildung an der Waffe. Bis zur Weiterreise zum Trainingscamp durfte er, wie immer auf seiner Reise, unter keinen Umständen auf sich aufmerksam machen. Von der Zwölf-Millionen-Metropole sah er vermutlich kaum etwas. Vielleicht kurz die Blaue Moschee mit ihren sechs Minaretten. Oder die Passagierschiffe, die wie Busse alle paar Minuten von Haltestelle zu Haltestelle fahren. Angler, die dicht nebeneinander auf einer der vielen Brücken fischen und die Leinen einholen, sobald Frachter unter der Brücke hindurchfahren. Die Porträts vom Staatsgründer Mustafa Kemal Atatürk, die überall in Teehäusern, Restaurants, Geschäften und an den Häuserwänden hängen, werden ihm aufgefallen sein, wie sie allen Fremden auffallen.

VON ISTANBUL IN DIE ISLAMISCHE REPUBLIK // Mehrere Tage verbrachte Daniel in Istanbul, ohne zu wissen, was ihn genau erwartete. Irgendwann hieß es, die Reise gehe weiter in den Iran. Ein Zug fährt von Istanbul nach Teheran, der iranischen Hauptstadt. Etwa 2000 Kilometer, auch durch Berglandschaften, einmal setzen die Waggons auf der Fähre über den Vansee. Auch ein Bus bewältigt die Strecke in drei Tagen und zwei Nächten. An Bord werden Filme gezeigt, und die DVD wird an der Grenze zum Iran ausgewechselt: tanzende türkische Stars in kurzen Röcken gegen zensierte Spielfilme.

Daniel wählte weder Zug noch Bus, sondern die teuerste und schnellste Variante. Er buchte einen Flug. Bereits vor der Landung in Teheran passten sich die weiblichen Passagiere den Regeln der Islamischen Republik an. Sie verhüllten ihre Frisur. Langärmelig ersetzte kurzärmelig, lieber zu viel Stoff als zu wenig. Daniel sah schon vor der Ankunft, welchen Einfluss der Staat mit seiner radikal religiösen Ausrichtung auf die Frauen hat. Ganz im Gegensatz zur Türkei und besonders zum modernen Istanbul, wo er immerhin einige Tage verbracht hatte. Die große Mehrheit der Türken sind zwar Muslime, aber der Staat ist weltlich ausgerichtet. Daniel kannte zwar auch Ägypten, wo vor allem im ländlichen Raum die Religion einen viel stärkeren Einfluss hat. Doch der Iran ist noch einmal anders.

In der Islamischen Republik Iran geht die eigentliche Herrschaft von muslimischen Geistlichen aus. Bis in die späten 1970er-Jahre war das Land weltlich und westlich orientiert, aber die wirtschaftliche Situation war katastrophal: Einer kleinen, reichen Oberschicht standen Millionen armer Familien gegenüber. Zugleich unterdrückten oder inhaftierten die Regierenden die politisch Andersdenkenden. In den Jahren 1978 und 1979 demonstrierten deswegen Hunderttausende Iraner – ein Protest gegen diese Missstände.

Hinter der sogenannten Islamischen Revolution standen die unterschiedlichsten Gruppen. Linksgerichtete Organisationen demonstrierten gemeinsam mit radikal religiösen. Letztere gewannen die Oberhand und rissen die Macht an sich. Der Revolutionsführer Ayatollah Khomeini rief die Islamische Republik aus. Doch viele Menschen fühlten sich bald betrogen. Sie hatten die alte Regierung abschaffen wollen, aber keinen fundamentalistischen Gottesstaat herbeigesehnt. Ein Widerstand gegen die neuen Herrscher war kaum möglich: Die neue Staatsführung sperrte politische Gegner in Gefängnisse, folterte und tötete viele von ihnen. Strenge religiöse Bestimmungen ersetzten nun die bestehenden Paragrafen, die neuen Machthaber führten das islamische Recht ein, die Scharia.

Die Islamische Revolution im Iran hatte auf Muslime weltweit Einfluss. Vor allem auf diejenigen, die einen Staat nach iranischem Modell herbeisehnten. Ayatollah Khomeini leitete eine Islamisierung ein, die weit über sein Land hinausreichte. In vielen Regionen des Nahen und Mittleren Ostens entstanden zudem Dschihad-Bewegungen. Ihre Mitglieder verfolgen das Ziel, einen islamischen Gottesstaat zu errichten. Auch manche Palästinenser im Gazastreifen und im Westjordanland schließen sich solchen Gruppen an – und der Iran liefert für ihren Kampf gegen den israelischen Feind Geld und Waffen.

Im Iran wartete Daniel auf die Anweisungen seines Schleusers. Das Ziel war nun nicht mehr Tschetschenien, sondern Pakistan. Die dicke Winterbekleidung brauchte er nicht mehr. Und bis zur illegalen Einreise ins Nachbarland hatte er Zeit, die Islamische Republik Iran kennenzulernen. Das gehörte, wenn man so will, zu seiner Ausbildung. Vieles, was in dieser neuen Welt um ihn herum geschah, konnte und sollte er sehen. Aber vieles auch nicht.

Er sah im Iran die Frauen, die von Kopf bis Fuß mit dem schwarzen Tschador verhüllt waren – nur das Gesicht ist frei. Wer nicht religiös ist, muss zumindest einen Manto tragen. Bei diesem Kleidungsstück reicht der Stoff weit über die Hose, bis mindestens über den Po ist ein Muss. Die Arme sind bis zur Hand bedeckt. Das Kopftuch ist für alle Frauen Pflicht. In Pilgerorten überwiegt der Tschador, in moderneren Stadtteilen Teherans der Manto.

Daniel hörte täglich den Muezzin, den islamischen Gebetsrufer. Lautsprecher übertragen seine Worte von den Minaretten in jeden Winkel: »Allah ist der Größte. Ich bezeuge, dass es keinen Gott außer Allah gibt. Ich bezeuge, dass Mohammed der Gesandte Allahs ist. Ich bezeuge, dass Ali der Statthalter Allahs ist. Auf zum Gebet. Auf zum Heil. Auf zum guten Werk. Allah ist der Größte. Es gibt keinen Gott außer Allah.« Mehrmals innerhalb von 24 Stunden ruft er zum Gebet. Oft übernimmt die Arbeit auch ein Tonband.

Daniel sah, wie vorbildlich die Iraner die religiösen Regeln beachten. Sie trinken keinen Alkohol, kein Geschäft verkauft die prozenthaltigen Getränke, und kein Restaurantbesitzer bietet welche an. Zärtlichkeiten zwischen Mann und Frau werden nicht vor anderen ausgetauscht. Der verstorbene Revolutionsführer Khomeini findet sich vielerorts abgebildet und wird von jedem verehrt. Gebetsräume sind allgegenwärtig. Hunderte von Vorschriften und Verbote werden von allen akzeptiert. Das alles sah Daniel, und es muss ihn beeindruckt haben.

Vielleicht sah er aber auch die andere Seite der Medaille: In Teheran hält die Sittenpolizei Frauen an, die zu viel Haut zeigen. In einem verdunkelten Fahrzeug werden die Personalien aufgenommen. Manchen wird mit Geldstrafen oder Haft gedroht. In einigen Bussen der Hauptstadt sitzen Männer vorne, Frauen hinten, dazwischen sperrt eine Metallstange die Bereiche ab. Eine Fahrt nebeneinander ist nicht gestattet.

Im iranischen Ahwas laufen Uniformierte abends am Ufer des Flusses entlang und vertreiben die unverheirateten Paare, die Arm in Arm ein bisschen Zeit miteinander verbringen wollen. Bei politischen Protesten in Teheran knüppeln Truppen des Präsidenten mit ihren Schlagstöcken friedliche Demonstranten nieder. Manche werden später unter Folter verhört. Wenn sich ein Iraner über das Weltgeschehen informieren will, hilft das Internet oft nicht viel. Bestimmte Seiten sind gesperrt.

Wer gegen Regeln verstoßen möchte, darf das dennoch – solange er dafür bezahlt. Wohlhabende verhindern so unliebsame Kontrollen und Befragungen, vor denen die Armen – die Mehrheit – nicht verschont bleiben. Was offiziell nicht sein darf, existiert trotzdem. Prostituierte arbeiten heimlich und riskieren viel. So wie die Drogendealer. In Kerman liegen die benutzten Spritzen am Rande der Straße, die zum Friedhof führt. Alkohol ist in den Städten einfach zu bekommen. Wer eine Lieferung will, braucht bloß zum Telefonhörer zu greifen, die Nummern sprechen sich herum. Der Händler liefert per Taxi den Rotwein in Plastikkanistern. Der billigste schwarz gebrannte Rosinenschnaps kostet pro Liter umgerechnet fünf Euro. So sind die Preise, und so ist die Realität.

MÄRTYRERKULT // Die staatliche Vorgabe ist eine andere. Zu den Idealen der Islamischen Republik gehört der Kult um die Märtyrer. Daniel ist der Aufwand, mit dem ihrer gedacht wird, mit Sicherheit nicht entgangen. Unter Khomeini starben in den 1980er-Jahren Hunderttausende Iraner im Krieg gegen den Irak. Auf den Friedhöfen liegen die Gräber der Märtyrer dicht an dicht in einem gesonderten Bereich. Mancherorts, wie in Teheran, gehen Besucher auf den Grabplatten, da der Platz für Wege zwischen ihnen nicht mehr reicht. In kleinen Vitrinen vor den Gräbern liegen die Habseligkeiten der Kämpfer. Fotos oder gemalte Porträts hängen hinter Glas und erinnern an die Verstorbenen.

Immer wieder sind es die Gesichter von Kindern. Viele von ihnen trugen im Iran-Irak-Krieg einen Schlüssel um den Hals. Der sei wichtig für den Eintritt ins Paradies, sagte man ihnen. Sie hörten, was sie im Jenseits erwarte: »Im Paradies gibt es Obst, das es hier nicht gibt. Engel warten dort. Und Wasser, ganz klares Wasser. Das Leben hier ist nur für heute und morgen. Alles, was wichtig ist, ist im Paradies.« So erklärten es ihnen die erwachsenen Soldaten. Aber die iranische Armee hatte kaum Waffen für die Kinder. Sie mussten in die Minenfelder rennen, brachten den Sprengstoff mit ihren Körpern zur Detonation.

Auch an Häuserwänden wird an die Märtyrer erinnert. In Teheran, wo die Gebäude wie der alltägliche Smog grau und dunkel sind, fallen die riesigen bunten Bilder besonders auf. Sie sind so farbenprächtig wie die Großplakate in Daniels deutscher Heimat, nur dass sie dort neue Handytarife oder schicke Klamotten anpreisen. Auf einem der haushohen Bilder in Teheran sieht man einen iranischen Jungen und einen Panzer mit irakischer Flagge. Das Gesicht des Kindes ist größer als das Kettenfahrzeug, der Junge sieht wie ein Riese aus. Das Bild ist das einzig Bunte an der grauen Häuserfassade. Der Tod bringt in Teheran Farbe ins Leben.

Autobahnen sind nach bekannten Märtyrern benannt, und es gibt Märtyrermuseen. In einem von ihnen, in Teheran, empfängt die Mitarbeiterin ausländische Besucher mit einer kleinen Rede: »Wir haben Märtyrer aus dem Iran, Märtyrer aus Libanon, Märtyrer aus Palästina, und ganz oben gibt es Märtyrerkunst. Wir alle lieben Märtyrer.« Zu besichtigen gibt es blutbefleckte Kleidungsstücke der Kriegsopfer und Schwarz-Weiß-Fotos, die sie zu Lebzeiten zeigen. Im Museumsladen werden Comics für Kinder und Bücher und Filme für Erwachsene angeboten. In einem Nebenraum hängen Porträts von palästinensischen Sprengstoff-Attentäterinnen.

Die Zeit in der Islamischen Republik war sicher wichtig für Daniel, wenn ihm und seinen späteren Ausbildern das vielleicht auch nicht so bewusst war. Denn sein Aufenthalt bereitete ihn auf die Welt vor, die ihn bald in Pakistan erwarten würde. Doch über seinen Wunsch zu kämpfen, »Dschihad zu machen«, wie es seine neuen

Freunde im Saarland nannten, durfte er wie in der Türkei mit nie-
mandem reden. Und er musste vorsichtig sein: Ausländer fallen im
Iran immer auf. Touristen und Geschäftsreisende kommen zwar,
aber nicht in Scharen.

Dabei mussten Daniel die iranischen Geheimdienste keine Sorgen bereiten, wohl aber westliche. Er musste aufpassen, mit wem er
sprach. Das ist nicht einfach, denn Reisenden aus dem Ausland wird
fast immer eine große Gastfreundschaft entgegengebracht. Wer nicht
Persisch spricht, findet überall Iraner, die Englisch können. Manche
fließend, viele ein wenig. »Where are you from?« Die Antwort »Germany« löst oft Begeisterung aus. Manche junge Iraner erzählen:
»I have an uncle near Bonn« oder »in Hamburg« – sie wanderten aus
oder flüchteten.

»What are you doing in Iran?«, ist häufig die nächste Frage.
»Studying«, konnte Daniel vermutlich nicht antworten. Er sprach
kein Persisch, und das war für den Besuch der Universität notwendig. »Visiting friends«, könnte er geantwortet haben. Aber welche
Freunde? Wo leben sie? Wo sind sie jetzt? Vielleicht hat er irgendwann nur noch »travelling« geantwortet. Dann konnte er die Orte
aufzählen, die er schon bereist hatte, ohne über Personen sprechen
zu müssen.

Eine beliebte Frage am Ende des Gespräches ist: »What is better:
Germany or Iran?« Unabhängig von der Antwort schließt sich manchmal eine Einladung zum süßen Schwarztee an, zu dem im Teehaus
Datteln oder Gebäck gereicht werden. Oder auch zu einem Besuch
bei der Familie, zum Abendessen. Wäre ihm das passiert, hätte Daniel
erfahren können, was sein Gastgeber wirklich über die Islamische
Republik dachte.

Insgesamt dürfte es zu Begegnungen und Gesprächen mit Einhei-
mischen, wenn überhaupt, nur selten gekommen sein. Sein Schleuser
erteilte ihm im Hotel »Ausgangssperre«. Vor seiner Weiterreise nach
Pakistan hielt er sich in Sahedan auf. Die iranische Großstadt an der
Grenze zu Pakistan und Afghanistan ist bekannt für ihre illegalen

Ein- und Ausreisenden. Daniel besuchte die Makki-Moschee. Das ist das persische Wort für den Geburtsort Mohammeds: Mekka im heutigen Saudi-Arabien.

Für die Überquerung der Grenze zwischen dem Iran und Pakistan war kein großes Geschick, sondern nur Geld notwendig. Daniels Fahrer steckte den Soldaten am Kontrollpunkt ein Bündel Scheine zu und durfte weiterfahren. Bestechung an der Grenze ist üblich. Nach 500 Kilometern über mit Sand verwehte Straßen erreichten sie die Stadt Quetta. Stundenlang fuhren sie weiter nach Nordosten, entlang der afghanischen Grenze. In Wasiristan angekommen, verließen sie die asphaltierten Wege.

DIE BRÜDER IN WASIRISTAN // Die pakistanische Bergregion liegt an der Grenze zu Afghanistan. Verschiedene Stämme leben in diesem Gebiet. Die Bewohner züchten Vieh und wohnen auf sehr traditionelle und einfache Weise in Bergdörfern. Unter den Großfamilien und den Stämmen kommt es immer wieder zu Konflikten. Doch für Daniel ist Wasiristan aus anderen Gründen interessant: Wegen der Nähe zu Afghanistan – dem Kampfgebiet – und der schwer zugänglichen Umgebung ziehen sich Islamisten gern in diese Region zurück. Sie unterhalten dort Ausbildungslager, errichten unterirdische Waffenkammern. Ein ganzes System von Tunneln dient als Fluchtmöglichkeit und Versteck.

Stunden vergingen auf Daniels Reise durch dieses Gelände und auf holperigen Wegen, die man keinem Auto zumuten möchte. Seit Istanbul wechselten die Kontaktpersonen, die Schleuser und Fahrer. Auch für andere, die wie Daniel zum Dschihadisten werden wollten, verhielt es sich so. Zu ihnen gehörte Fritz, ein junger Mann aus Süddeutschland. Er kam 1979 in München auf die Welt, lebte nun in Baden-Württemberg. Er wird später zu Daniels Komplizen zählen – für den geplanten Anschlag in Deutschland.

Mitten in Wasiristan hielt Fritz' Fahrer vor einer Gruppe Männer, die Turbane trugen und mit Kalaschnikows bewaffnet waren. Nach einer Kontrolle durften sie weiter. Mehrere Stunden fuhren sie bergauf. War die Strecke bisher schwer befahrbar gewesen, so war nun auf unbefestigten Pfaden kaum noch ein Fortkommen. Doch Fritz, Daniel und die anderen kamen an – jeder an einem anderen Tag, doch alle über ähnliche Wege. Und im Ausbildungslager der Islamischen Dschihad Union erwartete sie ein mehrwöchiges Training.

Die Organisation bestand damals aus 100 bis 200 Mitgliedern. Sie war aus einer größeren Gruppe hervorgegangen, die sich im Streit zersplitterte. Die meisten von ihnen kamen aus Usbekistan. Doch auch Tschetschenen, Uiguren und Tadschiken hatten sich ihr angeschlossen. Das Ziel der Gruppe war ursprünglich, für ein islamisches Usbekistan zu kämpfen. Mitglieder der Islamischen Dschihad Union verübten Anschläge auf unterschiedlichste Orte wie Polizeistationen, militärische Kontrollpunkte oder auf die US-amerikanische und die israelische Botschaft in Taschkent, Usbekistans Hauptstadt. Israel zählt zu den größten Feinden der Gruppe. Sie sieht sich in der Pflicht, für die Sache der Palästinenser zu kämpfen, und erkennt einen jüdischen Staat nicht an.

Auch Sprengstoff-Attentäter, die beim Anschlag ihr eigenes Leben verlieren, bildete die Gruppe aus und erteilte ihnen Aufträge. Bald erweiterte sie ihren Aktionsrahmen, denn sie wollte Teil der globalen Dschihad-Bewegung al-Qaida (arabisch für die Basis) werden. Große Aktionen gelten als Empfehlungsschreiben für das Netzwerk dschihadistischer Organisationen. Eine Gruppe zeigt mit einer Tat, die weltweit für Aufsehen sorgt, dass sie über ausreichend Kontakte und Logistik – wie Waffen oder Mitglieder – verfügt. Eine Flugzeugentführung taugt dafür zum Beispiel oder ein Anschlag auf gut gesicherte Gebäude wie Botschaften oder Regierungssitze. Für die Islamische Dschihad Union standen zu Daniels Ausbildungszeit westliche Militärbasen in Afghanistan im Mittelpunkt.

Was erwartete Daniel vom Ausbildungslager bei so einer Organisation? »Ich stellte mir natürlich den Kampf vor.« Wollte er kämpfen, mit dem Ziel dabei umzukommen? »Der Märtyrertod war nicht motivierend.« – So wird er sich später bei seinem Geständnis im Gericht äußern. Es sei ihm um die muslimische Gemeinschaft, die Umma, gegangen. Die habe er verteidigen wollen. Ob in Tschetschenien, im Irak oder in Afghanistan, das habe keine Rolle für ihn gespielt.

Daniels Ausbilder erklärten ihm ihre Haltung so: In Afghanistan kämpften westliche Soldaten gegen das Volk, die ausländischen Truppen seien Besatzer. Die Taliban seien demnach Widerstandskämpfer, übersetzt bedeutet das Wort »Suchende« oder auch »Studenten«. Aus westlicher Sicht sind die Taliban dagegen fanatische Islamisten. Mit eiserner Hand und ihren eigenen grausamen Gesetzen regierten sie Afghanistan nach dem Abzug sowjetischer Truppen. Erst der Sturz durch US-Truppen und afghanischen Einheiten machte ihrem Regime ein Ende.

Für Daniel galt uneingeschränkt die Auffassung seiner Ausbilder. Er sah sich selbst ebenfalls als Widerstandskämpfer, der sich in die Dienste der Islamischen Dschihad Union stellte. Dabei war es nicht wichtig, bei exakt dieser Gruppe zu sein. Daniel wie auch Fritz wollten vor allem an der Seite ihrer Glaubensbrüder kämpfen, egal wer sie dafür ausbildete. Offenbar war ihnen am Anfang lediglich klar, dass es sich bei der Islamischen Dschihad Union um eine usbekische Organisation handelte. Deren Namen erfuhren sie erst später, und die Gruppe war auch nicht die einzige, die im Grenzgebiet ausbildete.

Eine Erklärung dafür, dass Daniel nichts über die Herkunft und den Namen der Organisation wusste, könnte sein, dass er sich nicht traute nachzufragen. Neugierde hätte womöglich Misstrauen auf ihn gelenkt. Denn es war selten, dass Konvertiten wie er und Fritz sich in diesem Lager ausbilden ließen. Daniel muss eine gewisse Skepsis seiner Ausbilder ihm gegenüber gespürt haben. Hinzu kam: Die in Deutschland, in der Türkei und im Iran ausgegebene Parole der Geheimhaltung galt auch in Pakistan.

DAS CAMP // Daniel übernachtete mit den anderen in Häusern aus Lehm mit hohen braunen Mauern und einem Innenhof. Die Waffe, die er von seinen Ausbildern erhielt, legte er nachts unter sein Kopfkissen. Das war ihm sicher nicht fremd. »Das Gewehr muss immer am Mann sein«, heißt es bei der Bundeswehr, wenn außerhalb der Kaserne im Zelt geschlafen wird. Auch in seiner damaligen Einheit wird das so gewesen sein.

Andererseits war das pakistanische Camp natürlich keine Bundeswehrkaserne: Immer wieder kam es zu Stromausfällen, manchmal floss der Strom nur für ein paar Stunden am Tag. Die Zimmer waren einfach eingerichtet. Fritz glaubte einmal, das Haus wiederzuerkennen, in dem sich Cüneyt Ciftci mit einer Pistole filmen ließ. Ciftci war im bayerischen Freising auf die Welt gekommen, hatte türkische Eltern und lehnte die deutsche Staatsbürgerschaft ab. Er ließ sich von der Islamischen Dschihad Union ausbilden und fuhr mit einem Kleinlaster zu einem Stützpunkt der NATO nach Khost, einer Provinz im Osten Afghanistans. Dort sprengte er sich, zwei US-Soldaten und zwei afghanische Zivilisten in den Tod. Die beiden US-Amerikaner waren 22 und 23 Jahre alt, von den Afghanen liegt kein Alter vor, Cüneyt Ciftci selbst war 28.

Wenn die Deutschen das Gebäude wechselten und die Ausbilder sie an einen anderen Ort bringen wollten, sagten sie im Lager: »Wir werden verlegt.« Sie sprachen wie Soldaten oder Truppen einer Armee. Die Ausbilder selbst hatten beim Militär gelernt. Die sowjetische Armee war 1979 in Afghanistan einmarschiert. Damals hatte Pakistan afghanische Einheiten ausgebildet, die gegen die Sowjets kämpfen sollten. Waffen erhielten die Afghanen von der Central Intelligence Agency, dem US-amerikanischen Geheimdienst CIA.

Einige Ausbilder der Islamischen Dschihad Union hatten offenbar dieses Training absolviert, damals, als es diese Gruppe noch nicht gab und der Feind Sowjetunion hieß. Einer der Ausbilder deutete das jedenfalls Daniel gegenüber an. Ihr Training sei an das der CIA angelehnt, erklärte er. Daniel bezweifelte das, aber er äußerte seine Bedenken nicht. Daniel kamen das Camp und die Ausbildung nicht so vor, vielleicht aber auch nur wegen der vielen alten Waffen russischer Bauart, die sie benutzten.

Die Auswahl der Kampfausrüstung war wohl der finanziellen Situation geschuldet. US-amerikanische Waffen und Munition kosten das Fünf- bis Zehnfache dessen, was man für Waffen und Munition aus der ehemaligen Sowjetunion ausgeben muss. Und die Islamische Dschihad Union leidet wie viele solcher Organisationen unter Geldmangel. Cüneyt Ciftci, der Sprengstoff-Attentäter aus Bayern, hatte in Wasiristan eine Unterkunft für sich und sein Familie und erhielt von der Gruppe fünfzig bis sechzig US-Dollar monatlich für seine persönlichen Ausgaben.

Obwohl die Preise in Pakistan um ein Vielfaches niedriger sind als in Deutschland, kommen die Dschihadisten mit ihrem Geld nicht aus. Schon bestimmte Lebensmittel, etwa Käse oder Eier, sind für sie unbezahlbar. Die Dschihad-Organisationen schicken daher Boten in den Iran und in die Golfstaaten. Dort müssen sie um Spenden bitten – bei anderen Organisationen, bei reichen Unterstützern, oft auch verdeckt bei staatlichen Stellen. Der Erfolg ist dabei planbar: Je bekannter eine Gruppe durch große und medienwirksame Anschläge ist, desto mehr Aussicht hat sie auf Spenden. Mehr Geld wiederum heißt mehr Anschläge – es ist ein Kreislauf. Die Islamische Dschihad Union gehörte zu Daniels Zeit noch nicht zu den bekannten Gruppen. Das erklärt die Geldnöte, in denen sie steckte.

Vier bis zehn Leute waren in einer Ausbildungsgruppe. Sie kamen aus armen wie aus wohlhabenden Ländern, waren Studenten oder Schulabbrecher, verheiratet oder Single, Konvertiten oder gebürtige Muslime. Die einzige Gemeinsamkeit auf den ersten Blick war, dass sie männlich waren und jung. »Mitglieder eines Terror-Camps« werden sie in westlichen Zeitungen genannt. Daniel und Fritz verstanden sich selbst als Rekruten.

Nicht Daniel, aber andere berichteten von Tests, die sie im Lager bestehen mussten. Eine dieser Prüfungen betrifft die Ernährung: Sie ist in den Camps einseitig, das Essen ist knapp. Satt werden ist Luxus. Und nun wird bei der Essensausgabe dem jungen Mann der gefüllte Teller aus der Hand gerissen. – Wie sehr hat er sich da unter Kontrolle? Behält er die Nerven?

Ein anderer Test, von dem Teilnehmer solcher Lager berichten, geht noch weiter: Dem Auszubildenden werden ohne sein Wissen Drogen verabreicht, die sein Bewusstsein verändern. Manche fangen dann von alleine an zu reden. Andere müssen befragt werden. Und die Fragen lauten: Wieso bist du hier? Was willst du? Woran glaubst du? Wem gehorchst du? Wirst du jeden Befehl befolgen? Bist du bereit, als Märtyrer zu sterben?

Gehorsam war auch Daniels oberste Pflicht. Ein Ausbilder war als Autorität anzuerkennen. Er erteilte Befehle, die zu befolgen waren. »Wir gehen!«, sagte er, und man ging. Ob eine Stunde oder eine Woche, das erfuhr man nicht. Wohin und wieso auch nicht. »Man soll gehen, also geht man«, erklärte Fritz die Einstellung, die er im Ausbildungslager hatte. Daniel nannte es später im kritischen Rückblick »vorauseilender Gehorsam«. Er wollte zu 150 Prozent mitmachen, seine Ausbilder nicht enttäuschen. Zum Anführer der Gruppe sagten sie Emir (türkisch für Befehlshaber, auf Arabisch Amir).

Der Emir hieß Nadschmuddin Dschalolov und war 1972 in Usbekistan zur Welt gekommen. Mitglieder von al-Qaida bildeten ihn vermutlich aus, und er schloss sich den Taliban in Afghanistan an. Er kämpfte auch in Pakistan. Dschalolov stand auf einigen Todeslisten, nicht zuletzt auch auf der einer konkurrierenden Gruppe. Denn den Dschihad kämpfen viele Gruppen nicht nur miteinander, sondern auch gegeneinander.

Daniel hätte dadurch fast sein Leben verloren. Die Gruppen konkurrieren um Spenden, um neue Waffen und um neue Mitglieder. Wobei Mitglieder aus dem Westen besonders begehrt sind. Sie bringen oft selbst das Geld mit, das für ihre Reisen und ihre Ausgaben gebraucht wird. Eines Nachts, als Daniel Wachdienst im Lager hatte, explodierte ein Jeep. Ein Anschlag, vermutete er. Das Fahrzeug gehörte seinem Anführer. Aber Dschalolov war nicht im Fahrzeug. Zwei Jahre später wird er einem Angriff einer unbemannten Drohne des US-Militärs zum Opfer fallen.

Dschalolov musste in seinem Leben Vorsicht walten lassen und führte eine ganze Reihe von Namen: Yahyo, Mohammad Fatih al-Buchari, Abdur Rachmon, Commander Ahmed und einige weitere. Commander Ahmed nannten ihn Daniel und Fritz auch später, als sie in Deutschland zurück waren. Daniel sprach von seiner Ausbildung bei der »Ahmed-Gruppe«, nicht bei der Islamischen Dschihad Union.

Commander Ahmed forderte von ihm den Treueeid, die Baia auf Arabisch. Daniel sollte vor Allah verbindlich erklären, alle Befehle des Anführers zu befolgen, egal was er von ihm forderte. Daniel war davon nicht sehr begeistert, wusste wohl auch nicht recht, was er davon halten sollte, aber er tat es. Er fiel als westlicher Konvertit schon genug auf – eine Baia würde das Vertrauen stärken und sein Ansehen steigern.

Daniel nannte sich im Ausbildungslager Yunus, was dem deutschen Vornamen Jonas entspricht. Im Camp gab es keine religiöse oder ideologische Schulung. Im Mittelpunkt stand die Vorbereitung auf einen Anschlag. Sprachkurse für die Konvertiten waren nicht vorgesehen. Wer nichts oder nur ein wenig verstand, der konnte wohl auch nicht zu viele Fragen stellen. Andere übersetzten Daniel das Nötigste.

UMGANG MIT SPRENGSTOFFEN // In den ersten zehn Tagen der Ausbildung lernte Daniel den Umgang mit der Kalaschnikow. Außer dem Sturmgewehr hatten sie leichte Maschinengewehre und die RPG-7, eine russische Panzerfaust. Mit ihr können bis zu sechs der zwei Kilo schweren Granaten pro Minute abgefeuert werden, 350 Meter weit, mehr oder weniger zielgenau. Aber das machten sie im Lager nicht. Das wäre zu kostspielig gewesen.

Daniel erfuhr, wie man eine Handgranate entsicherte und warf. Das im Ausbildungslager verwendete Pistolenmodell, die Tokarew, war bei der Roten Armee im Zweiten Weltkrieg zum Einsatz gekommen. Auch die Makarow, das Nachfolgemodell, war schon über ein halbes Jahrhundert alt. Eine der neuesten Waffen im Lager kannte Daniel bereits: Das Ende der 1950er-Jahre entwickelte G3 ist ein deutsches Gewehr. An ihm und dem Nachfolgemodell G36 hatte die Bundeswehr ihre Soldaten zu Daniels Armeezeit ausgebildet.

Im pakistanischen Ausbildungslager erhielt er erst am letzten Tag Munition. Er übte das Laden, Zielen und Schießen. Ein Mitglied der Gruppe filmte sie dabei. Solche Aufnahmen sind für die Drohbotschaften wichtig, die die Islamische Dschihad Union ihren Gegnern zukommen lässt. Die Schlagkraft ihrer Mitglieder in Bild und Ton zu zeigen, ist aber auch von Vorteil, wenn man mögliche Spender überzeugen will.

In den ersten Wochen lernten sie, wie man sich im Gelände bewegt. Sie marschierten durch das gebirgige Umland. Stundenlang. Mit Judo-Übungen sollten sie auf den Nahkampf vorbereitet werden. Nach dem Unterricht fragte der Ausbilder sie ab: die Reichweiten verschiedener Waffen, wie man sie hält, wie man zielt, welche Munition man für welchen Angriff einsetzt, wie man sie zerlegt und reinigt, wie man sich in einem bestimmten Gelände tarnt. Der Ausbilder gab Hausaufgaben, und wer sie nicht machte, den erwarteten entweder fünfzig Liegestütze oder der Abwasch.

In einer zweiten Ausbildungsrunde lernte Daniel den Umgang mit Sprengstoffen. Darüber hatte er schon einiges bei der Bundeswehr gehört, dort war es um Kampfmittelbeseitigung gegangen. Aber in Pakistan erfuhr er, wie sich mit einem Wecker und etwas Zubehör ein Zeitzünder herstellen lässt. Welcher Sprengstoff für welchen Anschlag geeignet ist. Wie man einen Fernzünder an einer alten Mine befestigt. Kurzum: Wie sich ohne viel Geld und moderne Ausrüstung ein möglichst großer Schaden mit vielen Toten erzielen lässt.

Die Anzahl der Schüler nahm von Tag zu Tag ab. Manche von

ihnen waren nicht für Anschläge mit Sprengstoff, sondern für Angriffe mit der Kalaschnikow vorgesehen. Sie übten verstärkt das Zielen, Schießen, Zerlegen und Reinigen der Waffe. Manche zogen in ihre ersten Kämpfe. Daniel nahm weiterhin an der Ausbildung teil. Eine Woche Chemieunterricht schloss sich an. Man zeigte ihm, wie aus Wasserstoffperoxid, das man in Deutschland legal erwerben kann, Weizenmehl und einem Zünder eine Bombe gebaut wird.

Die Probesprengungen waren erfolgreich. Das Herstellen von Gift aus Pilzen und anderen Zutaten erwies sich da als schwieriger: Der Ausbilder fütterte damit ein Kaninchen, das kurz darauf sehr lebendig zwischen den Steinen verschwand. Gifte interessierten Daniel und Fritz sowieso nicht sonderlich. Fritz fiel aber auf, dass sie zunehmend Dinge lernten, die für einen Anschlag im Ausland wichtig waren. Konspiratives Verhalten zum Beispiel. Sie lernten, wie man falsche Ausweise verwendet und in verschiedene Identitäten schlüpft.

Die Tage im Lager hatten eine klare Struktur, an die sich alle halten mussten: sehr frühes Aufstehen, gemeinsames Beten, Frühsport, Waffenkunde, dann erst Frühstück, eine lange Unterrichtseinheit, Mittagessen, eine Pause, gemeinsames Beten, wieder Unterricht, Abendessen, Sport. Wer Arabisch konnte, las abends im Koran. Über Wochen sah der Alltag so aus, allenfalls unterbrochen von Krankheiten. Daniel wie Fritz verbrachten einen Teil ihrer Ausbildungszeit im Bett. Das Essen, die Anreise und die Aufregung machten Daniel von Anfang an zu schaffen. Der Magen bereitete Probleme. Temperaturen bis zu vierzig Grad Celsius trugen zur weiteren Erschöpfung bei.

Wenn es einmal regnete, hörte es so schnell nicht wieder auf. Das Wasser machte aus der trockenen Erde Matsch. Gleich nach Daniels langer Anreise aus dem Iran hatte so ein nasses Wetter gewütet. Fritz und Daniel lernten sich in dieser regnerischen Nacht in einem Haus der Islamischen Dschihad Union kennen. Dunkle Regenwolken und ein Stromausfall machten die Nacht besonders schwarz und bedrohlich. Fritz hatte die Ausbildung vor Daniel abgeschlossen.

Der erfolgreiche Abschluss einer Ausbildung im Dschihadisten-

Camp ist Teil eines Rituals. Wer für eine Organisation oder gar al-Qaida kämpfen will, kommt an diesem Ritual nicht vorbei. Wichtig ist dabei weniger das, was man in dem mehrwöchigen Training gelernt hat, vielmehr sind die Kontakte, die man in der Zeit geknüpft hat, entscheidend, die Verbindungen zu den anderen Kämpfern und besonders zur dschihadistischen Gruppe. Die Organisation ist es im Normalfall, die Anschlagsziele festlegt, Waffen beschafft, Bekennerschreiben verfasst und nach der Tat den Namen *ihres* Märtyrers verkündet.

Die Teilnehmer eines Lagers, die in ihre Heimat zurückkehren, bleiben danach untereinander und mit der Gruppe in Kontakt. Sie studieren, gehen einer Arbeit nach, gründen eine Familie, leben als normale, unauffällige Bürger, bis eine konkrete Planung für den Anschlag vorliegt. Im Fall von Fritz und Daniel hatte Commander Ahmed schon eine ungefähre Vorstellung, und er sprach mit Fritz darüber: Erfolgreiche Operationen in Afghanistan seien zu schwierig. Die US-Armee sei stark präsent und gut ausgerüstet. Besser seien Anschläge im Ausland. Dort sei auch die Außenwirkung viel größer.

Die Idee schien Fritz zu überzeugen. »Wir waren die einzigen Europäer, die die Möglichkeit hatten«, sagte er später über Anschläge im Ausland, also zum Beispiel in Deutschland. Auch bei al-Qaida gebe es dafür keine Leute, so Fritz. Er hielt sich offenbar für auserwählt für diese Tat. Und er legte, wie Daniel, einen Treueeid gegenüber Commander Ahmed ab. Der Anführer hatte »den Oberbefehl« über »die Operation« in Deutschland.

Fritz sollte den Anschlag planen und eine kleine Gruppe anführen. Dagegen hatte er nichts einzuwenden. Commander Ahmed wollte ihm allerdings bei der Zielsuche nicht ganz freie Hand lassen. Konsulate seien geeignet. Doch keine Botschaften, weil die zu stark bewacht würden. Besser Orte, an denen sich US-amerikanische Soldaten aufhielten. Deren Kasernen in Deutschland. Oder Bars und Diskotheken, die sie in ihrer Freizeit besuchten. Der Anschlag sollte Deutsche und US-Amerikaner aufschrecken. Eine zentrale Forderung wollte die Islamische Dschihad Union mit dem Anschlag übermitteln: Truppenabzug der westlichen Staaten aus Afghanistan!

Der Abschied vom Ausbildungslager fiel Daniel trotz aller Strapazen nicht leicht. Er wollte seine Waffe nicht abgeben. Er fühlte sich schutzlos ohne sein Gewehr und hätte es gerne behalten, zur Selbstverteidigung. Doch alle mussten ihre Waffen im Lager lassen, denn die nächsten Auszubildenden warteten schon. Verbündete der Organisation brachten die Teilnehmer zurück an die iranische Grenze. Doch bei Daniel scheiterte die weitere Rückreise ohne Papiere. Vielleicht hatte er vergessen, im richtigen Augenblick den üblichen Betrag zu bezahlen. Oder er hatte kein Geld mehr.

Auf jeden Fall verhafteten ihn die Soldaten an der Grenze, und ein pakistanisches Gericht verurteilte ihn zu zwei Monaten Haft. Darauf telefonierte er mit seinem Vater, und die deutsche Botschaft kümmerte sich um ihn, den Deutschen, der sich angeblich im Grenzgebiet verlaufen hatte. Tatsächlich glaubte niemand diese Geschichte, und deutsche Sicherheitsbehörden beobachteten Daniel bald intensiver. Nach zwei Monaten durfte Daniel das pakistanische Gefängnis verlassen und flog zurück nach Deutschland. Er habe im Iran den Koran studiert und nicht, wie ursprünglich angegeben, in Ägypten, erklärte er den Verwandten, und im Februar 2007 zog er wieder bei seinem Vater ein. Er lebte in dessen Wohnung in einer saarländischen Kleinstadt. Größer konnten die Kontraste nicht sein.

Der Vater fragte nicht viel nach, wollte offenbar nicht wissen, was das alles sollte. Er ließ Daniel in Ruhe, kritisierte nicht, schimpfte nicht. Wie schon in früheren Lebensphasen seines Sohnes verhielt er sich »subtil«, wie Daniel es nennt. Daniel würde vermutlich den schlechten Gesundheitszustand des Vaters als Begründung anführen, ohne zu überlegen, ob es vorher denn anders gewesen war, als Krankheiten im Leben des Vaters noch keine so große Rolle spielten. Der Vater beschwerte sich nach Daniels Rückkehr aus Pakistan lediglich über das Nachtgebet des Sohnes: Er könne deswegen nicht schlafen. Die Hausbewohner erinnern sich an den eigentümlichen Jungen, denn Daniel schlief fortan im Keller, wo er seinen Vater mit seinen Gebeten nicht mehr stören konnte.

Im März suchten ihn Mitarbeiter des Verfassungsschutzes auf. Die Mutter hatte sich bei der Behörde gemeldet, denn in der Familie machte man sich Sorgen um Daniel. Der Verfassungsschutz schickte zwei Mitarbeiter zu Daniel. Sie befragten ihn zu seiner Reise nach Pakistan, stellten aber keine kritischen Fragen. Sie taten so, als glaubten sie, was er erzählte. Von »Märchen aus 1001 Nacht« sprachen sie später an anderer Stelle. Sie gaben Daniel das Gefühl, er wirke authentisch. Er sollte glauben, sie ahnten nichts von seiner Ausbildung. In Wahrheit wollten sie ihn weiterhin in Ruhe beobachten, ohne dass er Verdacht schöpfte.

Zurück im Saarland, lebte Daniel – wie bereits vor dem Ausbildungslager – nach strengen religiösen Regeln. Vielleicht beachtete er das ein oder andere jetzt nur noch gewissenhafter. Er nahm keine Drogen und trank somit auch keinen Alkohol – das sei verboten. Er hörte keine Musik, wenn Frauen sangen – das sei verboten. Er mochte es nicht, wenn muslimische Frauen kein Kopftuch trugen – das sei verboten. Er lebte in der Welt eines strenggläubigen, bald fanatischen Muslims.

SA'ED // Sa'ed blickte ernst in die Kamera, die vor ihm aufgebaut war. Er hat auf fast allen Fotos aus dieser Zeit diesen Blick: teilnahmslos, interesselos, lustlos. In seiner Stadt tobte ein Straßenkrieg. Sa'eds neue Freunde auf der einen Seite, israelisches Militär auf der anderen. Im Fotostudio trug er ein Sturmgewehr. Seine neuen Freunde wussten, wie man die Waffe reinigte, wie man mit ihr über den Asphalt kroch, sich hinter einer Mauer verschanzte, zielte und schoss. Und sie kannten die genaue Bezeichnung für das Gerät: M-16.

Sa'ed hingegen war kein Fachmann auf diesem Gebiet. Das Griffstück umschloss er umständlich mit der Hand. Er stemmte das Gewehr in seine rechte Hüfte, wobei sich der Oberkörper unschön auf die linke Seite neigte. Eine M-16 wiegt rund vier Kilogramm und ist nicht für den einhändigen Gebrauch gebaut. Das bekam er zu spüren. Der Lauf der Waffe zeigte in den Himmel. Der eine Unterarm war mit dem Halten des Sturmgewehrs beschäftigt, der andere hing locker aus einem roten T-Shirt, das Sa'ed bis zum Ellenbogen reichte. Er trug schwarze Hosen mit einem schwarzen Gürtel. Andere zukünftige Märtyrer hatten zum Fototermin olivgrüne Westen oder eine Militäruniform an. Sa'ed hatte so etwas weder im Kleiderschrank noch in irgendeinem Versteck.

An der Wand hinter ihm hatte jemand eine Aufnahme befestigt, etwa zwei Meter breit und drei Meter hoch. Sie zeigte die goldene Kuppel des Felsendoms in Jerusalem und einen blauen Himmel mit kleinen Schönwetterwolken. Der 17-Jährige stand also mit leicht gespreizten Beinen und dem erhobenen Sturmgewehr vor einem der wichtigsten Orte für Muslime. Nach deren Glauben ist ihr Prophet Mohammed von diesem Platz in den Himmel aufgestiegen. Sa'ed hatte das gleiche Ziel vor Augen: Dschanna. So lautet eines der vielen Wörter, die es im Arabischen für Paradies gibt.

Kein Reklameschild zeigte den Weg zu dem Fotostudio, von dem in allen Städten des Westjordanlandes und Gazastreifens Dutzende existieren. Die Orte tragen weder Namen, noch gibt es sie offiziell. Die Leinwände samt Kameras wechseln täglich die Räume. Wo sich die Ausrüstung für die mobilen Studios befindet, weiß nur ein kleiner Zirkel. Die Personen vor der Linse gehören manchmal nur für einige Tage oder Wochen zu diesem innersten Kreis. Sobald sie sterben, folgen die nächsten. So wie die Räume wechseln, so sind auch die jungen Männer und Frauen vor der Kamera immer andere.

VOM DURCHSCHNITTLICHEN ATTENTÄTER // Amar Abdur Rahim zum Beispiel war 16, als er fünf Kilogramm Sprengstoff an seinem Gürtel in Tel Aviv zündete. Taufiq Ali war dreißig und verübte seine Tat in Jerusalem auf die gleiche Art und Weise. Es gab auch weit ältere Attentäter. Manche wuchsen in ärmlichen Flüchtlingslagern auf, andere in großen Einfamilienhäusern in den wohlhabenden Stadtvierteln. Einige brachen die Grundschule ab, andere besuchten Seminare an der Universität. Sie waren verheiratet oder nicht, hatten Kinder oder waren kinderlos, fanden keine Arbeit oder verdienten Geld. Die große Mehrheit war männlich, aber es gab auch Frauen unter ihnen.

Wer trotz dieser Vielfalt den durchschnittlichen Attentäter sucht, erhält kaum aussagekräftige Ergebnisse. Die Person auf dem Märtyrerplakat war zwischen 20 und 25 Jahre alt und männlich. Das traf aber ebenso auf Hunderttausende Palästinenser zu, die nichts mit solchen Taten zu tun hatten. Den typischen Attentäter mit ganz speziellen Merkmalen gab und gibt es nicht.

Sa'ed gehörte mit 17 Jahren zu den Jüngeren. Er hatte frühzeitig die Schule verlassen. Seine Familie hatte nicht viel Geld und war auf seine Hilfe angewiesen. Auch solche Biografien gab es zur Genüge in seiner Stadt. Und er zählte eher zu den Unscheinbaren. Das machte ihn besonders interessant für die Organisation, die für Anschläge ausbildete. Unscheinbare kommen leichter nach Israel, sie fallen dort nicht besonders auf. Das ist für Attentäter mit Sprengstoffgürtel das Wichtigste.

Das Sturmgewehr musste Sa'ed nach dem Fototermin wieder abgeben. Er brauchte es für seine Ausbildung nicht. Er lernte vermutlich, wie man sich mit dem Gürtel bewegte. Schwer war nicht der Sprengstoff, viel mehr wogen Nägel, Schrauben und Muttern. Die Explosion wird das spitze und kleinteilige Metall später in alle Richtungen über Hunderte Meter weit schleudern. Sa'ed erfuhr, wie er die Bombe an seinem Körper zündete. Und er prägte sich ein, an wen er sich wenden könnte, falls etwas nicht klappen sollte.

Zudem gab es einen Plan B. Zwischen seiner Stadt und seinem Ziel patrouillierten Soldaten. Die israelische Armee hatte längst auf den Straßen und vor allen großen Städten der Palästinenser Kontrollpunkte errichtet. Sollte man Sa'ed auf dem Weg zum Ziel anhalten, musste er Ruhe bewahren. Im Falle einer Durchsuchung gäbe es nur eine Möglichkeit: Er hätte sich sofort inmitten der israelischen Soldaten in die Luft zu sprengen. Sonst hätten sie ihn festgenommen, inhaftiert und befragt.

Das Personal in den israelischen Gefängnissen ist nicht zimperlich. Diejenigen, die aus der Haft zurückkehren, berichten immer wieder von brutalen Verhörmethoden. Manche waren tagelang in unterkühlten Räumen eingesperrt, hatten bei Befragungen einen Sack über dem Kopf und über Stunden die Hände fest auf den Rücken gebunden. Und es gab noch Schlimmeres, wovon berichtet wurde.

Unter diesen Umständen fangen manche Inhaftierte an zu reden, nicht zwingend Wahres, aber sie erzählen. Sie sprechen über die Organisation, die sie ausbildete. Sie berichten von den geheimen Orten und den Personen, die sie getroffen haben. Damit Sa'ed erst gar nicht in so eine Situation kommen konnte, sollte er die Bombe zünden, egal ob bei den Soldaten oder am vereinbarten Ziel. So lautet bei solchen Anschlagsplänen die Regel.

Gefährlicher noch als die israelischen Soldaten waren allerdings

Spione in den eigenen Reihen. Zumindest galt das für die Zeit der Vorbereitung auf die Tat. Die wirtschaftliche Situation war so schlecht, wie sie in einem Entwicklungsland ist. Während sich Sa'ed auf seine Tat vorbereitete, suchte jeder Zweite in Nablus nach einer Arbeitsstelle. Kaum ein Arbeitgeber konnte in der Krise das volle Gehalt auszahlen. Und es gab Palästinenser, die sich den kargen Monatsverdienst vom israelischen Geheimdienst aufbessern ließen.

Immer wieder verhafteten die Soldaten Palästinenser, denen man vorwarf, einen Anschlag zu planen oder selbst ausführen zu wollen. Konnte ihnen nichts nachgewiesen werden, blieb es beim Verdacht, doch das bedeutete noch längst nicht ihre Freilassung: Die Inhaftierten mussten oft ohne Anklage und Prozess im Gefängnis bleiben, die sogenannte Verwaltungshaft. Eine israelische Militärverordnung rechtfertigte diese Haft »aus Sicherheitsgründen«. Das oberste Gebot von Sa'eds Ausbildung lautete daher von Anfang an: Verschwiegenheit.

Das bekam auch Sa'eds Freund Rami zu spüren. Sa'ed verbrachte die Wochen vor dem Anschlag fast keine Zeit mehr mit ihm. Stattdessen traf er täglich Masen Freitach, seinen persönlichen Ausbilder. Masen war bekannt in der Altstadt, an deren Rand Sa'eds Familie lebte. »Der arbeitet im Widerstand«, hieß es. Aber das sagte man über ein paar Hundert Männer allein in diesem Stadtteil. Was Masen genau machte und vorhatte, wussten die wenigsten.

DIE MUTPROBE // Masen wuchs in der Altstadt auf. Er war 1978 geboren, also sieben Jahre älter als Sa'ed. Masen verließ die Schule früh. »Auf Platz eins stand bei ihm Basketball, auf Platz zwei Fußball«, erinnert sich einer seiner Lehrer. Während der Ersten Intifada gehörte Masen zu den Kindern und Jugendlichen, die mit Steinen nach israelischen Soldaten warfen. Die antworteten zunächst mit Sound Bombs, die mit einem Knall abschrecken sollten, dann mit

Tränengas, danach mit Gummigeschossen und zum Schluss mit scharfer Munition. Aber auf die Reihenfolge konnte man sich nicht verlassen. Ein Soldat schoss Masen bei einer solchen Auseinandersetzung in den Oberschenkel. Damals war er elf Jahre alt. Nach der Schule arbeitete Masen als Hilfsarbeiter auf der Baustelle. Sein Vater war früh verstorben, als Masen noch ein Kind war. Er musste mit den anderen Brüdern für den Lebensunterhalt der Familie aufkommen. Seine Mutter starb, als er zwanzig war. Mit Beginn der Zweiten Intifada schloss er sich den Aqsa-Märtyrer-Brigaden an und kämpfte, nun mit eigener Waffe.

Wenn Rami den beiden begegnete, wechselten Sa'ed und Masen das Gesprächsthema. Rami merkte schnell, dass sie ein Geheimnis hüteten. Er wird aber erst nach der Tat erfahren, welches. Die Treffen fanden nicht in einem Versteck, sondern bei Masen zu Hause statt. Keiner sollte Verdacht schöpfen, alles sollte wie eine normale Freundschaft aussehen. Sa'eds Besuche fielen nicht weiter auf. Masen war bei Jugendlichen in Sa'eds Alter im Viertel auf eine Weise beliebt, wie es nur die jungen Männer mit Sturmgewehren waren. Die Jungs schauten zu ihnen auf, sie sahen in ihnen Widerstandskämpfer.

Irgendwann während der Ausbildung, vermutlich am Anfang, stellte sich Sa'ed einer Mutprobe. Nach unterschiedlichen Berichten lässt sich folgender Ablauf vermuten: Sa'ed musste mit einem Messer bewaffnet an den israelischen Kontrollen vorbei. Ein Mitglied der Organisation beobachtete ihn dabei. Wie verhält er sich gegenüber den Soldaten? Kann er Ruhe bewahren, oder steht ihm die Nervosität ins Gesicht geschrieben? Wie reagiert er auf unvorhergesehene Ereignisse? – Sa'ed bestand die Prüfung, und die Ausbildung ging in eine neue Runde.

Später hieß es in seinem Freundeskreis, er habe mit dem Messer jüdische Siedler angreifen wollen, manche in Nablus behaupteten Jahre nach seinem Anschlag sogar, er hätte einen getötet. Die Siedler sind israelische Staatsbürger, die im Westjordanland und in Ostjerusalem leben – mitten in den Palästinensergebieten. Damals siedelten sie auch im Gazastreifen. Nach Meinung vieler Siedler haben die Palästinenser kein Anrecht auf einen eigenen Staat. Die Siedler benutzen eigens für sie gebaute Straßen und nur für sie fahrende Busse. Die israelische Regierung fördert je nach Wahlausgang mal mehr, mal weniger den Ausbau ihrer stark gesicherten Wohnanlagen. Die israelischen Soldaten bewachen vor allem die großen Siedlungen, die zu Städten mit Schulen, Einkaufszentren und Parkanlagen angewachsen sind. Das alles steht international in der Kritik. Nach Auffassung der Vereinten Nationen verstoßen die Siedlungen auf palästinensischem Boden gegen das Völkerrecht.

Es ist aber unwahrscheinlich, dass Sa'ed wirklich einen Angriff auf jüdische Siedler plante. Masen hatte mit ihm anderes vor. Masen war in der Altstadt von Nablus ein führendes Mitglied bei den Aqsa-Märtyrer-Brigaden. Der Name soll an die Aqsa-Moschee (arabisch für die ferne Moschee) in Jerusalem erinnern. Die Moschee steht auf dem gleichen Platz wie der Felsendom. Die Aqsa-Märtyrer-Brigaden gelten als militanter Flügel der Fatah. Dabei handelt es sich um eine bei vielen Palästinensern beliebte Partei, deren Anführer zu Sa'eds Zeit Yassir Arafat war.

Masen hatte die Aufgabe, Attentäter für Anschläge mit Sprengstoff auszubilden. Es gab mehrere in der Organisation, die dafür in Nablus zuständig waren. Oft kannten die Mitglieder nur den Namen ihres lokalen Anführers, nicht aber den der Person, die im benachbarten Stadtquartier das Sagen hatte. Das Gebot der Verschwiegenheit galt auch für sie. Masen rekrutierte junge Leute aus der Altstadt. Wobei die Bezeichnung »rekrutieren« nicht ganz zutrifft. Wirklich suchen musste Masen niemanden. Vielmehr war es für eine bestimmte Gruppe junger Leute eine Ehre, von ihm auserwählt zu werden.

EINE GEHIRNWÄSCHE IST NICHT NÖTIG // Dafür, dass man als zukünftiger Märtyrer ausgewählt wurde, war kein besonderes Talent vonnöten. Wichtig bei der geplanten Tat war nicht das technische Können, sondern in Sa'eds Fall der Glaube. Er hatte sich bereits in den Jahren vor der Tat der Religion zugewandt. Er hatte angefangen, regelmäßig die Moschee zu besuchen und zu Hause zu beten. Er glaubte an ein Leben danach, das weitaus besser sein würde als das in Nablus. Doch für diesen Anschlag reichte das nicht aus. Sein eigenes Leben aufzugeben und andere mit sich selbst in die Luft zu sprengen, dazu benötigte es mehr: eine feste Überzeugung, das Richtige zu tun. Er sah sich in der Pflicht, mit dem Angriff sein Land zu verteidigen – so paradox das für Außenstehende klingen mag.

Eine gezielte religiöse Schulung oder das, was man eine Gehirn-wäsche nennen würde, brauchte Sa'ed aber dennoch nicht. Die Un-ruhen der letzten Jahre hatten sein ganz persönliches Umfeld und seine Stadt radikalisiert. An den Mauern und Häuserwänden hingen Plakate der Stadtbewohner, die ihr Leben im Kampf gegen Israel ver-loren hatten. Den Märschen nach solchen Todesfällen schlossen sich Tausende an. Sie nannten die Kämpfer Märtyrer. Ihre Taten waren allgegenwärtig. Sie waren Stadtgespräch.

»Kennst Du Maher al-Habischa?« Manche erklärten auf Anhieb: »Der war bei der Hamas« – eine weitere Organisation, die, wie die Aqsa-Märtyrer-Brigaden, Anschläge durchführt. Sie unterhält aber auch ein Netz von sozialen Einrichtungen wie Schulen und Kranken-häusern. Sie nennt sich selbst eine »Islamische Widerstandsbewe-gung«. Manche fügten bei dem Hamas-Attentäter Maher al-Habischa hinzu: »Der hat 15 Juden getötet.« Einige kannten sogar sein Alter: »Zwanzig Jahre.« Und sie wussten, wie er Märtyrer geworden war: »Das war der, der eine Operation in Haifa durchgeführt hat.«

Mit Operation, auf Arabisch *Amaliya,* ist ein Angriff gemeint. Die Israelis sprechen bei einer palästinensischen Tat hingegen von Terror. Auch große US-Zeitungen verwenden die Wörter »terror attack«. Und im deutschen Fernsehen berichtet der Nachrichtensprecher über einen »Terroranschlag in Israel«. Viele Medien in Ländern mit einer muslimischen Mehrheit übernehmen wiederum die Formulierung der Palästinenser. Und in der Islamischen Republik Iran ist in den Medien die Rede von »Zionisten«, die im »besetzten Palästina« getötet worden sind.

Zionisten hatten sich die Juden genannt, die einen eigenen Staat in Palästina gründen wollten. Es war Ende des 19. Jahrhunderts ein gängiger Begriff. Doch jemand, der Anfang des 21. Jahrhunderts – über fünfzig Jahre nach der Staatsgründung Israels – noch immer alle Israelis so nennt, hat anderes im Sinne: Er erkennt den jüdischen Staat nicht an.

Mit der Bezeichnung »besetztes Palästina« sind in den iranischen Medien nicht die Palästinensergebiete gemeint, die vom israelischen Militär besetzt sind. Es ist für sie ein Ausdruck für das Gebiet, das die palästinensische *und* israelische Seite beinhaltet. Radikale Palästinenser fordern die gesamte Fläche für einen palästinensischen Staat. So wie radikale Israelis ein Großisrael ohne Palästina fordern.

Sa'eds neue Freunde argumentierten mit all diesen Begriffen. Von »zionistischen Soldaten«, »den Besatzern« und »der Befreiung Palästinas« war auch auf den Plakaten der Märtyrer zu lesen. Die aufgebrachte Menge auf den Protestmärschen rief diese Worte. Bald hatte jede Familie ihre Märtyrer oder in israelischen Gefängnissen Inhaftierte. Es bedurfte für kaum jemanden in Nablus einer politischen Schulung durch einen radikalen Lehrer. Sa'ed lernte alles, was er über Politik wusste, auf der Straße.

Seine religiösen Fragen beantwortete in den Wochen vor seinem Tod ein Imam in einer Moschee nahe der Altstadt. Der Prediger war für seine radikalen Reden bekannt. Doch was den Märtyrern nach ihrer Tat versprochen wurde, wusste Sa'ed auch ohne Imam. Manche Jugendliche unterhielten sich zu dieser Zeit darüber so, wie ihre Altersgenossen in krisenfreien Ländern über ihre Berufswünsche sprechen. Den Märtyrer erwartet zur Belohnung das Paradies. Daran hatte Sa'ed keinen Zweifel.

In einem der Fotostudios hielt er eine *Masbaha* in der Hand. So nennt man auf Arabisch Gebetsketten, wie sie auch von manchen Christen oder Hindus verwendet werden. Im Islam gibt es verschiedene Varianten. Bei einer hat die Kette 99 Perlen. Der Gläubige betet damit die 99 Namen, die es nach muslimischem Glauben für Allah gibt, oder er spricht drei verschiedene Gebetsformeln je 33 Mal. Sa'ed drückte seinen Daumen zwischen die Perlen, als ob er gerade die Kugeln von der einen zur anderen Seite schieben wollte.

Seine linke Hand steckte in der Hosentasche. Er trug eine schwarze Jeans, schwarze Schuhe, eine schwarze Jacke und einen schwarzen Pullover. Die farbenfrohe Leinwand hinter ihm zeigte zwei Säulen, die von dichten rosafarbenen Wolken umgeben waren. Eine schmale, aber lange Wolke verband beide Säulen wie ein Rundbogen. Eine Pflanze mit weißen Blüten umschlang dieses Wolkentor, das in einen klaren blauen Himmel führte. Der gefliese Boden des Fotostudios war am unteren Bildrand zu erkennen.

Von dem Foto mit Sa'ed, dem Sturmgewehr und dem Felsendom gab es nur zwei Abzüge. Eine Aufnahme entdeckte seine Mutter zu Hause in der Wohnung noch vor Sa'eds Tat. Sie zeigte es seinem Vater, und der zerschnitt es mit einer Schere und entsorgte die Schnipsel. Er wollte verhindern, dass Sa'ed mit den israelischen Soldaten Ärger bekam. Die gegnerische Armee durchsuchte nachts immer wieder die Häuser verdächtiger Palästinenser. So ein Foto hätte als Beweis ausgereicht. Sein Vater stellte ihn zur Rede, aber mit Sa'ed war nicht mehr zu reden. Das Gebot der Verschwiegenheit galt auch gegenüber der eigenen Familie.

Der zweite Abzug des Fotos von Sa'ed und dem Sturmgewehr hing noch Jahre nach seiner Tat am Eingang eines Schuhgeschäftes in der Altstadt. Die Stelle war noch nicht wie anderswo von nachfolgenden Märtyrerbildern überklebt. Links von der Aufnahme stand ein Metallregal, das mit glitzernden Sandaletten und rosa Halbschuhen aufgefüllt war. Vor dem Geschäft lagerten Kartons voller bunter Sportschuhe.

Ein Händler auf der anderen Seite der Gasse schichtete Rettich zu einem kleinen Hügel auf. Er hatte freie Sicht auf Sa'ed und die vielen Bilder, die um ihn herum mit Klebeband befestigt waren. Weitere Jungs waren vor dem Felsendom abgebildet. Eine stiefelhohe Aufnahme zeigte Sa'eds Ausbilder Masen. Und ganz oben ein Bild des Drahtziehers vieler Anschläge der Aqsa-Märtyrer-Brigaden: Nayef Abu Scharch, ein Mann mit dichtem schwarzen Schnurrbart, weißem Hemd und grauem Jackett. Auch er ließ sich vor der goldenen Kuppel des Felsendoms ablichten.

Inmitten der Bilder war eine Landkarte zu sehen. Auf ihr gab es kein Israel, sondern nur ein großes Land namens Palästina. Zwischen Gazastreifen und Westjordanland existierte kein jüdischer Staat. Die Radikalen auf israelischer Seite hatten die gleichen Karten, nur hieß dort alles Israel. Die Hauptstadt auf der palästinensischen Darstellung hieß al-Quds, Jerusalem. Die Karten hängen überall in der Stadt. Auch in den Klassenzimmern Sa'eds alter Grundschule waren sie an die Wand genagelt worden. Solche Landkarten musste Sa'eds Ausbilder daher nie zum Thema machen.

Am Ende von Sa'eds Ausbildung stand der Anschlag. Dazwischen durfte es keine Pause geben. Er sollte durch das Warten nicht in Versuchung geführt werden, jemandem von der geplanten Tat zu erzählen. Sonst könnte dieser Jemand ihm womöglich ins Gewissen reden und alles verhindern. Oder sogar die israelische Armee informieren. Sa'ed sollte weder Zeit zum Reden noch zum Nachdenken haben. Er war entschlossen, und er wollte sich in die Luft sprengen. Mehr Zeit könnte ihn auf Gedanken bringen. Solche Gedanken könnten zu Zweifeln führen. Wenn es etwas gab, was aus Sicht von Masen auf keinen Fall passieren durfte, dann war es, dass Sa'ed zweifelte.

DAS TESTAMENT // Am letzten Tag der Ausbildung, einen Tag vor seiner Tat, verfasste Sa'ed sein Testament. Es sind Worte, wie sie kein 17-Jähriger findet, der frühzeitig die Schule abgebrochen und sich für Lesen und Schreiben nie sonderlich interessiert hat. Seine Eltern wunderten sich denn auch beim Lesen des Testaments, dass er so gut schreiben konnte. Und sein Freund Rami erkannte die Handschrift wieder, aber nicht Sa'eds Sprache. Er brachte seine letzten Worte vermutlich unter der genauen Anleitung von Masen zu Papier. Der kannte sich mit der Formulierung solcher Texte gut aus.

Es gibt einen bestimmten Aufbau, an den sich viele Verfasser solcher Testamente halten. Bestimmte Sätze und Ausdrücke finden sich darin immer wieder. Passende Formulierungen werden voneinander kopiert, und die Testamente berühmter Märtyrer gelten als Vorlage. Auch die zitierten Stellen aus dem Koran sind oft die gleichen. So als bräuchte der Verfasser nur noch seinen Namen und Herkunftsort in einen Musterbrief einzufügen. Manchmal ist in den Testamenten auch Persönliches zu finden – bei Sa'ed nicht.

»Im Namen Gottes, des Erbarmers, des Barmherzigen«, leitete er seinen letzten Willen ein. Bis auf eine werden alle 114 Koransuren mit diesen Worten eröffnet. Auch religiöse Reden beginnen die Muslime mit dieser Eröffnungsformel, die *Basmala* genannt wird. Oft wird sie von Gläubigen auch am Beginn einer Reise oder beim Betreten eines Hauses aufgesagt. Kurzum: Wenn man sich unter den Schutz Gottes stellt, so spricht man die *Basmala*. Viele Attentäter, nicht nur in Nablus, stellen sie an den Anfang ihres Testaments.

Nach der *Basmala* zitierte Sa'ed den 14. Vers aus der neunten Sure des Korans. »Wenn ihr gegen sie kämpft, wird Gott sie durch euch bestrafen, sie zuschanden machen, euch zum Sieg über sie verhelfen und Leuten, die gläubig sind, innere Genugtuung verschaffen.« So lautet die ungekürzte Fassung. Sa'ed gab sie fehlerhaft und nicht vollständig wieder.

Auf wen sich das Wort »sie« in diesen Zeilen bezieht – also gegen *wen* gekämpft wird –, erklärt der Vorgängervers, den Sa'ed nicht anführt: »Wollt ihr nicht gegen Leute kämpfen, die ihre Eide gebrochen und den Gesandten am liebsten vertrieben hätten, wobei sie zuerst mit euch anfingen? Fürchtet ihr sie denn? Ihr solltet eher Gott fürchten, wenn ihr gläubig seid.« Mit »sie« wären demnach die gemeint, die »Eide gebrochen« und den Gesandten Gottes – für Muslime ihr Prophet Mohammed – gerne »vertrieben« hätten.

Doch so einfach ist das nicht, denn für jede Sure des Korans liegen ganz unterschiedliche Interpretationen vor. Sa'ed wollte mit diesem Vers seine Tat religiös rechtfertigen. Er legte den Koran deshalb islamistisch, also radikal, aus. Für ihn bedeutete das Wort »sie« vielmehr »Feinde«, »Ungläubige« und in seinem Fall ganz besonders »die Besatzer« und »die Juden«.

Die überwiegende Mehrheit der Muslime liest diese Verse anders. Es kommt immer auf die Auslegung an. Forscher, die sich mit dem Islam beschäftigen, würden auf den Ursprung des Verses aufmerksam machen. Er wurde in einer bestimmten Zeit geschrieben, und zwar nachdem die Anhänger Mohammeds von Mekka nach Medina ausgewandert waren. In Mekka waren sie wegen ihrer religiösen Ansichten verfolgt worden. Auf diejenigen, die die Anhänger des Propheten vertrieben, zielt der Text ab.

»Mein Testament vor dem Zusammentreffen mit Gott, dem Mächtigen und Großen«, schrieb Sa'ed unter den einführenden Koranvers. Daraufhin stellte er sich den Lesern vor: »Euer Sohn, der das Martyrium suchende Sa'ed, gebürtig aus Nablus – Dschabal an-Nar.« Dschabal an-Nar bedeutet »Berg des Feuers«. Für diese Bezeichnung der Stadt kennen die Bewohner zwei Erklärungen. Wie beim Koran so gibt es auch hier gemäßigte und radikale Auslegungen: Zum einen liegt die Stadt in einem Tal und ist fast umschlossen von Bergen. Die abendliche, tief liegende Sonne färbt die steinigen Hügel dunkelrot, als ob sie glühen, »wie bei einem Feuer«, erklären manche. Andere sagen, die Stadt heiße so, weil der Kampf gegen die Besatzung in Nablus seinen Anfang genommen habe. In diesem Tal entfachte demnach das Feuer. Sa'ed bezog sich wohl auf diese Erklärung.

»Folgendes möchte ich euch wissen lassen vor meinem Treffen mit dem Erwählten, Mohammed – Gott segne ihn und schenke ihm Heil – und seinen reinen wohlgesinnten Gefährten und meinen Istischhad-Brüdern und meinen Freunden und meinen Schuhada-Freunden, welche mir vorangegangen sind.« »Erwählter« ist ein geläufiger Beiname Mohammeds. *Istischhadi* und *Schahid* (im Plural *Schuhada*) bedeutet zwar beides Märtyrer, doch es gibt eine wichtige Unterscheidung: *Schahid* wird zum Beispiel auch jemand genannt, der aus Versehen in einen Schusswechsel gerät und stirbt. Obwohl er vielleicht nur auf dem Weg zum Supermarkt oder zur Schule war und gar nicht sterben wollte. Solche Fälle gibt es zu Hunderten auch in Nablus. Und die Wortwahl ist keine neue. Selbst ein Opfer der Pest im Mittelalter nannte man *Schahid*. *Istischhadi* wird hingegen ein Mensch wie Sa'ed genannt, der seinen Märtyrertod bewusst anstrebt – zum Beispiel mit einem Anschlag.

Schahid heißt eigentlich »Zeuge«. Im Zusammenhang der Anschläge ist jemand gemeint, der mit seinem Tod etwas »bezeugt«. Viele Religionen nennen Märtyrer die Menschen, die für ihren Glauben gestorben sind und dadurch Zeugnis geben. Aber auch Staaten rund um den Globus, die sich nicht auf Gott berufen, errichten Denkmäler für *ihre* Märtyrer. Sie nennen zum Beispiel die eigenen, in einem Krieg gefallenen Soldaten so.

»Oh meine Familie, oh meine Brüder, oh meine Freunde, wahrlich ich werde meine Seele und meinen Körper opfern als billige abgetrennte Glieder für die Erhebung des Wortes Gottes und seines Gesandten; und für dieses geliebte reine Land und für das vereinte Land, das Land Palästina, das in unseren Herzen kostbar ist; für die Himmelsreise unseres Propheten, über ihn der Segen und das Heil und für das allerheiligste Jerusalem.« Mit »Himmelsreise« bezeichnen Gläubige die Reise Mohammeds zu Allah und seine Rückkehr auf die Erde.

Sa'ed fordert in seinem Testament von den Muslimen, dass sie den »Pfad des Dschihad und des Martyriums« gehen. Dschihad ist der zentrale Begriff des Testaments. Beim sogenannten großen Dschihad ist der Kampf des Gläubigen mit sich selbst und gegen eigene Verfehlungen gemeint. Beim kleinen Dschihad geht es um die Verteidigung und Verbreitung des Islam. Gefordert wird der bedingungslose Einsatz für Gott und die Umma, die Gemeinschaft aller Muslime. Bedingungslos kann heißen: ohne Rücksicht auf das eigene Eigentum – oder sogar auf das eigene Leben.

ÜBER DIE HOCHZEIT DER MÄRTYRER // Der »Pfad des Dschihad und des Martyriums« endete nach Sa'eds Glauben im Paradies. Doch seine Vorstellungen vom Jenseits erwähnt Sa'ed nur kurz. Er zitiert den Vers 169 der dritten Sure: »Und du darfst ja nicht meinen, dass diejenigen, die um Gottes wegen getötet worden sind, tot sind. Nein, sie sind lebendig und sie werden bei ihrem Herrn versorgt.« Weiter richtete er sich an seine Mutter: »Wenn du die Nachricht von meinem Martyrium hörst, steh auf und fang an zu trillern und sage der Gemeinschaft Mohammeds, Gott segne ihn und schenke ihm Heil: Dies ist ein Bräutigam. Dies ist der Hochzeitstag meines Sohnes.«

Das Todesdatum eines Märtyrers mit seinem Hochzeitstag gleichzusetzen und den Verstorbenen als Bräutigam zu bezeichnen, ist bei vielen Muslimen in den Palästinensergebieten nichts Ungewöhnliches. Auch Sa'ed kannte die Geschichte von den Märtyrern, von denen es hieß, sie seien mit einem Lächeln in den Tod gegangen. Es kursieren Unmengen an Fotos und Filmen von toten Dschihad-Kämpfern, die zeigen, wie sie mit einem glücklichen Gesichtsausdruck im Leichenhaus aufgebahrt sind. Es sei das Lächeln des Bräutigams in seiner Hochzeitsnacht, so die Erklärung derjenigen, die diese Aufnahmen verbreiten. Der Märtyrer werde unmittelbar nach seiner Tat mit den Paradiesfrauen vermählt.

Wer daran glaubt, kann auf Stellen im Koran verweisen, an denen von »gereinigten Gattinnen« zu lesen ist, die den frommen Gläubigen im Paradies erwarten (Sure 3, Vers 15). Die Diener Gottes »haben großäugige Mädchen bei sich, die Augen niedergeschlagen, als ob sie wohlverwahrte Eier wären« (Sure 37, Vers 48f.). Es gibt viele Interpretationen solcher Textstellen, und eine einzig gültige Deutung scheint es auch hier nicht zu geben. Kritiker der Berichte über lächelnde Märtyrer und deren paradiesischen Lohn zeigen andere Fotos. Es sind Aufnahmen von Märtyrern mit entstellten Gesichtern und schweren Verwundungen am ganzen Körper. Und gerade von Sprengstoff-Attentätern bleiben oft nur verstümmelte Körperteile übrig.

Sa'ed beendete sein Testament mit einer Aufforderung an seine Familie. Er forderte von ihnen ein frommes Leben, wie es viele Testamentschreiber von ihren Verwandten verlangen. Sa'ed forderte sie auf, fünfmal täglich zu beten, wie es viele gläubige Muslime tun. Im Gegenzug wollte er ihr »Fürsprecher« sein. Als Märtyrer, so heißt es, stünden ihm bestimmte Rechte im Paradies zu. Unter anderem könne er für seine Verwandten ein gutes Wort einlegen und ihnen die Aufnahme ins Paradies ermöglichen.

Er schloss sein Testament mit den Worten: »Friede sei mit euch und die Gnade Gottes und sein Segen. Euer Sohn, der lebendige Märtyrer, Sa'ed.« In einer Zeile unter der Unterschrift erklärte er, dass es kein Video von ihm gebe. Dies sei sein persönlicher Wunsch gewesen. Seine Mutter fand das Testament nach seinem Tod auf dem Fußboden vor der Haustür. Daneben lagen sein schwarzer Gürtel, sein Mobiltelefon und die wenigen Bilder, die es von ihm gab. Er musste die Fotos bis dahin irgendwo gesammelt und aufbewahrt haben. Vermutlich bei Masen. Die Eltern schweißten das Testament in Folie ein und geben es Besuchern zu lesen, die sich für Sa'eds Tat interessieren. Das Foto von ihm mit dem Sturmgewehr zeigen sie hingegen nicht gern.

AD // DSCHIHAD // DSCHIH

// DSCHIHAD // DSCHIHAD

DANIEL // Daniel und sein Vater kamen nicht mehr miteinander klar.

Nach Daniels geheimer Ausbildung bei der Islamischen Dschihad Union und nach seiner Entlassung aus dem pakistanischen Gefängnis hatte er sich stark verändert. Zurück in der saarländischen Kleinstadt und in der Wohnung des Vaters, versuchte er diesen vom Islam zu überzeugen. Aber dem Vater wurde der Sohn immer fremder. Die Gespräche über Religion belasteten ihr Verhältnis zunehmend. Im Vater regte sich Misstrauen. Wohin sollte das alles führen? Daniels radikale Auslegung des Islam erlaubte keine Kompromisse. Wahr oder unwahr. Gläubiger Muslim oder ungläubig. So einfach war das.

Dem gesundheitlich angeschlagenen Vater ging das zu weit, es nahm ihn zu sehr mit. Daniel sollte ausziehen. Mithilfe seines Freundes Hussein fand er auch schnell eine neue Wohnung. Schon zwei Monate nach der Rückkehr aus Pakistan zog Daniel im April 2007 um – in einen kleinen Ort bei Saarbrücken. Die Friseure haben montags geschlossen, die Bäckerei und der Metzger am Mittwochnachmittag, ein Tante-Emma-Laden verkauft Lebensmittel vor allem für Ältere, die kein Auto mehr haben.

Eine Gehminute von Daniels neuem Zuhause entfernt liegt die Ortskneipe. Der Rauch liegt ab dem frühen Nachmittag dicht in der Luft. Die Frau hinter der Bar stellt einem Mann im Strickpullover ungefragt eine Flasche Bier auf den Tisch und sagt: »Zum Wohl!« Man kennt sich, spricht über den Billigflug ins ägyptische Ferienparadies, über den letzten Sommer auf Mallorca. Auf dem Foto neben der Jukebox rekelt sich eine Frau mit langen schwarzen Haaren im Bikini. Einer der Gäste verschwindet mit der Kippe im Mundwinkel auf dem WC.

Daniels Wohnung befindet sich in einem heruntergekommenen Haus um die Ecke. Größer könnte der Gegensatz zur schicken Wohnung seines Vaters und zum geräumigen Einfamilienhaus seiner Mutter nicht sein. Von der Decke im Flur hängen Stromkabel, gelbe Isolierwolle quillt aus Aluminiumfolie, Rohre verlaufen entlang der unverputzten Mauer und verschwinden in grob herausgemeißelten Löchern. Am Ende des Ganges befindet sich ein Waschbecken. Links davon führt eine Metalltreppe nach oben, rechts geht es über gefliese Stufen zum Innenhof, in dessen Ecken Sperrmüll lagert.

GESCHLOSSENE GESELLSCHAFT // Daniel teilte sich die neue Bleibe samt Küche und Bad mit anderen Muslimen in seinem Alter. Für sein Zimmer zahlte er 100 Euro im Monat, die Nächte verbrachte er nicht im Bett, sondern auf dem Boden liegend. Möbel hatte er kaum – alles sollte so schlicht wie möglich sein. Weltliches, Materielles wollte er aus seinem Leben verbannen. Für immer. »Mohammed hat auch so gelebt«, soll Daniel einer befreundeten Nachbarin, einer älteren Palästinenserin, gesagt haben. Es war nicht das einzige Mal, dass er, der Konvertit, der gebürtigen Muslimin den Islam erklären wollte und vom Propheten sprach.

Für die Palästinenserin war er, wie für alle im Haus, nicht Daniel, sondern Abdullah. Mit seinem muslimischen Namen hatte er sich beim Einzug vorgestellt. »Er nannte mich Mama. Zu meinem Mann sagte er Onkel oder Baba«, erinnert sich die Palästinenserin. Baba ist eine arabische Variante für das Wort Vater. Daniel fand in den zwei palästinensischen Nachbarn für kurze Zeit eine Art Ersatzfamilie. Seine Frustration über die eigenen Eltern war zu diesem Zeitpunkt sicher groß. Erst das Scheidungsdrama, dann die schwierige Zeit bei der Mutter, die Jahre beim kranken Vater – ein richtiges Familienleben kannte Daniel schon lange nicht mehr.

Die arabische Familie schloss den Deutschen schnell ins Herz. Er brachte ihnen manchmal selbst gemachtes Brot, die Palästinenserin kochte gern für ihn. »Er machte besseren Kuchen als ich«, sagt

sie. Obwohl Daniel nur wenige Monate ihr Nachbar war, erzählte er
ihnen bald von seinen Problemen. Er öffnete sich ihnen gegenüber,
wie er es zuvor nur gegenüber wenigen anderen Menschen getan
hatte. Er berichtete von der Trennung seiner Eltern, von seiner Dro-
genzeit. Er sprach von seiner Wandlung, von seiner Besserung, von
seiner Konversion zum Islam. »Er hatte mit Drogen gedealt, hatte
Marihuana geraucht, dann ging er den Weg zur Moschee«, so die
Palästinenserin. Seine Eltern nannte er ihr gegenüber »Ungläubige«,
Kuffar auf Arabisch.

Im Gegensatz zu Daniels Eltern lebten seine neuen Bezugsper-
sonen unter einfachsten Bedingungen. Ihre Wohnung war schlicht,
aber gemütlich eingerichtet. Fotos von Familienmitgliedern standen
eingerahmt auf den Regalen. Über dem Türrahmen im Wohnzimmer hing eine gold glänzende Darstellung des Felsendoms. »Filastin«
stand dort in arabischer Schrift zu lesen, Palästina. Keine zwanzig
Meter von dieser Wohnung entfernt existiert ein Gebetsraum im Hin-
terhaus. An die weiße Wand malte jemand eine Moschee mit einem
Minarett, daneben steht »Masdsched« geschrieben, Moschee.

In einem Vorraum stehen Sofa und zwei Sessel mit Löchern
im schwarzen Leder. Am Rand können Straßenschuhe gegen Bade-
schlappen ausgetauscht werden, ein kleines Zimmer für die rituelle
Waschung schließt sich an. Eine Tür führt zum Gebetsraum. Daniel
verbrachte in den kommenden Wochen viel Zeit an diesem Ort. Eine
kleine Gruppe von Muslimen traf sich dort freitags zum Gebet. Viele
freuten sich über Daniels Anwesenheit, den Neuen, den Konvertiten,
der sein Arabisch verbessern wollte. Er erzählte ihnen nichts von seiner Zeit im Ausbildungslager, von seinem Kontakt zu anderen Teil-
nehmern, von ihren Anschlagsplänen auf Ziele in Deutschland. Vielen blieb er als strebsamer und frommer Muslim in Erinnerung. Und
mancher Freitagsbesucher stellte fest, dass Daniel weit mehr religiöse
Regeln beachtete als er selbst.

Sein frommes Verhalten imponierte zunächst auch der älteren Palästinenserin. »Daniel rief zum Gebet. Er konnte nicht gut Arabisch,

aber er war sehr intelligent und fleißig«, erklärt die Nachbarin. Daniel schien alle religiösen Vorschriften, die er kannte und von denen man ihm erzählt hatte, auch streng zu befolgen. Er kochte, ohne Schweinefleisch zu verwenden, er trank keinen Alkohol, er betete fünf mal am Tag, er fastete und sagte anderen, was seiner Meinung nach verboten oder erlaubt sei.

Je näher sie sich kennenlernten, desto mehr traute sich Daniel, die beiden Palästinenser über religiöse Regeln aufzuklären. Er sah sich dazu offenbar verpflichtet. Die Frau saß in ihrer Wohnung am Fenster, rauchte eine Zigarette. Daniel sah es und sagte zu ihr: »Haram!« – verboten. Das hatte wegen einer Zigarette noch keiner zu ihr gesagt. Für einige Zeit sah Daniel ihr auch nicht in die Augen – er dürfe das nicht bei einer Frau, aus religiösen Gründen. Sie nahm ihn zur Seite und erklärte ihm, wenn er sie Mama nenne, dürfe er sie auch anschauen, das sei in Ordnung. Er tat es fortan, sagte aber weiterhin »Haram!«, wenn ihm etwas auffiel, was er als unfromm bewertete.

Die Palästinenserin trug kein Kopftuch, und das fand Daniel nicht gut. Sie rechtfertigte sich, mit dem Kopftuch werde sie bei der Arbeit ständig als »Türkin« angesprochen. Die Leute seien dann misstrauisch ihr gegenüber, während sie die Frau ohne Kopftuch höflicher behandelten. Da hätte sie beschlossen, sich den Regeln in der saarländischen Provinz anzupassen. Mit Allah sei sie dabei im Reinen. Doch Daniel sah das anders. Er wies auch ihren Mann zurecht, der weit über dreißig Jahre älter ist als er. Als der Palästinenser im Innenhof arbeitete und dabei die arabische Sängerin Umm Kulthum hörte, stand plötzlich Daniel vor ihm. »Das ist haram!« Tatsächlich erklären manche streng religiösen Muslime weiblichen Gesang für verboten. Doch Daniels Vorhaltungen machten den alten Mann nur wütend: »Wie soll das haram sein?« Die legendäre Sängerin habe achtmal Hadsch gemacht – so die Bezeichnung für die Pilgerfahrt nach Mekka. Daniel verstummte, und Umm Kulthum sang weiter.

STRENGE RATSCHLÄGE // Auf jüngere Muslime machte Daniel mehr Eindruck. Für sie war er eine Instanz in Fragen des Islam. Ein Student bat Daniel um Rat: »Ich habe bald Prüfungen, an einem Freitag. Komme ich trotzdem ins Paradies, auch wenn ich da nicht bete?« Daniel soll aggressiv und von oben herab geantwortet haben: »Du musst immer zum Gebet gehen! Auch wenn du Klausuren schreibst! Dann musst du raus aus der Klausur, beten und wieder rein in die Klausur!« Daniels Tonfall sorgte dafür, dass der Student ihm nicht noch einmal Fragen stellte.

Den nichtmuslimischen Nachbarn fiel Daniel wegen der lauten Rufe zum Gebet auf, die über den ganzen Innenhof zu hören waren. Auch Daniels Äußeres lenkte neugierige Blicke auf ihn. Er hatte die langen Haare zu einem Zopf gebunden und einen Vollbart, wie kaum jemand in seinem Alter ihn trägt. Bei jedem Wetter trug er Kleidungsstücke, die bis zum Boden reichten. »Er trug lange Gewänder, pakistanische«, erinnert sich die Palästinenserin. Mit diesem Aussehen machte er selbst bei den muslimischen Besuchern von sich reden, die oft direkt von der Arbeit mit gewöhnlicher Kleidung zum Gebet erschienen.

Abgesehen von den Bewohnern der Nachbarhäuser kannte kaum jemand den Gebetsraum im Innenhof. Daniel war an dem Ort weder zu hören noch zu sehen. Was vielen Einwohnern hingegen auffiel, waren die vielen Fahrzeuge mit fremden Nummernschildern, die in der Straße auftauchten. Am Fenster eines gegenüberliegenden Hauses entdeckte jemand aus dem Ort sogar eine Kamera, die auf die Straße gerichtet war. Zivilpolizisten behielten die Moschee im Auge. Sie waren bald Gesprächsthema Nummer eins. Daniel schien davon nichts mitzubekommen, zumindest ließ er sich davon nicht stören.

Er lebte schon zu sehr in seiner eigenen Welt, erhielt dort aber bald Gesellschaft: Ein zwei Jahre jüngerer Freund zog bei ihm ein, Eric, der sich Abdul Ghaffar nannte und wie Daniel zum Islam konvertiert war. Knapp über einen Meter siebzig groß, neunzig Kilo schwer – im Vergleich zu Daniel eher unsportlich. Daniel fand an Eric das, was er an den älteren, befreundeten Palästinensern nicht hatte: einen wissbegierigen Schüler, der auf ihn hörte und ihm folgte. Daniel stellte für Eric ein Vorbild dar.

Seine Jugend weist einige Parallelen zu der Daniels auf: Eric hatte Hip-Hop gehört, gekifft, gerne Markenklamotten getragen und war oft mit Freunden draußen. Er war ein Scheidungskind, suchte wie Daniel nach Anerkennung, wollte auffallen, lernte einen jungen Muslim kennen, der ihm von seinem Glauben erzählte. In der Rekordzeit von wenigen Monaten krempelte Eric sein Leben um, wechselte den Freundeskreis, tauschte die Kleider, änderte die Essgewohnheiten – alles. Er entfernte den Computer, die Stereoanlage und die meisten Möbel aus seinem Zimmer, hängte die Bilder in der Wohnung seiner Mutter ab oder drehte manche einfach um. Freunde und die eigenen Familienmitglieder bezeichnete er als »Ungläubige«.

Bei genauerer Betrachtung fallen allerdings die Unterschiede zu Daniel auf: Eric wirkte nicht so intelligent, auch nicht so verkopft. Er machte sich nicht viele Gedanken über seine Umwelt wie Daniel, der sich früh für Politik interessiert hatte und in der Schule keiner Diskussion aus dem Weg gegangen war, weder mit Klassenkameraden noch mit Lehrern. Auch die Trennung der Eltern setzte Eric offenbar weniger zu.

Er und Daniel hatten sich in Neunkirchen kennengelernt und sich auf Anhieb verstanden. Sie zogen nach kurzer Zeit zusammen. Doch schon bald nach Erics Einzug sollte für Daniel ein neuer Umzug anstehen. In den Tagen vor dem Auszug aus der muslimischen Wohngemeinschaft stellten die Besucher des benachbarten Gebetsraumes eine Veränderung bei Daniel fest. »Er war aggressiv«, erinnert sich ein junger Mann. Als der Imam freitags erklärte, man müsse sich in Deutschland als Muslim »anpassen«, habe Daniel heftig protestiert und sei ihn sofort angegangen.

RADIKAL BEIM FAMILIENFEST // Auch in seiner Familie, die er nur noch selten sah, zeigte sich Daniel radikaler denn je. Auf einer Feier legte er sich mit einem Onkel an, wie viele in der Familie ein Katholik und Kirchgänger. Im Prozess wird Daniel später sagen, der Dialog sei anders verlaufen, die Zitate seien aus dem Zusammenhang gerissen. Doch ein Verwandter erinnert sich an folgende Sätze: »Alles muss islamisiert werden«, erklärte Daniel demnach einem Onkel. »Ich will nicht Muslim werden. Ich bin Christ und damit glücklich«, antwortete der. Daniel beharrte auf seinem Standpunkt, jeder müsse den Islam annehmen: »Alle Ungläubigen müssen getötet werden.« »Dann würdest Du auch mich töten?«, fragte der Onkel. »Ja«, antwortete Daniel.

Zu der Zeit stand er schon seit Monaten in Kontakt mit seinen Komplizen für die geplante Tat. Das Ausbildungslager in Pakistan hatten sie alle mit dem Auftrag verlassen, einen Anschlag in Deutschland zu verüben. Nun näherte sich der September 2007, und die Anführer der Islamischen Dschihad Union machten Druck, sie forderten das »Ablegen der Prüfung«. Der Jahrestag des 11. Septembers 2001 rückte näher – eine Tat an diesem Tag hätte der Organisation weltweites Aufsehen gesichert, darauf hofften ihre Mitglieder.

Wenige Wochen vor der geplanten Tat drückte Daniel noch einmal die Schulbank: Er besuchte ein Abendgymnasium in Saarbrücken. Seine Eltern freuten sich darüber, die Mutter schenkte ihm einen Laptop. In seltener Einigkeit hatten Vater und Mutter ihren Sohn zuvor aufgefordert, das Abitur zu machen. Sie ahnten nicht, dass der Schulbesuch nur Tarnung für das war, was er vorhatte.

Zwei Wochen spielte Daniel den Schüler. Montags, dienstags, donnerstags und freitags von 17.15 Uhr bis 21.35 Uhr nahm er an den Leistungs- und Grundkursen der zwölften Klasse teil. Er fiel im Unterricht nicht auf. »Der war still. Über den wusste keiner etwas«, erklärt ein leitender Schulmitarbeiter, dem die Sache mit Daniel bis heute sehr unangenehm ist. Daniel trug in der Klasse oft einen Kapuzenpullover, die Kapuze hatte er im Unterricht manchmal auf. Bis ihn eines Tages ein Lehrer darauf ansprach. Daniel nahm die Kapuze ab. Er hatte offenbar nur Grenzen austesten wollen. Er hielt sich zurück, wollte nicht auffallen.

Eine junge Frau, die damals neben ihm saß, erinnert sich: »Der war ganz unscheinbar. Ich fragte ihn, wieso er auf dem Abendgymnasium ist. Er sei im Ausland gewesen, mehr sagte er nicht.« Ihr fiel nur auf, dass er mit den Klassenkameradinnen und ihr nichts zu tun haben wollte, sich nicht für sie interessierte wie die anderen Jungs. Dann erschien er nicht mehr zum Unterricht, und sie wusste nicht, wieso. Er sei »komisch« gewesen. »Aber das sind viele in der Schule.«

Bei den Großeltern schaute er alle zwei Wochen vorbei, und wenn Daniel dort war, stieß auch sein Vater dazu. Ein Treffen in ihrer alten, gemeinsamen Wohnung wollte der Vater nicht mehr. Zu weit lagen ihre Ansichten auseinander. Das letzte Treffen vor der geplanten Tat verlief wie immer, ohne einen großen Abschied, man sagte: »Bis in 14 Tagen!«, und jeder ging seines Weges. Daniel besuchte seine Mutter und aß bei ihr zu Abend. Er sprach nicht viel, aber er schenkte ihr einen Koran mit Widmung: »Dieses Buch soll Dir Trost spenden in schweren Zeiten. Der einzige Gott ist Allah.«

NUR DIE TAT VOR AUGEN // Daniel verabschiedete sich von seinem Mitbewohner, Schüler und Freund Eric. Mit ihm hatte er große Pläne. Eric sollte in Pakistan ein Ausbildungslager besuchen, so wie er es selbst vor einem Jahr getan hatte. Eric setzte sich daraufhin in ein Flugzeug nach Ägypten und besuchte dort Arabischkurse. Hussein, der junge Mann, der für Daniel bei der Konversion der beste Freund und Lehrer gewesen war, reiste ihm nach. Gemeinsam wollten Eric und Hussein nach Pakistan weiter. Beide werden später auf Fahndungsplakaten bundesweit an Bahnhöfen und öffentlichen Gebäuden zu sehen sein – nach der Ausbildung und der befürchteten Rückkehr für einen Anschlag in Deutschland.

Daniel verließ ohne große Worte sein Zuhause mit dem Gebetsraum im Innenhof und den zwei Palästinensern, für die er wie ein eigener Sohn gewesen war. In einer Ferienwohnung im Sauerland quartierte er sich mit seinen Komplizen ein. In den Räumen wollten sie ungestört die Bomben für ihren Anschlag bauen. Sie kauften das Material ein, bis auf die Sprengzünder war alles handelsüblich und leicht zu bekommen. Die 26 Zünder erhielten sie von einem Komplizen aus der Türkei. In der Ferienwohnung sprachen sie über mögliche Ziele des Anschlags. Die Polizei hörte mit, sie hatte die Räume verwanzt, Fahrzeuge mit Sendern zur Ortung ausgerüstet.

Auf den Kochplatten in der Küche der Ferienwohnung erhitzten Daniel und die Komplizen Wasserstoffperoxid. Sie wollten die Flüssigkeit durch das Verdampfen konzentrieren. So wie sie es damals in Pakistan bei der Islamischen Dschihad Union gelernt hatten. Dass die Polizei die Chemikalie in einer geheimen Aktion längst ausgewechselt hatte, wussten sie nicht. Die Bomben wollten sie in Fahrzeugen an ihren Bestimmungsort bringen und aus der Ferne zünden. Daniel hatte vor, nach dem Anschlag nach Wasiristan zu reisen, wo er das Ausbildungslager besucht hatte.

Doch zur Ausführung der Anschlagspläne kam es nie. Am 4. September 2007 um etwa halb drei Uhr nachmittags wollte Fritz die Ferienwohnung für einen Einkauf verlassen. Die Polizisten waren sich nicht sicher, wohin. Die Einsatzleitung wollte Fritz, den sie für den Anführer hielt, unter keinen Umständen aus den Augen verlieren. Zugleich hatten die Beamten in den vergangenen Monaten Beweismaterial gesammelt – offenbar genug. Über 500 Ordner mit Ermittlungsakten werden es am Ende sein.

Ein Polizeikommando stürmte die Ferienwohnung. Daniel hielt sich im Badezimmer auf. Er riss das Moskitonetz aus dem Fensterrahmen und sprang ins Freie, barfuß. Polizisten nahmen die Verfolgung auf. Nach einigen Hundert Metern Flucht über Zäune, Hecken und durch Vorgärten holte ihn ein junger Beamter ein. In einem Gerangel griff Daniel zur Pistole des Polizisten, eine SIG Sauer mit

13 Patronen im Magazin. Er drückte auf den Abzug und löste einen Schuss aus. Als versuchten Mord wird das Gericht nach stundenlangen Zeugenbefragungen diesen Vorgang bewerten. Die geplanten Anschläge hätten vielen Menschen das Leben kosten können.

SA'ED // Zum letzten Mal besuchte Sa'ed seinen Lieblings-cousin zwei Monate vor der Tat. Sie trafen sich oben auf dem Berg in der Wohnung von Freunden. An Fußballspielen war seit eineinhalb Jahren nicht mehr zu denken, an ihr gemeinsames Grillen ebenso wenig. Seit dem Ausbruch der Zweiten Intifada im September 2000 herrschte Chaos in der Stadt und in den Köpfen. Israelische Soldaten verhängten Ausgangssperren, errichteten Kontrollpunkte, riegelten Straßen ab, durchsuchten Häuser. Immer mehr Palästinenser protes-tierten, schlossen sich bewaffneten Gruppen an, woraufhin weitere israelische Soldaten einmarschierten – eine Gewaltspirale.

Sa'ed zog bei dem Treffen auf dem Berghang an einer L&M-Ziga-rette, sein Cousin, wie meistens, an der Wasserpfeife. Zu Hause hielt man Sa'ed für einen Nichtraucher. Sein Cousin behielt Sa'eds Ge-heimnis für sich. Von Sa'eds großem Geheimnis, dem Anschlag, wusste er nichts. Von draußen hörten sie die schweren Militärfahr-zeuge der israelischen Armee, die über sechzig Tonnen schweren Mer-kava-Panzer, die bei manchen Wendemanövern Hausecken mit sich rissen. Die viereinhalb Meter langen Humvee-Geländewagen, die mit Antennen und Geschützen auf dem Dach auf und ab fahren.

»Wir sprachen, wie oft zu dieser Zeit, über Jungs, die Märtyrer wurden«, erinnert sich der Cousin. Irgendwie habe er gefühlt, dass Sa'ed etwas vorhatte, worüber er nicht sprechen wollte. An einen An-schlag habe er aber nie gedacht, nicht bei Sa'ed, dem Unscheinbaren und Ruhigen in der Familie. In den folgenden Wochen sahen sie sich nur gelegentlich auf der Straße. Jeder war mit sich selbst beschäftigt. Sie mussten Geld verdienen, ihren Familien helfen. Denn die Wirt-schaft kam nun nahezu ganz zum Erliegen. Die Markthändler führ-ten weder Produkte ein noch aus. Die Fabrikbesitzer entließen ihre Mitarbeiter. Jeden sich bietenden kleinen Job nahm man an, egal zu welchen Konditionen.

In den letzten Tagen vor seinem Anschlag kam es zu einem Streit zwischen Sa'ed und seinen Brüdern, die ebenfalls nichts von seinem Vorhaben ahnten. Er blieb wie gewöhnlich gelassen, hörte sich Vorwürfe und Beleidigungen an, schluckte sie runter. Ein Onkel verfolgte ihre Auseinandersetzung. »Du bist ein schwacher Junge. Du lebst nur, um zu beten und zu arbeiten«, soll einer der älteren Brüder gesagt haben. Der Onkel erinnert sich an die Antwort sehr genau, weil Sa'ed normalerweise Diskussionen aus dem Weg ging: »Du wirst sehen, was dieser schwache Junge am Ende sein wird und tun kann.« Damals schenkte niemand diesem Satz Beachtung.

ABSCHIED OHNE WORTE // In einem anderen Streit hatte ein Bruder die Fotos zerschnitten, auf denen Sa'ed zu sehen war. Wenn Verwandte von Sa'eds Art berichten, mit solchen Provokationen umzugehen, wird immer die gleiche Geschichte erzählt: Ein Bruder schüttete Sa'ed im Streit eine Tasse heißen Schwarztee ins Gesicht. Als die Mutter nach Hause kam, lag Sa'ed im Bett, aber er sagte nichts. Die Mutter sah die rote Haut und brachte ihn ins Krankenhaus. »Er hatte Angst, dass ich ihn und seinen Bruder bestrafen würde, weil sie gekämpft haben«, so die Mutter. »Er bevorzugte es immer, leise zu bleiben«, sagt sein Vater. Dem Lieblingscousin erzählte Sa'ed sogar, das Unglück mit dem Tee sei ihm selbst und aus Unachtsamkeit passiert.

Bei einem Familientreffen ein paar Tage vor der Tat machte Sa'ed *Knäfe*. »Wir hatten Spaß an diesem Tag«, erinnert sich eine Tante. Sa'ed verabschiedete sich früh, weil er zur Moschee wollte. Er verbrachte jetzt viel Zeit dort. Dem gemeinsamen *Knäfe*-Essen maß niemand eine große Bedeutung bei, aber für Sa'ed war es ein Abschied. »Keiner wusste, dass er eine Operation machen will«, so seine Oma. Mit ihr hatte Sa'ed noch herumgealbert. Er stellte sich ein paar Meter neben sie und rief mit seinem Mobiltelefon bei ihr an. Die Großmutter sollte das Telefon abnehmen, und sie tat es lachend. »Ich möchte mich nur verabschieden«, sagte er. »Wieso, ich gehe doch nirgendwo hin«, antwortete die Oma. »Vielleicht gehe *ich* weg von hier, um irgendwo Spaß zu haben.« »Nein, ich will, dass du hierbleibst«, sagte die Oma. Dass er vom Paradies sprach, konnte sie nicht wissen.

Eine seiner Tanten besuchte er in dieser Zeit zum ersten Mal alleine. »Ich war überrascht, dass er kam«, sagt sie. Sie lud ihn zum Essen ein und machte Waraq Dawali. Sie stellte ihm eine Portion der mit Reis und Hackfleisch gefüllten Weinblätter auf den Tisch. »Das ist das erste Mal, dass du mich besuchst, und du musst etwas essen«, erklärte sie ihm. Eines ihrer Kinder gesellte sich zu ihnen und zeigte auf Sa'eds Uhr, eine Digitaluhr mit Weckfunktion. Er schenkte sie dem Jungen. Dann suchte er in seinen Taschen nach Geld und verteilte es an die anderen Cousins im Raum. »Du brauchst das Geld doch selbst!«, sagte die Tante zu Sa'ed. »Nein. Ich brauche es nicht mehr«, soll er geantwortet haben. »Du musst mir gratulieren. Ich habe eine Arbeit in Israel gefunden. Ein guter Job in einem Restaurant.«

Die Tante freute sich über seinen Besuch, aber sie machte sich zugleich Sorgen. Sein Verhalten und das angebliche Arbeitsangebot in Israel machten sie skeptisch. Ohne gegen israelische Gesetze zu verstoßen, konnte Sa'ed gar nicht nach Israel einreisen. Und mitten in der Zweiten Intifada würde kaum ein Israeli ihn, einen jungen Palästinenser, einstellen. Die Tante sprach mit anderen in der Familie darüber. Die beruhigten sie: »Sa'ed ist ein ruhiger Junge. Er hat seine Arbeit und seine Moschee«, hieß es. Zu Hause hatte Sa'ed nur erzählt, dass er eine Stelle in Israel suchen wolle, aber das nahm keiner wirklich ernst.

Sa'ed rief sogar bei Verwandten an, die in Jordanien lebten. Es war das erste Mal. Dort freute man sich über ein Lebenszeichen aus Nablus, war aber überrascht, dass es von Sa'ed kam. Auch Rami erzählte er von einer Stelle in Israel. Seit dem Ausbruch der Intifada hatte er wieder mehr Kontakt zu ihm, seinem besten Freund aus Kindheitstagen. Sa'ed half Rami bei der Renovierung des Elternhauses. Sa'eds Mobiltelefon klingelte. »Er war sehr glücklich«, erinnert sich Rami.

»Was ist geschehen?«, fragte er Sa'ed. »Ich habe eine Vollzeitstelle in Israel.« »Ich will mit dir mitkommen«, sagte Rami. »Sie brauchen nur eine Person für diese Arbeit. Sie ist nur für mich«, antwortete Sa'ed.

Sa'ed hatte immer im Haushalt geholfen, doch einen Tag vor dem Anschlag tat er noch mehr als sonst. Er lieh sich von den Nachbarn einen Staubsauger und brachte sogar die Bezüge der Sofas und Sessel zu einem Onkel, der eine Waschmaschine hatte. Sonst wuschen sie die Wäsche mit der Hand. Als Sa'eds Mutter nach Hause kam und die geputzte Wohnung vorfand, fragte sie ihren Sohn, wieso er das getan habe. »Du hast morgen viele Besucher zu erwarten, die dir zu dieser neuen Wohnung gratulieren.« Mit der Antwort konnte sie nichts anfangen. Aber Sa'ed verhielt sich schon eine Weile immer seltsamer. Allmählich machte das auch seiner Mutter Kummer.

Der Vater stellte ihn am Morgen danach, am Tag des Anschlags, noch zur Rede. Am Telefon. Erst am Wochenende würde der Vater von der Arbeit in Ramallah nach Hause fahren können. Er war offenbar wütend, erst vor ein paar Tagen war Sa'ed für einen ganzen Tag verschwunden gewesen. Keiner wusste, wo genau er war. Das Telefongespräch beendete Sa'ed, indem er einfach auflegte. Als der Vater erneut anrief, hatte er das Haus schon verlassen. Die Mutter nahm ab, von ihr hatte sich Sa'ed mit den Worten »Ich gehe arbeiten« verabschiedet. Draußen begegnete er seiner Schwester. Sie sah ihn als Letzte der Familie. »Hast du mich lieb?«, fragte Sa'ed. »Niemand hasst seine Brüder«, antwortete die Schwester. »Dann bete für mich, dass ich erreiche, was ich will«, sagte Sa'ed.

EIN AUFTRAG IN JERUSALEM // Sa'eds Mutter fragte in der Nachbarschaft und rief bei Verwandten an – keine Spur von ihrem Sohn. Sie besuchte die Moschee, in der er sonst betete, doch dort hatte man ihn den ganzen Tag nicht gesehen, was ungewöhnlich war. Auf ihrer Suche begegnete sie Masen, dem jungen Mann, der ein paar Häuser weiter lebte. Sa'ed hatte viel Zeit bei dem führenden Mitglied der Aqsa-Märtyrer-Brigaden in der Altstadt verbracht, das wusste die Mutter von Freunden, und es machte ihr Sorgen. Masen erklärte ihr, mit Sa'ed am Nachmittag gebetet, ihn seither aber nicht mehr gesehen zu haben. Er hatte den 17-Jährigen auf die Tat wochenlang vorbereitet, er hatte das Ziel ausgewählt und nach einem Fahrer gesucht, der Sa'ed zum Ort des Anschlags zu bringen hatte. Von all dem sagte er ihr gegenüber natürlich nichts.

Zu der Zeit trug Sa'ed schon den schweren Gürtel mit Sprengstoff am Oberkörper und war auf dem Weg nach Jerusalem. Masen hatte selbst schon Bomben aus Elektronikschrott und explosivem Material gebaut, aber für ein Attentat, wie es Sa'ed verüben sollte, gestaltete sich die Sache schwieriger: Die Sprengladung musste mehrere Stunden Erschütterungen aushalten, ohne dabei zu zünden. Sprenggürtel, wie Sa'ed einen trug, werden in unterirdischen Werkstätten von Spezialisten der Aqsa-Märtyrer-Brigaden angefertigt.

Auf Nebenstraßen brachte ein Fahrer Sa'ed durch das Westjordanland nach Jerusalem, vorbei an israelischen Kontrollpunkten. In einem Auto, das nicht das grüne palästinensische Nummernschild trug, sondern ein gelbes israelisches. In Jerusalem angekommen, rief Sa'ed bei Masen an, offenbar auch bei Nayef Abu Scharch, einem Anführer der Aqsa-Märtyrer-Brigaden. »Schalte die Nachrichten in zwei Minuten ein und du wirst stolz auf mich sein«, soll er zu jedem von ihnen gesagt haben.

Sa'ed stieg kurz nach sieben Uhr abends in French Hill aus, einem Viertel in Ostjerusalem. Sein Fahrer hielt an einer Kreuzung, die bei jungen Leuten beliebt ist, die Jerusalem per Anhalter verlassen wollen. Soldaten und Polizisten patrouillierten in diesen Tagen in der ganzen Stadt, so auch an der belebten Abzweigung. Sa'ed wollte an ihnen vorbei, er rannte auf die 200 Meter entfernte Bushaltestelle zu. Schreie waren zu hören, Schüsse, und manche berichteten später, auch Sa'ed habe mit einer Pistole geschossen.

Er zündete die Bombe an seinem Körper. Noch aus einigen Hundert Metern Entfernung sah man einen Blitz, hörte man einen gewaltigen Knall und spürte die Druckwelle, die im weiten Umkreis Fensterscheiben zerstörte. Nägel und winzige Metallreste flogen wie Patronen durch die Luft. Andere, die während der Explosion näher bei Sa'ed standen, sahen, wenn überhaupt etwas, dann nur Feuer. Die Bombe und die Splitter verletzten über drei Dutzend Personen zum Teil schwer. Mit Sa'ed starben sieben weitere Menschen zwischen fünf und sechzig Jahren. Ein junger Israeli unter ihnen verlor an diesem Tag sein Leben mit 17 – er war so alt geworden wie Sa'ed.

LGEN//FOLGEN//FOLGEN

OLGEN//FOLGEN//FOLGE

DANIEL // Das Oberlandesgericht in Düsseldorf verurteilte Daniel zu einer Freiheitsstrafe von zwölf Jahren. Die anderen Angeklagten erhielten zwölf, elf und fünf Jahre. Der Richter zählte bei Daniel eine ganze Liste von Verbrechen auf: versuchter Mord mit Widerstand gegen Vollstreckungsbeamte, Mitgliedschaft in einer terroristischen Vereinigung im Ausland, Verabredung zum Mord und zu einer Herbeiführung einer Sprengstoffexplosion sowie Nötigung von Verfassungsorganen und Vorbereitung eines Explosionsverbrechens. Nach der Haft wird Daniel die Prozesskosten abzahlen müssen. Sein Anteil dürfte zwischen 300 000 und 500 000 Euro liegen, heißt es aus Gerichtskreisen.

Während des Prozesses machte sich Daniel oft Notizen. Mit seinen zwei Anwälten sprach er durch die Luftlöcher einer dicken Glasscheibe, die sie voneinander trennte. Einen der beiden Anwälte, Johannes Pausch, rief er im Prozess oft zu sich, traf ihn auch immer wieder für Gespräche im Gefängnis. Daniel schien in ihm etwas zu sehen, was er schon lange nicht mehr hatte: eine väterliche Vertrauensperson. Sie drückten ihre Handflächen im Gerichtssaal zur Begrüßung auf das Glas, munterten sich auf, diskutierten. Vielleicht fiel Daniel ein, dass er selbst einmal Anwalt werden wollte.

Hinter und neben ihm saßen Sicherheitskräfte. Das Urteil nahm Daniel teilnahmslos entgegen. Der Kopf war leicht zur Seite gerichtet, er blickte zum Richter. Mit der rechten Faust stützte er das Gesicht, der Daumen drückte in die Wange. Als der Richter genauer auf ihn und die anderen drei Angeklagten einging, zupfte sich Daniel mit den Fingern am Vollbart, die weiße Gebetsmütze hatte er in dem Saal abnehmen müssen. »Das vorliegende Verfahren hat mit erschreckender Deutlichkeit gezeigt, zu welchen Taten hasserfüllte, verblendete und von verqueren Dschihad-Ideen verführte junge Menschen bereit und in der Lage sind«, sagte der Richter.

In der Haft liest Daniel viel über den Islam. Er schreibt auf, was er lesen möchte, und eine Islamwissenschaftlerin entscheidet, welche Bücher davon nicht radikal sind. Nur die erhält er zur Lektüre. Im Prozess wurde seine religiöse Einstellung deutlich: Er vertraue weiterhin auf Allah. Gott habe gewollt, dass man ihn verhaftet, erklärte er. Nur weil Allah es so gewollt habe, sei es zu keinem Anschlag gekommen. Von seinen radikalen Ansichten distanzierte er sich.

Daniel will im Gefängnis Abitur machen, später vielleicht studieren. Er könne sich vorstellen, nach der Entlassung als Übersetzer zu arbeiten, in Ländern, wo Arabisch gesprochen wird. Das werde gut entlohnt. Wie realistisch das angesichts seiner Biografie ist und was andere in seinem Alter tun müssen, um dieses ehrgeizige Ziel zu erreichen, sagt ihm offenbar keiner. Sein Plan klingt ein wenig so wie damals, als er wie Rüdiger Nehberg im brasilianischen Regenwald leben wollte. Von Daniels neuen Plänen hören seine früheren Freunde nur aus den Medien. Er hat zu keinem aus der Jugendzeit mehr Kontakt. Das liegt an ihm. Fast alle aus der Hip-Hop-*Crew* von früher erklären, sie wären offen für einen Gedankenaustausch mit ihm, für einen Briefwechsel. »Ich zähl ihn ja immer noch als Freund, nur halt auf Abwegen«, erklärt einer von ihnen. Er hatte Daniel zum Flughafen gefahren, als der aussteigen wollte, um mit Nidal und Mahmud im brasilianischen Regenwald zu leben.

ALLEN GESCHADET // Die Freundin aus Jugendzeiten, die sein Gesicht Jahre später in der »Bild«-Zeitung sah, würde ein Gespräch mit ihm ablehnen. »Wir kämen nicht mehr zusammen klar heute.« »Er hat das Pech gehabt, die falschen Leute zu treffen«, erklärt einer der Basketballer, der Daniel jahrelang als engagierten Sportler schätzte. Daniel hätte immer nach Anerkennung gesucht, nach einer starken Gruppe, die gegen den Strom schwimmt, so sei er zu Nidal gekommen. »Hätte er Leute von Greenpeace getroffen, würde er jetzt in Versuchslabore einbrechen und Tiere befreien«, meint der Mitspieler. Ein Bekannter der Familie, der Daniels Entwicklung verfolgte, war nicht überrascht, als er von der Verhaftung hörte:»Daniel war so etwas zuzutrauen, dass er zu einer radikalen Gruppe geht. Nicht zu den Rechtsextremen, dafür war er zu intelligent.«

Die meisten aus seiner Hip-Hop-*Crew* leben noch im Saarland. Sie haben, wie seine alten Klassenkameraden vom Gymnasium, ganz verschiedene Wege eingeschlagen.»Bisher musstet ihr zur Schule gehen. Jetzt habt ihr die Freiheit zu gehen, wohin ihr wollt«, hatte der Bürgermeister auf der Abiturfeier von Daniels Klasse gesagt. Einige reisten für ein paar Monate in die USA oder nach Norwegen. Nach Zivildienst, Bundeswehr oder dem Freiwilligen Sozialen Jahr begannen sie mit dem Studium, mit einer Ausbildung, Wie das fast überall so ist. Einer seiner Lehrer vom Gymnasium, der viel von Daniel gehalten hat, macht sich Vorwürfe:»Ich hab mich gefragt, was ich falsch gemacht habe.« Auch er habe bemerkt, dass es Daniel nicht gut ging, dass er sich absonderte.»Das war ein Abgleiten in den Terrorismus vor aller Augen, aber keiner hat's gesehen.«

Nidal, mit dem er in die Gewalt- und Drogenspirale geraten war, flog im freien Fall weiter in die Tiefe. Während Daniels Prozess im Oberlandesgericht lebte Nidal in einer sozialen Einrichtung im Saarland. Es handelt sich um eine Anlaufstelle für Verwahrloste, für Drogenabhängige und für andere harte Problemfälle. Nach Brasilien fand Nidal keine weiteren Freunde wie Daniel, die ihm begeistert und kritiklos folgten, auf ihn hörten, zu ihm aufschauten. Nidal bezog ein Zimmer in dem Haus mit Einlasskontrolle und Speisesaal. Sozialarbeiter kümmerten sich um ihn und die anderen dort Gestrandeten. Den Drogen hatte er allerdings irgendwann abgeschworen.

Nidal trägt eine schwarze Gebetsmütze, lange Kleidung, einen dunklen Vollbart. Wer ihn auf die Zeit mit Daniel anspricht, erhält keine Antworten.»Für ihn hat sich die Sache erledigt«, sagt einer, der noch Zugang zu ihm hat. Nach einiger Zeit konnte Nidal die soziale Einrichtung verlassen. Er lebt seither in einem heruntergekommenen

Mehrfamilienhaus. Einer seiner Nachbarn hat sich neben die Klingel die israelische Flagge mit einem Davidstern gemalt. Für Nidal sicher eine Provokation.

Einiges spricht dafür, dass er Daniels einstigen Dschihad-Plänen folgen möchte. Er selbst nennt sich auf einer Seite im Internet einen »Islamischen Terroristen«, einen »Ghetto-Superhelden«. Leute die ihn seit Jahren kennen, sagen, er meint das ernst. Als Wohnort gibt Nidal nicht den Sozialbau an, sondern schreibt »das Paradies, Inschallah«. »Inschallah« heißt »so Gott will«. Eine richtige Ausbildung hat Nidal nie abgeschlossen, nie für einen längeren Zeitraum dieselbe Stelle gehabt, hinter »Beruf« schreibt er: »Diener Gottes«.

In der Moschee in Neunkirchen achtet man seit Daniels Verhaftung mehr darauf, wer zum Gebet erscheint und welche Ansichten er vertritt. Man weiß, dass Leute wie Daniel das Vertrauen der nicht muslimischen Bevölkerung zerstören. Der Vorsitzende der Gemeinde erinnert sich an eine Schulklasse, die nach den Schlagzeilen über Daniel die Moschee besuchte. Ein vielleicht zwölfjähriger Junge meldete sich und fragte: »Wo ist der Kampfraum?« Diese Frage hörte der Vorsitzende zum ersten Mal. Aber die Gedanken dahinter waren ihm vertraut. Er antwortete dem Jungen, wie er seit Daniels Verhaftung auch Erwachsenen antwortet: »Es gibt Deutsche, die Häuser von Ausländern anzünden. Sind deswegen alle Deutschen so? Wegen einer schlechten Person, dürfen wir nicht schlecht von allen denken.«

Mit Vorurteilen muss nicht nur der Vorsitzende der muslimischen Gemeinde leben. Eine Verkäuferin, die sich ehrenamtlich für die Interessen von Ausländern engagiert, musste sich nach Daniels Festnahmen vieles anhören. »Oh, die Terroristin kommt!«, scherzten ihre nicht muslimischen Kollegen. Aber sie konnte darüber nicht lachen.

Mahmud, der mit Daniel und Nidal in Brasilien war, lebt eine halbe Stunde von Saarbrücken entfernt in einem Hochhaus mit vierzig Mietparteien. An der Haustür hat er kein Namensschild, der erwachsene Mann wohnt bei den Eltern. Über seine zwei alten Freunde will er nicht sprechen. Im Gegensatz zu Nidal wurde er nicht religiös.

»Ey Alter, was willst du?«, fragt er mit saarländischem Dialekt. »Nidal interessiert mich nicht.« Weitere Fragen beantwortet er mit der Floskel »Alter, weiß auch nicht«.

Eric, der junge Mann, der zu Daniel in die Wohnung gezogen war, tauchte, wie bereits berichtet, noch vor Daniels Festnahme unter. Sein Bild war zusammen mit einer Aufnahme von Hussein bundesweit auf Fahndungsplakaten zu sehen. Die beiden reisten zusammen in den Mittleren Osten. Eric meldete sich später mit einer Videobotschaft aus Afghanistan. Es ist nicht seine Sprache, die er verwendet. Es gibt darin viel zu viele Schachtelsätze, er kommt ins Stocken, man hört Papier, das er vermutlich umblättert, um abzulesen. Am Ende des Films steht er am Ufer eines Flusses auf steinigem Boden, Berge sind im Hintergrund zu sehen. Eric schießt mit einer Kalaschnikow, eine vermummte Person neben ihm hebt die Hand zum Himmel und wippt mit den Beinen mit. 2010 wird Eric von pakistanischen Soldaten erschossen.

Ein älterer Verwandter von Daniel, ein Pfarrer, der Daniel getauft hat, äußert sich als Einziger in der Familie zu Daniel. Alle anderen schweigen – sie antworten nicht auf meine Anfragen. Der Pfarrer macht Daniel wegen seiner Konversion, seinem Wechsel vom Christentum zum Islam, keine Vorwürfe. »Die Konversion kann ich verstehen, der Islam bedeutet Hingabe. Daniel wollte sich hingeben, leider viel zu radikal.«

Eine Ergänzung für diese Neuauflage des Buches: Daniel ist aus der Haft entlassen worden. Im Gefängnis machte er einen Schulabschluss und studierte. Als der Autor das vorliegende Buch »Black Box Dschihad« in Saarbrücken vorstellte, saß Daniel überraschend in der letzten Reihe und hörte zu. Der Autor ist seither in Kontakt mit ihm. Zum Buch will Daniel nur sagen: »Den Recherchen und dem Buch stehe ich kritisch gegenüber. Die Gesamtaussage halte ich aber nicht für grundsätzlich falsch.« Für Rückfragen zu seiner Vergangenheit steht er nicht zur Verfügung. Er will ein neues Leben beginnen. »Meiner Ansicht nach sprechen Taten mehr als Worte. Und da habe ich noch einiges zu tun.«

SA'ED // Mehrere Dutzend Männer und Jugendliche haben sich vor dem einstöckigen Gebäude in der Altstadt versammelt. Manche von ihnen tragen Kalaschnikows und M-16-Gewehre. In dem Gebäude befindet sich ein großer Versammlungsraum, der für Festlichkeiten gemietet werden kann. Die Aqsa-Märtyrer-Brigaden haben ihre Mitglieder zu einer Veranstaltung zu Ehren Sa'eds eingeladen. Ein Plakat an einer Mauer vor dem Gebäude nennt ihn einen »heldenhaften Märtyrer«. Der Scheich, dessen Predigten Sa'ed in der Moschee oft gehört hat, hält eine Rede. »Glückwunsch euch, Familie von Sa'ed, oh ihr, die hervorgebracht habt den Helden Sa'ed.«

Der Scheich mit dem dichten weißen Vollbart spricht laut ins Mikrofon. Er steht vor dem Eingang des Hauses, blickt zu den jungen Männern, die sich davor versammelt haben: »Wir alle sind Sa'ed.« Einige Jungs stehen am Straßenrand, ganz nah bei den teils mit schwarzen Tüchern vermummten Mitgliedern der Brigaden. »Und jeder Einzelne von uns versucht, Sa'ed zu sein.« Sa'eds Vater verfolgt die Rede auf einem Plastikstuhl im Inneren des Gebäudes. Rami sitzt ein paar Plätze neben ihm. Der Scheich ruft: »Es ist nicht möglich, eine Heimat ohne Aufopferung und Blut zu befreien. So ist die Geschichte, und das ist die Wirklichkeit. Es ist unvermeidlich für uns, zu opfern und aufzuopfern.« Einige der jungen Männer tragen schwarze T-Shirts. Auf den T-Shirts stehen die Namen des »Bataillons« der Organisation, dem sie angehören. Die Bataillone sind nach verstorbenen Kämpfern benannt. »Unsere Brigaden und unsere Märtyrer werden siegreich sein mit der Erlaubnis Gottes«, ruft der Scheich.

Sa'eds Vater blieb drei Tage lang von 11 bis 16 Uhr in dem Versammlungsraum. Hunderte aus Nablus kamen, um ihm zu gratulieren, ihm etwas zu Sa'eds Tat zu sagen. »Mabruk!« – »Glückwunsch«. »Allah yirhamu« – »Gott sei seiner gnädig«. »So Gott will, werden wir so sein wie Sa'ed.« »Möge Gott deinen Lohn vergrößern!« Der Vater antwortete: »Möge Gott dein Bemühen preisen.« Mitglieder von Sa'eds Familie reichten den Gästen Datteln und kleine Becher mit Kaffee und Tee. Nur männliche Gratulanten strömten zu dem Ereignis in den Veranstaltungsraum. Die Frauen besuchten Sa'eds Mutter in der Wohnung von Verwandten.

Die Mutter erhielt eine Urkunde vom »Frauenrat für gesellschaftliches Bemühen« und ein Dokument vom Ministerium für soziale Angelegenheiten. Die Behörde bestätigt auf diesem Papier, dass Sa'ed »ein für die palästinensische Revolution registrierter Märtyrer« sei. Auch die Jugendorganisation der Fatah sandte eine Urkunde zu. »Ins Paradies der Ewigkeit oh ihr Märtyrer Palästinas. Die Zukunft und das Versprechen der Märtyrer hängt von der Jugend ab.« Am Märtyrerplatz hängt noch heute ein vergilbtes Plakat von Sa'ed. Es ist das Foto von ihm, wie er mit einer Gebetskette in der Hand ernst in die Kamera schaut. Ein anderes Plakat in der Altstadt zeigt eine Fotomontage: Sa'ed steht vor einem zerstörten Bus, die Fatah nennt ihn den »Ausführenden der heldenhaften Operation«. In der palästinensischen Tageszeitung »Al-Quds« war von Sa'ed – dem »Märtyrer« – und seiner Tat zu lesen.

Die Bilder vom Anschlag hatte die Familie in den Abendnachrichten gesehen. Den Fernseher hatte Sa'ed eine Woche vor seiner Tat zur Reparatur gebracht. Die Mutter und seine Oma sahen zwar die Bilder aus Jerusalem, aber der Sprecher nannte nicht den Namen des Attentäters. Erst einen Tag nach dem Anschlag erfuhren alle, dass es Sa'ed war, der den Anschlag verübt hatte. Bis dahin hatte sich keine Organisation zu der Tat bekannt.

Bei der Dichte von Anschlägen in diesen Tagen ist es gut möglich, dass die Verantwortlichen selbst nicht wussten, wann ihre Attentäter an ihr Ziel gelangten. Sa'ed hatte zwar kurz vor der Tat Masen von den Aqsa-Märtyrer-Brigaden angerufen, doch der behielt die Nachricht offenbar erst noch für sich. Sa'eds Vater hatte am Tag nach der Tat als Erster in der Familie erfahren, dass sein Sohn der Attentäter war. Ein Mann, vermutlich ein Mitglied der Aqsa-Märtyrer-Brigaden, überbrachte ihm die Nachricht. »Du musst auf Sa'ed stolz sein. Und du musst geduldig sein, weil er jetzt im Paradies ist.«

EIN HELD UNTER VIELEN // Seit Sa'eds Tod erhält seine Familie eine staatliche Unterstützung von sechzig Euro monatlich. Auch ein vierstelliger Betrag soll ihr nach Sa'eds Tod zugekommen sein, heißt es in der Stadt. Der damalige irakische Präsident Saddam Hussein hatte den palästinensischen Märtyrerfamilien Geld versprochen. Auch die Organisationen, die für Attentate rekrutieren, treten als finanzielle Förderer auf. Manche westliche Beobachter sehen auch darin ein Motiv für die Attentäter. Weil sie ihren Familien finanziell helfen wollten, so die Argumentation, falle ihnen der Anschlag leichter. Dies ist jedoch sehr unwahrscheinlich. Gerade die Söhne gelten – wie in Sa'eds Fall – als Haupternährer der Familie, und die finanzielle Förderung nach einem Attentat ersetzt keinesfalls einen lebenslangen Lohn, zumal die israelische Regierung während der Zweiten Intifada begann, die Häuser der Attentäter-Familien zu zerstören. Das Geld, das die Märtyrerfamilien bekommen, hätte da mit Mühe für einen Neubau ausgereicht.

Hinzu kommt die menschliche Seite, der Schmerz über den Verlust eines Kindes. In Sa'eds Fall verging die anfängliche Euphorie der Familie bereits nach wenigen Wochen. Wenn die Mutter heute über Sa'ed spricht, fängt sie an zu weinen. »Das ganze Geld der Welt kann den Verlust meines Sohnes nicht wiedergutmachen. Ich sehe, wie er zu mir zurückkommt, ich sehe ihn durch diese Tür kommen«, sagt sie und zeigt zum Eingang der Wohnung. Von den Aqsa-Märtyrer-Brigaden fühlt sie sich im Stich gelassen: »Sie machen an seinem Todestag keine Gedenkveranstaltung, sie machen nichts. Sie schickten ihn nur los, um die Operation zu machen, dann vergaßen sie ihn.« Aber ihr Sohn hätte das Attentat nicht für »irgendwelche Leute« verübt. »Er hat es für Allah und einzig und allein für Allah getan. Und er machte es von Herzen.«

Die Aqsa-Märtyrer-Brigaden bildeten nach Sa'eds Tat eine Vielzahl weiterer Attentäter aus. Für die Erinnerungspflege an Einzelne blieb da keine Zeit. Sa'ed zu Ehren brachten sie, wie bei den anderen auch, nur ein kleines Gebetsbuch heraus, auf dessen Titel sein Name abgedruckt ist. Der Inhalt dieser Bücher ist oft ähnlich. Sie enthalten Suren und keine persönlichen Angaben. Auf dem Rückumschlag ist ein Bild von Mekka mit Tausenden Pilgern zu sehen. Sa'eds Brüder besitzen auch noch eine CD, auf der sein Name zu hören ist. Auf ihr zählt ein Sprecher mehrere Märtyrer und ihre Taten auf. Ein Aufkleber auf der CD zeigt einen jungen Palästinenser mit Militärweste und Gewehr.

Ein älterer Bruder erstellte am Computer ein ähnliches Bild von Sa'ed. Er ist darauf vor der Palästina-Flagge und mit einer modernen Kampfausrüstung zu sehen, wie sie sich kaum jemand in Nablus leisten könnte. Außerdem ist Sa'eds Kopf viel zu groß für den Rest des Körpers, die Fotomontage ist offensichtlich. Sein Vater mag solche Bilder nicht sehen. Er zeigt immer wieder auf das Foto an der Wand, das Sa'ed mit der Gebetskette zeigt. *Das* sei sein Sohn.

Drei von Sa'eds Brüdern kamen nach seinem Tod für mehrere Jahre in israelische Haft. Sie hätten sich nach Sa'eds Anschlag dem Widerstand anschließen wollen, hätten gekämpft, warf man ihnen vor. Sie selbst sagen dazu nichts und sind froh, wieder auf freiem Fuß zu sein, raus aus der Zelle mit acht Doppelstockbetten. Zu Hause empfing die Familie sie mit laut aufgedrehter Musik, die Schwestern warfen Konfetti, dann feierten Männer und Frauen getrennt voneinander. Bis spät in die Nacht kamen Freunde und Verwandte, um sie zu begrüßen. Alle paar Wochen findet solch eine Feier irgendwo in Nablus statt.

Sa'eds bester Freund Rami musste ebenfalls ins Gefängnis. Es reichte damals aus, Leute zu kennen, die kämpften, um selbst Verdacht auf sich zu lenken. Nachdem sein Bruder als Kämpfer der Bri-

gaden starb, vermutete die israelische Armee offenbar einen Rache-
akt. Heute studiert Rami an der Universität in Nablus, nebenbei arbeitet er, um sein Studium zu finanzieren. Das Mädchen, in das Sa'ed
damals verliebt war, ist heute eine erwachsene Frau, verheiratet, hat
Kinder. Nachdem klar war, dass Sa'ed der Attentäter im Jerusalemer
Stadtviertel French Hill war, fertigten die Brüder ein Plakat von ihm
an und trugen es aus dem Haus. Sie fragte die Jungs, was das solle,
und Sa'eds Brüder erzählten ihr von seiner Tat.

Masen, der Sa'ed für die Tat ausbildete, hatte am Tag des Anschlags
den Abend am Radio verbracht. Er wartete auf die Nachrichten, wollte
wissen, ob Sa'eds »Operation« erfolgreich war. Es hätte sein können,
dass man Sa'ed in letzter Minute festnimmt oder ihn auf der Flucht
erschießt. Manche Attentäter überlegen es sich auch in letzter Minute
anders, wollen die Tat doch nicht ausführen und versuchen umzu-
kehren. Sa'ed erreichte sein Ziel, und irgendwann hörte Masen, dass
der Attentäter, der sich in French Hill in die Luft gesprengt hatte, aus
Nablus kam. Es konnte nur Sa'ed sein, denn an genau diesem Ort
sollte das Attentat stattfinden. Masen schoss vor Freude mit seiner
M-16 in die Luft.

In den folgenden Tagen beglückwünschten die Mitglieder der
Aqsa-Märtyrer-Brigaden auch ihn. Die Organisation nannte Masen
»einen ihrer hervorragendsten, kämpferischsten Märtyrer-Führer«.
So stand es auf den Plakaten nach seinem Tod. Er starb Mitte April
2003 bei einem Schusswechsel mit israelischen Soldaten.

NACHBETRACHTUNGEN
Manfred Gelowicz,
Vater eines verurteilten Dschihadisten

Ich fühlte mich in doppelter Hinsicht bei der Lektüre dieses Buches
betroffen: als Vater eines Sohnes, der den Weg des militanten Islamismus gewählt hat und zu zwölf Jahren Haft verurteilt wurde. Und als
Leser des Buches, auf der Suche nach einer Erklärung.

Ist das gesellschaftliche Umfeld oder sind die Eltern verantwortlich dafür, dass junge Menschen als Schwerverbrecher im Gefängnis
landen beziehungsweise durch einen Selbstmordanschlag zu Tode
kommen und dabei viele Unschuldige mitreißen? Oder trägt ausschließlich der Täter Schuld?

Ich habe zunächst nur die Geschichte von Daniel gelesen, dem jüngsten der sogenannten Sauerlandgruppe. Ich wollte Parallelen in der
Entwicklung zu meinem Sohn finden. Aber es gab wenig Ähnliches.
Obwohl sie in derselben Gruppe waren. Daniel konsumierte Drogen.
Mein Sohn offenbar nicht. Daniel war ein guter Schüler. Fritz war
hingegen in der Schule auffällig, er ist häufig gerügt worden. Da war
ein Aggressionspotenzial bei ihm vorhanden.

Daniel lernte direkt den radikalen Islam kennen. Mein Sohn
hingegen fand erst zum gemäßigten Islam. Er hatte sich als Muslim
schnell verändert: zum Positiven. Das ging über Jahre gut. Bis mein
Sohn in der Moschee auf Radikale gestoßen ist. Sie erkannten sein
Aggressionspotenzial. Sie verführten meinen Sohn.

Ich will keine Schuld von ihm nehmen. Zur Verführung gehören zwei:
einer, der verführt, und einer, der sich verführen lässt. Er war erwach

sen zu dem Zeitpunkt. Auch bei Daniel fiel mir das Unvermögen auf, seine Verführer als solche zu erkennen. Daniel war für sie ein gefundenes, vielleicht auch willfähriges Opfer, und seine Begeisterungsfähigkeit wurde missbraucht.

Ein hohes Maß an Schuld trägt aber dem Buch zufolge auch die Familie von Daniel. Haben auch wir als Eltern bei unserem Sohn versagt? Ja! Wir waren uns in der Erziehung nicht einig. Und in der Scheidungsphase haben wir uns selbst wichtiger genommen als die Kinder.

Habe auch ich als Vater versagt? Ja. Ich nahm meine Firma und meine Arbeit zu wichtig. Heute würde ich beruflich mehr zurückstecken für die Familie.

Und wir sprachen in der Familie zu wenig mit den Kindern. Auch später, als er schon erwachsen war. Da wollte ich nicht ständig mit ihm argumentieren, immer gegen ihn halten und gegen seine immer radikaleren Ansichten. Das war ein Fehler.

Aber bei wie vielen Eltern ist das auch so wie bei uns? Und bei wie vielen Vätern so wie bei mir? Und wie viele Kinder werden deswegen trotzdem nicht zu Dschihadisten? Das soll keine Entschuldigung oder Entlastung sein.

Daniel konnte seinen Irrweg nicht erkennen. Und mein Sohn? Irgendwann kam es zu dem Punkt, an dem er die westliche Gesellschaft ablehnte. Es war zu einem späten Zeitpunkt des letzten Irakkrieges. Da gab es für ihn nur noch die guten Muslime und die bösen Amerikaner. Er hätte kurz vor dem Abgrund die Notbremse ziehen müssen. Aber er glaubte daran, dass alle anderen auf dem falschen Weg sind, nur er nicht.

Wie tief musste die Verirrung bei Daniel und meinem Sohn sein, um den Weg der Rechtsstaatlichkeit zu verlassen? Schließlich haben Millionen von Muslimen in Europa diesen Weg nicht verlassen.

Liest man den »Sa'ed-Teil« des Buches, so erkennt man sehr schnell, dass leider die Sa'eds aus den dortigen politischen Verhältnissen wachsen, aus dem alltäglichen, unendlich langen Nahost-Konflikt. Er lebte in einer ganz anderen Welt. Völlig unverständlich bleibt für mich, dass ein Selbstmordattentäter als Märtyrer verehrt wird.

Das Buch von Martin Schäuble sucht nach den Wurzeln und Hintergründen, die zur Islamisierung von Jugendlichen und letztendlich zur Radikalisierung führen. Sicher gibt es keine allgemeingültige Antwort, kein Rezept, wie Eltern und Gesellschaft dieses verhindern können, aber es sensibilisiert und hilft, erste Anzeichen zu erkennen, ohne gleich der Islamfeindlichkeit bezichtigt zu werden.

Als Vater empfinde ich natürlich auch Mitleid für Daniel und für meinen Sohn sowieso. Ist Mitleid erlaubt? Es hilft zu verstehen. Und wer versteht, kann künftig verhindern.

Ich bin sicher, dass Daniel und mein Sohn einen guten Kern haben. Und das ist eine Chance. Aber es sind beides Menschen, die sich vorher um 180 Grad drehen müssen. Ich hoffe, dass sie diese innere Umkehr schaffen.

Ich wünschte mir, das Buch wäre vor zehn Jahren geschrieben worden. Vielleicht hätte ich dann meinen Sohn vor dem Weg in den militanten Islamismus bewahren können.

MEDIENTIPPS – EINE AUSWAHL

Schwerpunkt der folgenden Liste sind deutschsprachige Titel über den Dschihad, einige gehen insbesondere auf Palästinenser ein. Medientipps speziell zum Nahost-Konflikt hat der Autor im Buch »Die Geschichte der Israelis und Palästinenser« (Mitherausgeber Noah Flug) zusammengetragen.

SACHBÜCHER

Bonn, Babette: Märtyrer und kein Ende? Der religiöse Hintergrund der islamischen Selbstmordattentäter (München, 2003)
Kompaktes Werk einer Religionswissenschaftlerin, die Jenseitsvorstellungen unter die Lupe nimmt.

Clement, Rolf; Jöris, Paul Elmar: Die Terroristen von nebenan. Gotteskrieger aus Deutschland (München, 2010)
Im ersten Teil des Buches gehen die Autoren auf Daniel und seine Komplizen ein.

Croitoru, Joseph: Der Märtyrer als Waffe. Die historischen Wurzeln des Selbstmordattentats (München, 2015)
Ein guter Überblick mit Blick auf die Rolle der Palästinenser und somit des ganzen Nahost-Konflikts.

Kaddor, Lamya: Zum Töten bereit: Warum deutsche Jugendliche in den Dschihad ziehen (München, 2015)
Ein lebendiger Bericht, der auch sehr gründlich die Frage beantwortet: Was kann gegen Radikalisierung getan werden?

Kepel, Gilles: Das Schwarzbuch des Dschihad. Aufstieg und Niedergang des Islamismus (München, 2004)
Wer sich tiefer in das Thema einarbeiten will, hat mit Kepel eine detailreiche Grundlage.

Lohlker, Rüdiger: Dschihadismus. Materialien (Stuttgart, 2009)
Vielseitiges Original-Material aus dem Arabischen ins Deutsche übersetzt und analysiert.

Mekhennet, Souad; Sautter, Claudia; Hanfeld, Michael: Die Kinder des Dschihad. Die neue Generation des islamistischen Terrors in Europa (München, 2015)
Die JournalistInnen zeigen, wie sich Dschihad-Ideen ausbreiten.

Ramelsberger, Annette: Der deutsche Dschihad. Islamistische Terroristen planen den Anschlag (Berlin, 2008)
Die Journalistin berichtet in Reportagen von verschiedenen Fällen.

Reuter, Christoph: Die schwarze Macht. Der »Islamische Staat« und die Strategen des Terrors (München, 2015)
Ein wichtiges Grundlagenwerk zur IS-Geschichte und Gegenwart.

Reuter, Christoph: Mein Leben ist eine Waffe. Selbstmordattentäter. Psychogramm eines Phänomens (München, 2002)
Ein aufwendig recherchierter Überblick im Reportagestil.

Richardson, Louise: Was Terroristen wollen. Die Ursachen der Gewalt und wie wir sie bekämpfen können (Frankfurt am Main, 2007)
Ein umfassendes Werk, das über das Thema Dschihad hinausgeht, aber für dieses Thema wertvolle Einsichten liefert.

Sabbah, Raid: Der Tod ist ein Geschenk. Die Geschichte eines Selbstmordattentäters (München, 2002)
Der Autor spricht mit einem Palästinenser, der ein Attentat verüben soll.

Said., Behnam T.: Islamischer Staat: IS-Miliz, al-Qaida und die deutschen Brigaden (München, 2015)
Quellen- und zitatenreicher Bericht, der wie bei Christoph Reuters Büchern durch eigene und mutige Recherchen hervorsticht.

Schmidbauer, Wolfgang: Der Mensch als Bombe. Eine Psychologie des neuen Terrorismus (Reinbek, 2003)
Der Blick eines Psychoanalytikers auf das Thema.

Schmidt, Wolf: Jung, deutsch, Taliban (Berlin, 2012)

Der Journalist ist auf Spurensuche in den Milieus und fragt gründlich nach dem Warum.

Schneiders, Thorsten Gerald: Heute sprenge ich mich in die Luft – Suizidanschläge im israelisch-palästinensischen Konflikt. Ein wissenschaftlicher Beitrag zur Frage des Warum (Berlin, 2006)
Klar gegliedert, gibt dieses Buch Auskunft über Motivationsgründe von Selbstmordattentätern und geht auf Geschichtliches ein.

Steinberg, Guido: Al-Qaidas deutsche Kämpfer: Die Globalisierung des islamistischen Terrorismus (Hamburg, 2014)
Wie ist die deutsche Dschihadisten-Szene entstanden? Der Wissenschaftler blickt zurück und stellt entscheidende Personen vor.

Steinberg, Guido: Der nahe und der ferne Feind. Die Netzwerke des islamistischen Terrorismus (München, 2005)
In Daniels Prozess war er Gutachter, als Autor stellt er kenntnisreich die verschiedenen Konfliktregionen vor.

Victor, Barbara: Shahidas. Die Töchter des Terrors (München, 2005)
Porträts über palästinensische Selbstmordattentäterinnen.

Waldmann, Peter: Radikalisierung in der Diaspora: Wie Islamisten im Westen zu Terroristen werden (Hamburg, 2009)
Der Soziologe forscht nach biografischen und gesellschaftlichen Ursachen.

Ziolkowski, Britt: Palästinensische Märtyrerinnen. Selbstdarstellung und innerislamische Wahrnehmung weiblicher Selbstmordattentäter (Berlin, 2012)
Die Autorin arbeitete an Black Box Dschihad mit und stellt in ihrem eigenen Werk u. a. eine Attentäterin aus Nablus vor – der Heimat von Sa'ed.

ROMANE

Ambrosio, Gabriella: Der Himmel über Jerusalem (Frankfurt am Main, 2012)
Die letzten Stunden einer Israelin und einer Palästinenserin – vor dem Selbstmordanschlag. Nach einer wahren Geschichte.

211

Anand, Paro: Heldenspiel (Frankfurt am Main, 2009)
Die Geschichte eines Jungen in Kaschmir, der sich den islamistischen Kämpfern anschließt.

Dauvillier, Loïc; Chapron, Glen: Das Attentat (Hamburg, 2013)
Der in dieser Rubrik vorgestellte Roman von Yasmina Khadra in einer eindrucksvollen Graphic-Novel-Version.

Fatah, Sherko: Das dunkle Schiff (Berlin, 2009)
In Deutschland angekommen, holen den geflüchteten Protagonisten alte Weggefährten ein – Dschihadisten.

Gavron, Assaf: Ein schönes Attentat (München, 2010)
Schnell, sarkastisch – aus dem Leben eines Israelis, der Attentate überlebt und lernen muss, damit umzugehen.

Khadra, Yasmina: Die Attentäterin (München, 2008)
Ein Roman über die Frage, wie der Hinterbliebene einer Selbstmordattentäterin mit der Tat umgeht.

Kuschnarowa, Anna: Djhad Paradise (Weinheim, 2015)
Minuten vor dem Selbstmordanschlag sieht der Protagonist die Liebe seines Lebens – im Rückblick wird ihre Geschichte erzählt und lebendig davon berichtet, wie es soweit kommen konnte.

Linker, Christian: Dschihad Calling (München, 2015)
Spannend und einfühlsam – die Konversion und Radikalisierung eines jungen Mannes als Lovestory mit Aussicht auf ein Happy End.

Peters, Christoph: Ein Zimmer im Haus des Krieges (München, 2008)
Ein deutscher Konvertit und seine Anschlagspläne in Ägypten.

Updike, John: Terrorist (Reinbek, 2008)
Die Geschichte eines jungen Mannes in den USA auf seinem Weg zum Dschihadismus.

Verete-Zehavi, Tamar: Aftershock. Die Geschichte von Jerus und Nadira (München, 2009)
Das Leben nach dem Überleben eines Anschlags aus der Sicht einer Jugendlichen.

FILME

Eine ganze Reihe von Dokumentationen thematisieren den Dschihad. Leider sind solche Filme oft nur über die TV-Sender oder Produktionsfirmen direkt zu bestellen. Nach aktuelleren Dokumentationen und Nachrichtenbeiträgen lässt sich auf den Internetseiten der TV-Sender suchen. Die folgenden empfehlenswerten Spielfilme sind jedoch im Handel erhältlich.

Abu Assad, Hany (Regie): Paradise Now (2005, ab zwölf Jahre)
Zwei Palästinenser sollen einen Selbstmordanschlag verüben – der Film spielt in Nablus und war für den Oscar nominiert.

Fischer, Elmar (Regie): Fremder Freund (2003, ab zwölf Jahre)
Eine langsam erzählte, dennoch äußerst sehenswerte Geschichte über eine Freundschaft, die an der Radikalisierung eines der Protagonisten zerbricht.

Grosse, Nina (Regie): Der verlorene Sohn (2009, ab zwölf Jahre)
Eine Mutter kämpft um ihren Sohn, der konvertierte und sich offenbar radikalisierte.

Zahavi, Dror: Alles für meinen Vater (2008, ab zwölf Jahre)
Ein potenzieller Attentäter verliebt sich in eine Israelin – führt aus israelischer Sicht in das Thema ein.

INTERNET

Internetseiten ändern sich oft und Links, die auf Seiten verweisen, leider ebenso. Wer im Internet recherchiert, der findet sowohl Originalmaterial von dschihadistischen Organisationen als auch kritische Medienberichte (z.B. www.sueddeutsche.de/thema/dschihad) und Publikationen von staatlichen Organisationen wie Sicherheitsbehörden (z.B. www.verfassungsschutz.de).

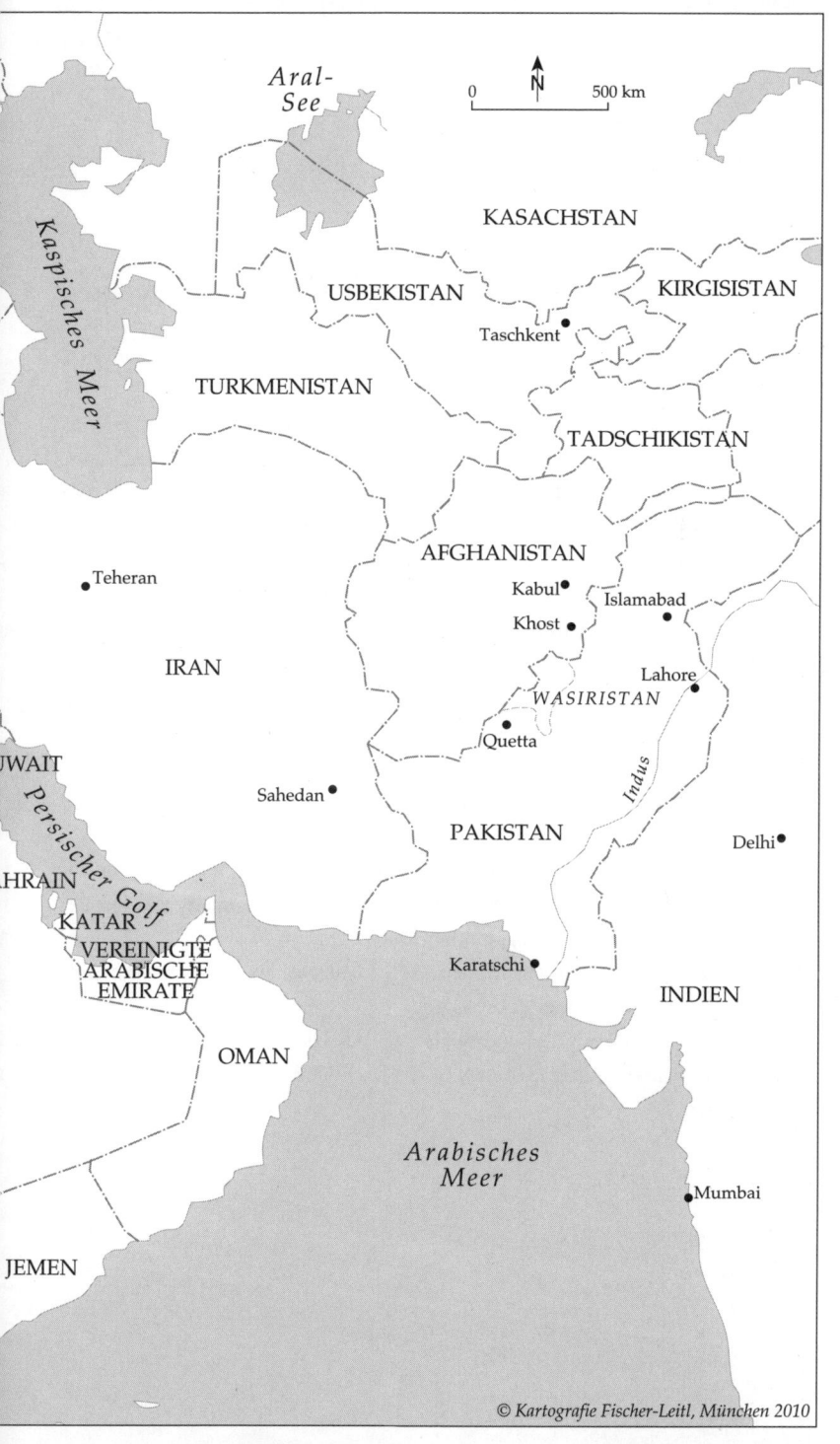

ANMERKUNGEN

DIE QUELLEN UND DAS RECHERCHEMATERIAL // Alle Zitate stammen aus – soweit nicht anders angegeben – vom Autor geführten Gesprächen. Die Interviews fanden zwischen 2008 und 2010 im Saarland und in den Palästinensergebieten statt.

Die Sätze eines iranischen Kriegsveteranen zu den Paradiesvorstellungen im Kapitel *Die Ausbildung* zeichnete der Verfasser im Februar 2008 an einem Ort an der irakischen Grenze (Khorramshahr) auf.

Wer in Online-Archiven von Zeitungen und Zeitschriften nach Daniels geplanter Tat sucht, wird häufig auf den Ortsnamen Neunkirchen stoßen. Daniel komme aus dieser Stadt, heißt es. Daniel besuchte dort zwar das Gymnasium, doch tatsächlich wuchs er in zwei benachbarten Kleinstädten auf. Der Autor verzichtet auf die Nennung dieser Ortsnamen, um die Privatsphäre der Gesprächspartner zu gewährleisten.

Mehrere Medienberichte thematisieren auch den Einfluss westlicher Geheimdienste auf die Islamische Dschihad Union. Hier liegen viele Vermutungen vor, deren Wahrheitsgehalt schwer einzuschätzen ist. Eine kurze Suche im Internet bietet dem Interessierten eine große Bandbreite an Beiträgen.

Das Interview mit Daniels Mutter – aus dem im Kapitel *Zum Glauben finden* zitiert wird – führte der Redakteur Michael Jungmann. Die »Saarbrücker Zeitung« veröffentlichte es am 15. September 2007.

Die Zitate Daniels stammen aus dem Gerichtsprozess am Oberlandesgericht Düsseldorf, der im März 2010 zu Ende ging.

Weitere Quellen, Hinweise und vertiefende Analysen zu den beiden Biografien veröffentlicht der Autor in seinem Buch »Dschihadisten. Eine Feldforschung in den Milieus«.

DAS ARBEITEN MIT DEM KORAN UND DEN HADITHEN // Bei der Wiedergabe der Koranverse wird auf das Standardwerk von Rudi Paret zurückgegriffen (Der Koran, 10. Auflage, Stuttgart 2007). Es lohnt sich, auch die Fassungen anderer Koran-Übersetzer zum Vergleich heranzuziehen. Im Buchhandel gibt es hierzu eine reiche Auswahl, die stetig größer wird.

Die Aussprüche und Handlungen des Propheten, die Hadithe, füllen mehrere Bände. Nicht alle gelten als gesichert, manche sind umstritten, sodass es schwierig ist, die Textstellen einzuschätzen. Ein guter Überblick bietet das von Dieter Ferchl herausgegebene Werk »Nachrichten von Taten und Aussprüchen des Propheten Muhammad« (als Reclam erschienen, Ditzingen 1997).

DIE ARABISCHE SPRACHE, IHRE ÜBERSETZUNG UND DIE SCHREIBWEISE IM BUCH // Die arabische Sprache in lateinische Buchstaben zu fassen ist eine Herausforderung für sich. Bestimmte Laute existieren im Deutschen nicht.

Die Schreibweise ist daher so weit wie möglich der Aussprache angepasst. Bei Wörtern, bei denen sich in den Medien eine andere Schreibweise etabliert hat, wird auf diese zurückgegriffen. Das soll den LeserInnen die Suche nach weiterer Literatur oder einer Internetseite zu diesen Begriffen erleichtern. Gleiches gilt für die Übersetzungen.

Manche Übersetzungen sorgen für Debatten, die seit Jahren anhalten, beispielsweise wenn es um paradiesische Vorstellungen geht. So werden unter »Huris« häufig »Jungfrauen« oder »Mädchen« verstanden. Andere machen darauf aufmerksam, dass das auch »weiße Weintrauben« sein könnten. Aber der Autor hält sich hier an den Volksglauben, also an das, was ihm Gläubige bei Gesprächen erklärten.

INDEX

Ausführliche Erklärungen zu einzelnen Begriffen finden sich jeweils auf den **halbfett** hervorgehobenen Seiten.

Abu Ghraib 133
Afghanistan 117, 126, 129, 147–150, 152, 156f., 198
Ägypten 8, 129–133, 140f., 157, 183,
al-Haram asch-Scharif 79
al-Qaida 44, 71, **148**, 152, 156
Amaliya 165
Aqsa-Märtyrer-Brigaden 53, 80, 87, 106–109, 163, **164**, 165, 168, 190, 199–203
Aqsa-Moschee 64, 79, 88, **164**
Arafat, Yassir 53, 103, 164
Ausbildungslager **133**f., 147–149, 152–154, 157f., 178, 182–184
Ayatollah Chomeini 142

Baia 153
Basmala 169
bin Laden, Osama 44f., 71f.

Checkpoint 28
Chomeini, Ayatollah *siehe* Ayatollah Chomeini
CIA 39, 150

Dschalolov, Nadschmuddin 152f.
Dschenin 105

Dschihad **7**f., 103, 120, 129–134, 138, 140, 142, 145, 148–152, 154f., 157, 171f., 176, 182, 184, 194, 197

Emir 152

Fadschr 26
Fatah 102, **164**, 200
Fatwa 133
Fünf Säulen 121

Galabiya 132
Gebetsstein 86
Ghaffar, Abdul 180
Gotteskrieger 7

Hadith 86, 108, **217**
Hadsch 179
halal 112
Hamas 80, 85, 102, **165**
haram **87**, 112, 124, 179
Heiliger Krieg **7**, 45, 120f., 144
Himmelsreise 171
Huris 108, **217**
Hussein, Saddam 92, 100, 112–122, 124, 128f., 134, 176, 183, 198, 201

Ibn Taimiya 132f.

Intifada, Erste **23**, 25, 27f., 81, 85, 101, 162

Intifada, Zweite 54, 61, 63, **80**–83, 85, 101f., 106, 108, 135, 163, 186, 188, 201

Irak 92, 17, 129, 133, 139f., 144, 149

Iran 8, 59, 139, 141f., 144–147, 149, 151, 155, 157, 166

Iran-Irak-Krieg 144

Islamische Dschihad Union **148**, 151, 154, 157, 216

Islamische Republik *siehe* Iran

Islamisten 45, 71, 139, 147, 149, 170

Israel 25, 61, 101, 103, 107, 109, 148, 160, 165f., 168, 188f.

Istanbul 140f., 147

Istischhadi 171

Jerusalem 31, 54, 63f., 79, 88, 159f., 163f., 168, 171, 189f.

Kairo 129–134

Khost 150

Konversion 78, 113f., 120f., 126

Koran 64, 77, 81, 87, 103, 107f., 114, 117–119, 122, 134, 140, 155, 157, 169f., 172, 183

Koranschule 140

Kuffar 178

Kufiye 103

Likud-Block 79

Manto 143

Märtyrer 7, 27, 28, 32, 55, 103f., 106–108, 144f., 152, 159, 165f., 169, **171**–173, 186, 199f., 202f.

Medina 170

Mekka 84, 121, **147**, 170, 179, 202

Mohammed 88, 108, 115, 119–121, 127f., 138, 143, 147, 153, 159, 170–172, 177

Muezzin 65, **143**

Nablus 7f., 23, 26f., 32f., 52–56, 61, 63f., 79f., 83–86, 101f., 105f., 108, 162–166, 169–171, 188, 199, 202f.

Naschid 81

NATO 150

Neunkirchen 11, 50, 68, 94–96, 112, 122f., 133f., 181, 197, **216**

Osama bin Laden *siehe* bin Laden, Osama

Pakistan 133, 138, 142, 145f., 149–152, 154, 158, 176, 182–184

Palästina 103, 117, 145, 166, 168, 171, 178, 200, 202

Paradies 104, **108**, 119, 145, 159, 166, 172f., 180, 188, 197, 200f.

Ramadan 59, **81**, 135

Ramallah 57, 63f., 85, 189

Sahedan 146

Saudi-Arabien 147

Schahid 171

Scharch, Nayef Abu **53**, 168, 190

Scharia 142

Scharon, Ariel 79f.

Schiiten 129

Schuhada 171

Sittenpolizei 143

Sunniten 129

Tadschiken 148
Taliban **149**, 152
Taschkent 148
Teheran 141, **143–145**
Tempelberg 79
Testament 138, **169**–173
Tschador 143
Tschetschenien 129, **138**–140, 142, 149
Türkei 57, 59, 123, 134, 140f., 146, 149, 184

Uiguren 148
Umma 149, 172
Ungläubige *siehe* Kuffar
Usbekistan 148, 152

Wasiristan **147**f., 151, 184
Westjordanland 23, 142, 160, 163, 168, 190

Zahedan *siehe* Sahedan

BILDNACHWEIS

Seite 10: dpa; Seite 24: priv.

DANKSAGUNG

Britt Ziolkowski half bei allen islamwissenschaftlichen Fragen. Sie übersetzte zudem vom Arabischen und Persischen ins Deutsche. Bei den Forschungen in den Palästinensergebieten, in Ägypten und im Iran stand sie mir zur Seite. Sie bewies starke Nerven für die Recherchen und ein gutes Gespür, um das Vertrauen unserer Gesprächspartner zu gewinnen.

In den Palästinensergebieten übersetzte zudem auch Hadeel al-Haddadeh. Ibrahim Jamal beantwortete die besonders kniffligen Fragen zum palästinensischen Dialekt.

Ein junger Mann in Nablus, dessen Namen ich leider für mich behalten muss, ermöglichte mir Kontakte zu Personen, zu denen ich ohne ihn nie einen Zugang gefunden hätte. So konnten auch Gespräche mit ehemaligen Mitgliedern der Aqsa-Märtyrer-Brigaden geführt werden. Ich danke auch einem Jungen aus Dschenin, der mich zu einem Märtyrerbegräbnis begleitete und mit dessen Hilfe ich viel lernen durfte.

Ein hilfsbereiter Mitarbeiter von Nablus TV fand Lösungen für die technischen Probleme und überspielte das Videomaterial für die Recherche.

In Daniels Heimat, dem Saarland, ist seinen alten Weggefährten zu danken, die sich in stundenlangen Treffen meinen Fragen stellten. Ich sicherte ihnen Anonymität zu. Ebenso meiner belesenen Informantin, die sich wie kaum jemand in den kleinen Städtchen und Dörfern des Saarlandes auskennt und weiß, wie man an welche Personen am besten herantritt.

Michael Jungmann von der »Saarbrücker Zeitung« half mir zu Beginn der Forschung auf sehr kollegiale Weise.

Bei der Prozessbeobachtung in Düsseldorf leisteten mir zwei Personen von Anfang an Gesellschaft im Oberlandesgericht, die immer ein offenes Ohr für meine Fragen hatten: Holger Schmidt von der ARD und ein Beobachter, der ungenannt bleiben soll.

Einem gesprächsbereiten Aussteiger aus der Islamisten-Szene in Nordrhein-Westfalen sei für das Vertrauen und die Hilfe bei der Erstellung des Konversionsgespräches besonders gedankt.

Dr. Judith Tinnes hielt mich über die Entwicklungen im Online-Dschihadismus auf dem Laufenden. Sie spürte Informationen auf, an die ich ohne sie nie herangekommen wäre.

Prof. Dr. Hajo Funke, Prof. Dr. Gertrud Hardtmann und Dr. Steffen Hagemann begleiteten mich auf dem Weg zur wissenschaftlichen Auseinandersetzung mit den Biografien, die diesem Buch vorausging. Die Studienstiftung des Deutschen Volkes förderte das Projekt.

Folgende Gesprächspartner halfen mir am Anfang dabei, die Fragen zur biografischen Forschung zu formulieren, denen ich bei der Arbeit nachgehen wollte: in Leipzig die Religionswissenschaftlerin Prof. Dr. Monika Wohlrab-Sahr, in München der Entwicklungspsychologe Prof. Dr. Rolf Oerter und der Psychoanalytiker Dr. Wolfgang Schmidbauer, in Augsburg der Terrorismus-Experte Prof. Dr. Peter Waldmann.

Die Agentin Aenne Glienke betreute das vorliegende Buch engagiert von der ersten Idee bis zum Druck. Meinem Lektor Dr. Friedbert Stohner sei an dieser Stelle ebenso ganz besonders gedankt. Ohne diese beiden Menschen hätte mir die Geduld und Ausdauer gefehlt.

Gabriela Roth betrachtete meinen Text aus den Augen einer Psychologin und ermöglichte mir neue Einsichten. Ebenso den Psychologen und Psychoanalytikern um Susan Scharwiess ist für die vielen Anmerkungen zu danken.

Das Kapitel über Daniels Hip-Hop-Zeit verbesserten mit wertvollen Kommentaren der Musiker und Autor Jan »Yaneq« Kage und Dr. Malte Friedrich, der intensiv über Hip-Hop forschte.

Florian Knape und Nadine Kreitmeyr suchten aus islamwissenschaftlicher Sicht nach sachlichen Ungenauigkeiten.

Thomas Klotz arbeitete sich in allwöchentlichen Treffen durch die Texte, verbesserte und merkte Wertvolles an. Karin Hirschfeld entdeckte die Fehler, die ich bei der Verbesserungsarbeit neu machte.

Katharina Leuoth, Sabine Sütterlin und Dr. Arata Takeda gaben sehr gute Hinweise für die überarbeitete Taschenbuch-Ausgabe. Abderrahmane Ammar und Dr. Stephan Milich halfen bei der inhaltlichen Einordnung des neuen Buchcovers.

Matthias Simnacher, unverzichtbar, achtete wie immer auf die Details – auch dafür herzlichen Dank!